Martin Peier-Plüss (Hrsg.)

Beim Wort genommen

Kommunikation in Gottesdienst und Medien

TVZ

Martin Peier-Plüss (Hrsg.)

Beim Wort genommen

Kommunikation in
Gottesdienst und Medien

TVZ
Theologischer Verlag Zürich

«Das Was bedenke, mehr bedenke Wie!»
(nach Joh. W. v. Goethe, Faust II, 2. Akt)

Die Deutsche Bibliothek – Bibliografische Einheitsaufnahme

Die Deutsche Bibliothek verzeichnet diese Publikation in der Deutschen Nationalbibliografie; detaillierte bibliografische Daten sind im Internet über http://dnb.ddb.de abrufbar.

Umschlaggestaltung
Simone Ackermann, Zürich
Umschlagfoto: Medienpark / Pfander

Druck
ROSCH-BUCH GmbH, Scheßlitz

ISBN: 978-3-290-17420-0

© 2007 Theologischer Verlag Zürich
www.tvz-verlag.ch

Alle Rechte, auch die des auszugsweisen Nachdrucks, der fotografischen und audiovisuellen Wiedergabe, der elektronischen Erfassung sowie der Übersetzung, bleiben vorbehalten.

Inhaltsverzeichnis

Vorwort 7
    (Martin Peier-Plüss)

Liturgische Dramaturgie 9
    (Martin Peier-Plüss)

Wir alle spielen Theater 85
    (Ralph Kunz)

Liturgie als Weg 97
    (Alfred Ehrensperger)

Hörende predigen mit 117
    (Hellmut K. Geissner)

«Mini Farb und dini» 127
    (Christoph Müller)

Liturgische Atmosphärenräume 153
    (David Plüss)

«Wort zum Sonntag»: Von der Idee zur Rede 167
    (Edith Slembek)

Kommunikation und Urbanität 177
    (Urs Meier)

Sprache der Kirche – Kirchensprache 187
    (Hellmut K. Geissner)

Freier Dialog – koproduzierendes Sprechdenken 195
    (Martin Peier-Plüss)

Gedankenfreiheit – oder: Gedankenkonserven? 203
    (Edith Slembek)

Öffentlichkeitsarbeit für Radio und Fernsehen 215
    (Urs Meier)

Identität und Imitation 225
    (Hellmut K. Geissner)

Die verfassenden Personen 239

Vorwort

Gesprochen wird in der Kirche oft. Davon lebt die reformierte Kirche im Besonderen. Als «Kirche des Wortes», wie sie oft – kritisch oder liebevoll – genannt wird, könnte sie «ein Lied davon singen», wie viel am «Wort» hängen kann. Genau darum soll es in diesem Buch gehen: um das gesprochene Wort, um das gesungene, das gebetete, um das gedachte und um das wortlose Wort, um Sprache und Sprechen.

Die dreizehn vorliegenden Aufsätze stammen von Leuten, die sich nicht nur auf die Theologie des Wortes berufen. Sie arbeiten in der Forschung, bei den Medien und in der Kirche. Sie kommen aus der Medienarbeit, aus der Theologie, aus der Soziologie, aus Kommunikations- und Sprechwissenschaft. Sehr herzlich danke ich Edith Slembek, Alfred Ehrensperger, Hellmut K. Geissner, Ralph Kunz, Urs Meier, Christoph Müller und David Plüss zum einen für ihre beeindruckenden Beiträge, aus denen reiche Lebens- und Berufserfahrung spricht, und zum andern für das gemeinsame Reflektieren von aktuellen Fragen: Wie kommunizieren Leute in der Kirche? Wie kommunizieren Kirchenleute in den Medien? Welche Mittel zur mündlichen Kommunikation stehen für Gottesdienste, für Gruppenarbeiten, für Gespräche, für Auftritte in den Medien zur Verfügung? Und wie lassen sie sich anwenden?

Von einer Sache bin ich überzeugt: Einen glaubwürdigen Dialog gibt es nur als Gespräch miteinander. Reden mit einer anderen Person setzt voraus, dass beide «gleich wertig» sind – sprechend und hörend, in oft wechselnden Rollen. Das heisst: Reden ist eine andere Form von Hören, und Hören ist eine andere Form von Reden.

Eine Bemerkung zur Sprachregelung: Männliche und weibliche Formen sind möglichst so gewählt, dass sie auch sprechbar sind. Es fällt dabei auf, dass so die Personen nicht über deren Funktion bezeichnet werden («Leser/in»), sondern über ihr Tun und Handeln («wer liest»; «die Lesenden»). Männliche und weibliche Formen lassen sich offenbar leichter über das Tun verbinden.

Mein grosser Dank gilt den Reformierten Medien und dem Theologischen Verlag. Ohne diese beiden Partner wäre dieses Buch nicht zustande gekommen.

Zürich, im Februar 2007   Martin Peier-Plüss

Martin PEIER-PLÜSS

Liturgische Dramaturgie

Dialogische Aspekte für Gottesdienste

1 Zielsetzung

Gottesdienste sind Inszenierungen.[1] Sie gestalten Aussagen und Interaktionen in Raum und Zeit. Dabei stützen sie sich auf überlieferte Inhalte und Ausdrucksformen. Bei den Teilnehmenden trifft das liturgische Drama[2] auf vorgeprägte Erwartungen und Haltungen und wird dadurch in bestimmter Weise erlebt und verstanden. Das ist eine Frage der kirchlichen wie religiösen Herkunft und Erfahrung der Einzelnen. Mit dem Begriff ‹Drama› wird hier nur bedingt an das Verständnis des klassischen griechischen Dramas angeschlossen, in welchem Held und Widersacher sich dem unausweichlichen Kampf um Leben und Tod stellen. Die Verwandtschaft zwischen Theater und Liturgie als Drama besteht im Fortgang auf einen Höhepunkt hin.[3] Das heisst: Die einzelnen liturgischen Sequenzen stehen zueinander in Bezug, nehmen etwas vorweg oder verweisen auf schon Erlebtes, Gesagtes, Gesehenes, Gehörtes. Sie öffnen neue Sichtweisen und führen in einem Höhepunkt zum Kern der Verkündigung. Immer steht ein einzelner Teil im Zusammenhang mit anderen, unabhängig davon, wie diese ausgestaltet sind. Das gilt in beide ‹Richtungen› der Liturgie. Immer wächst ein Teil aus Vorhergegangenem heraus, und zugleich löst er für das Nachfolgende etwas Neues aus. Die Nachbildung dieses komplexen Vorgangs im Medium Fernsehen gelingt nur mit bewusster Umsetzung. Diese kann umgekehrt auch den normalen Gottesdienst in der Gemeinde, also jenen ohne medialen Einbezug, beeinflussen. Der Umstand, dass jeder Teil der Liturgie nach vorne und nach hinten verknüpft ist, kann, sofern diese Verknüpfung gelingt, nicht nur einen ästhetischen Gewinn bedeuten, sondern schafft auch inhaltliche Kohärenz. Jedes liturgische Element bringt etwas Spezifisches zum Ausdruck. Gleichzeitig hat es eine Funktion für das Gesamte und trägt so musikalisch, sprachlich, sprecherisch, gestisch, symbolisch, räumlich oder bildlich etwas zum Gehalt der Feier bei.[4] Das Zusammenwirken dieser verschiedenen Aspekte nenne ich *liturgische Dramaturgie*.

Daraufhin wurden in den letzten Jahren verschiedene Gottesdienste untersucht. Der vorliegende Beitrag konzentriert sich auf einen reformierten Gottesdienst, der im Schweizer Fernsehen SF ausgestrahlt worden ist und exemplarisch die verschiedenen liturgischen Möglichkeiten aufzeigt: die Verbindungen von Theologen und Laien, Erwachsenen und Jugendlichen, Frauen und Männern, Bild und Wort, traditionellen und aktuellen Texte, Einzelsprechern und Sprechgruppen, alter und neuer Musik, deutschen und lateinischen Liedern, von unterschiedlichen Räumen. Es ist zu erwarten, dass die Reaktionen im Feedback entsprechend vielfältig sind. Das Ziel der Untersuchung besteht darin zu überprüfen, inwieweit eine liturgische Dramaturgie die Qualität eines Gottesdienstes oder Teile davon beeinflusst. Das heisst: Inwiefern kann die liturgische Dramaturgie dazu beitragen, dass Gottesdienste an theologischer Intensität, an zeitgemässer Präsentation, an gesellschaftlicher Relevanz und an kulturellem Wert gewinnen?

Als kirchlicher Fernsehbeauftragter konzipiere ich die zu sendenden Gottesdienste mit den Gemeinden und sensibilisiere diese bezüglich einer liturgischen Dramaturgie. In Gesprächen und in Trainings werden wichtige Aspekte herausgeschält, um die Liturgie auf ihren Verlauf und auf eine intendierte Wirkung hin zu optimieren. Gleichwohl sind die Gemeinden frei, ihren Gottesdienst in Art, Intention und Gehalt selbst zu gestalten. Zur Beobachtung des hier untersuchten Gottesdienstes stehen drei miteinander korrespondierende Quellen zur Verfügung: Zum Ersten hat eine interdisziplinär zusammensetzte Arbeitsgruppe mehrere Gottesdienste ausgewertet. Zum Zweiten wurden Zuschauerechos, die bei der Schweizer Telefonseelsorge (Telefon 143) eingegangen sind, erfasst. Zum Dritten habe ich mit Fachpersonen aus Fernsehen, Theologie und Sprecherziehung die Gottesdienste visioniert. Namentlich die Tutorate mit Prof. Dr. Hellmut GEISSNER liessen zahlreiche Erkenntnisse in das Konzept der liturgischen Dramaturgie einfliessen.[5] Die breite empirische Grundlage für diese Untersuchung bilden die Seminare in rhetorischer Kommunikation bei Prof. Dr. Edith SLEMBEK, Universität Lausanne.[6]

Einleitend sind indessen zwei Grundfragen zu klären. Erstens: Was sind die Besonderheiten eines reformierten Gottesdienstes?[7] Zweitens: Welches sind die wichtigsten Elemente liturgischer Dramaturgie? In den Abschnitten danach wird der oben erwähnte Gottesdienst auf die ihn prägende liturgische Dramaturgie hin untersucht.

2   Besonderheiten des reformierten Gottesdienstes

Der reformierte Gottesdienst kennt keine strenge Liturgie, wie sie in anderen grossen christlichen Konfessionen wie die der Orthodoxen, der Katholiken oder der Lutheraner gepflegt wird. Die reformierte Liturgie, als Ordnung von liturgischen Teilen verstanden, beschränkt sich auf ein paar wenige Punkte.[8] Das hat zur Folge, dass, wer einen Gottesdienst verantwortet, über eine grosse Freiheit in der Ausgestaltung verfügt. Der Gottesdienst zeichnet sich denn auch durch eine beachtliche Vielfalt aus. Was an Formen, an Musikstilen und an Inszenierungen möglich ist, bereichert insofern den Gottesdienst, als er immer auch ein Spiegel davon ist, wie die Leute vor Ort miteinander leben. Was an Gemeinschaftskultur gelebt wird, kann im Gottesdienst nachgebildet werden. Eine Gemeinde, die eine nur geringe Gesprächskultur kennt, wird auch im Gottesdienst keine andere Kultur pflegen können. Eine Gemeinde, die es gewohnt ist, diskursiv ihre Themen anzugehen, kann auch einen Gottesdienst feiern, in dem nicht schon im Voraus alles klar ist und alle einer Meinung sind. Die Gestaltung des Gottesdienstes widerspiegelt also gewissermassen die Kultur, die in der Gemeinde gelebt wird, auch in kommunikativer Hinsicht. Insofern ist eine Vielfalt an Gottesdiensten zu pflegen und zu unterstützen, weil dies auch der Vielfalt der Gemeinden entgegenkommt. Auch entspricht es dem Wesen der Reformierten, über das Gestalten der Gottesdienste nachzudenken, Feiern neu zu entwickeln und Formen immer wieder anzupassen. Diese Gestaltungsfreiheit für die Liturgie hat allerdings auch ihre Schattenseite, denn mit dieser Vielfalt geht nicht selten eine Ratlosigkeit einher – selbst bei den Leuten im Pfarramt. Sie betrifft auch zentrale Fragen, was etwa die einzelnen liturgischen Teile im reformierten Gottesdienst bedeuten und welchen Zweck sie erfüllen sollen. Wo das nicht klar zu sein scheint, entstehen Gottesdienste oft wie ein Flickwerk von lose aneinandergereihten Versatzstücken.

Zurück zur reformierten Liturgie. Meist fehlen im Gottesdienst sichtbare rituelle Handlungen: Es gibt keinen Weihrauch, mit dem der Altar geweiht wird. Kein Glöckchen kündet die Wandlung der eucharistischen Elemente an. Nicht einmal der Friedensgruss gegenüber den Banknachbarn ist in der reformierten Tradition verankert. Aus der Feier selbst sind die liturgischen Teile oft nicht selbsterklärend. Die Reduktion auf Wort und Musik hat manchen Gottesdienst zu einer geradezu kargen Landschaft von nicht zusammengehörenden Elementen verkommen lassen. Zu Unrecht, wie mir scheint, denn für eine verständliche Liturgie und einen auf Dialog ausgerichteten Gottesdienst ist das Entwicklungspotential bei Weitem nicht ausgeschöpft. Weil aber das Wort in der Liturgie des reformierten Gottesdienstes zentrale Bedeutung hat, müssen die sprachlichen und sprecherischen Leistungen im Gottesdienst entsprechend gewichtet werden. Gerade wegen der meist fehlenden Zeichenhandlungen lebt der reformierte Gottesdienst umso mehr von einer gezielt gestalteten Dramaturgie. Diese kann die am Gottesdienst Partizipierenden zu ihrem je eigenen persönlichen Glaubenserlebnis führen. Gottesdienste am Fernsehen versuchen, dieses Erlebnis darüber hinaus den Zuschauenden zu ermöglichen[9] und auch sie am Gottesdienst teilnehmen[10] zu lassen.

3   Grundpfeiler der Untersuchung

Um Gottesdienste nach ihrer liturgischen Dramaturgie zu untersuchen, müssen zunächst deren kommunikativen Elemente erläutert werden. Reformierte Gottesdienste sind zu einem erheblichen Teil geprägt von gesprochener Sprache. Mit Ausnahme der schriftlich überlieferten Texte wie die der Bibel, des Unser Vaters und der Bitte um den Segen, sind die gesprochenen Teile meist sprachliche und sprecherische Eigenproduktionen der liturgischen Personen. Gebete, Ankündigungen, überleitende Texte, Sprechmotetten, Predigten: Sie alle «entspringen der Feder» der Protagonisten. Im Ausdruck «der *Feder* entspringen» verbirgt sich bereits eine erste Grundproblematik für die Gottesdienste. Meist entstehen die Ansprachen am Schreibtisch, nicht am Rednerpult: Sie werden geschrieben, als ob sie später von Gottesdienstbesuchenden gelesen würden. Während langatmige Sätze mit Schachtelkonstruktionen oder abstrakten Nominalverbindungen beim Lesen durchaus verständlich bleiben, können sie beim Hören nur erschwert verstanden werden. Die Predigten aber werden in erster Linie nicht gelesen, sondern als Predigten ausschliesslich gehört. Trotzdem entstehen die Texte meist nicht durch einen Sprech-Denk-Vorgang, sondern durch einen Schreib-Lese-Vorgang.[11] Dafür bräuchte es die transformierende Arbeit, die Denkvorgänge nicht einfach niederzuschreiben, sondern für das Hören zu denken und – auch im Vorbereiten – zu sprechen. Was immer es im Gottesdienst zu sagen gibt, müsste für ein Hörverstehen entwickelt werden. In diesem Prozess *von der Idee zur Rede*[12] bietet die von GEISSNER entwickelte Methode der rhetorischen Kommunikation[13] wichtige Grundpfeiler für die Praxis an. Diese sind im Wesentlichen: zunächst die Klärung einer aktuell gewählten Zielgruppe, auf die sich alle gesprochenen und gedachten Elemente beziehen können, dann das Festlegen eines entsprechenden Zwecks für den Gottesdienst sowie die sorgfältige Planung des dramaturgischen Aufbaus einer voranschreitenden Längsstruktur des Gottesdienstes und einer intensivierenden Querstruktur des Gottesdienstes.[14] Diese kommunikativen Grundpfeiler können Entscheidendes zur gelingenden Gestaltung, zur Verständlichkeit und zur gewünschten Wirkung eines Gottesdienstes beitragen.

Eine ganz andere Dimension, welche eng mit dem Gottesdienst verknüpft und ihm zugrunde gelegt ist, ist das Glaubenserlebnis der Einzelnen. Dieses schränkt zugleich die vorliegende Untersuchung insofern ein, als es sich weitgehend unabhängig von der dramaturgischen Gestaltung ereignet. Da ist ein einzelner Satz, der mitten ins Schwarze trifft, da ist ein Geruch, der an ein Schlüsselerlebnis erinnert, da ist eine beiläufige Bemerkung, die wachrüttelt. Diese Dimension der persönlichen Erfahrung der einzelnen Beteiligten wirkt unabhängig von der Gestaltung eines Gottesdienstes. Eine liturgische Dramaturgie kann sie jedoch begünstigen. Das hängt für die Einzelnen zuweilen auch von Stil und Geschmack ab, von kommunikativen Erfahrungen, von der persönlicher Verfassung oder der persönlichen Situation. Es ist an diesem Punkt auch das Eingeständnis festzumachen, dass jede Rede und jedes liturgische Element in der Wirkung weder eindeutig bestimmbar sein kann noch eine für alle gleich gültige definierte Wirkungen zu erzielen vermag.[15] Diesem Eingeständnis entsprechend wird diese zusätzliche Dimension hier nicht untersucht, sondern es geht um Sprache in den unterschiedlichen Sprachformen, um das Sprechen, um das Was und – noch mehr – um das Wie.

3.1 Zielgruppe und Zweck des Gottesdienstes

Ein Gottesdienst findet nie in einem luftleeren Raum statt, sondern ist immer mit einer bestimmten Situation verknüpft. Man nennt dies üblicherweise den *Kasus*. Bei einer Abdankung beispielsweise ist ein solcher Kasus leicht erkennbar: Es geht um die verstorbene Person und ihre Angehörigen. Andere Gottesdienste sind womöglich durch das Kirchenjahr thematisch vorgeprägt. Eine solche Annäherung an das Spezifische eines Gottesdienstes hilft, ihn entsprechend gezielt zu gestalten.[16] Dieses Vorgehen kann man weit genauer mit Zielgruppenüberlegungen sowie einer Reflexion über den Zweck eines Gottesdienstes systematisieren.

Es ist hier deshalb kurz aufzuzeigen, was mit *Zielgruppe*[17] und *Zwecksatz* im Gottesdienst gemeint ist. Die Zielgruppe ist als eine Menge von Leuten zu denken, welche einen ähnlichen Zugang zum entsprechenden Gottesdienst haben. Sie haben zu den verhandelten Aspekten der christlichen Botschaft – oder kurz: «zum Thema»[18] – ähnliche Widerstände, ein ähnliches Vorwissen, eine ähnliche Erwartungshaltung oder ein ähnlich wertendes Empfinden. Daraus kann man gleich das zweite Element ableiten: den Zwecksatz. Darunter ist eine vorreflektierte Zusammenfassung dessen zu verstehen, was im Gottesdienst gewissermassen erreicht werden soll. In Bezug auf die Zielgruppe soll darin beantwortet werden, was die Hörenden am Schluss des Gottesdienstes wissen, an Erkenntnissen gewonnen haben, sowie wonach und wie sie handeln sollen.[19] Ein Zweck ist nicht zwingend mit einem Handlungsappell gleichzusetzen; es kann durchaus Zweck eines Gottesdienstes sein, die Teilnehmenden zum Denken anzuregen oder zu einer neuen Sichtweise einzuladen; auch das Denken ist eine Form von Handeln: Jedenfalls beantwortet der Zwecksatz die lapidare Frage: Wozu das Ganze?

Wer nun – subjektivierend («das interessiert mich nicht») oder objektivierend («da weiss ich nichts darüber») – der Zielgruppe nicht angehört, kann durch die offen dargelegten Elemente von Zweck und Zielgruppe leichter und rascher erkennen, was für wen im Gottesdienst thematisiert werden wird. Das gibt den «nicht gemeinten Personen» umgekehrt aber die Möglichkeit, sich dennoch einen thematischen Zugang zum Gottesdienst zu verschaffen und gewissermassen indirekt zum ‹Mitglied› der Zielgruppe zu werden. Das kann dann der Fall sein, wenn sie sich als Nichtgemeinte stellvertretend für jemand Gemeinten auf den Gottesdienst und dessen Inhalt einlassen (Beispiel: «Ich bin zwar nicht betroffen vom Thema «alt werden», aber meine Eltern sind es sehr wohl.»). Eine solche Multiplikatorenfunktion wird durch Klärung und Offenlegung von Zwecksatz und Zielgruppe begünstigt.[20]

Was lässt sich demzufolge für die liturgische Person als kommunikative Basis ableiten? GEISSNER bringt es – allgemein formuliert – mit folgender Grundfrage auf den Punkt: «Wie sag ich, was ich meine, so, dass es andere hören und verstehen, damit wir miteinander handeln können?»[21] Auf den Gottesdienst angewendet bedeutet dies: Es macht Sinn, dass die Sprechenden sich für den Gottesdienst nicht eine in sich geschlossene Gruppe (Milieu) vorstellen, die in der Feier angesprochen werden soll. Vielmehr soll sich der Gottesdienst durch gezieltes Klären von Sinn und Zweck auch anderen, weiteren Gruppen erschliessen. Das heisst: Je klarer der Zweck umrissen wird und je klarer die Zielgruppe eingegrenzt ist, umso mehr wächst das Potential des Gottesdienstes, ein Mehrfaches an Menschen zu erreichen. Denn man geht dadurch bei den Hörenden nicht von ihrem Vorwissen aus, sondern vom Potential, dass sie das Gehörte auch verstehen können. Diese Grundpfeiler bedingen allerdings, dass sich die Sprechenden darüber klar werden müssen, was und wie sie theologisch, liturgisch, sprachlich, sprecherisch und musikalisch sich äussern können.

3.2 Längsstruktur (Syntagma)

Jeder Gottesdienst ist in seinem Verlauf gegliedert, manchmal bewusst, manchmal zufällig. Der reformierte Gottesdienst kennt als Tradition eine fünfteilige Liturgie: Sammlung, Lob & Anbetung, Lesung & Predigt, Fürbitten, Sendung & Segen. Diese Ordnung der liturgischen Teile ist nicht einfach eine Aneinanderreihung von losen Stücken, sondern gliedert verschiedene Sinneinheiten[22] miteinander. Jede Einheit hat eine Aufgabe[23] zu erfüllen; diese Aufgaben werden unten näher umschrieben.

3.2.1 Formale und inhaltliche Funktion

Die Dramaturgie eines Gottesdienstes besteht aus Spannungsbögen, die miteinander verbunden sind. Jeder liturgische Teil geht aus einem vorangegangenen hervor und baut einen nachfolgenden auf,[24] um dann in einem späten Höhepunkt zu kulminieren.[25] Ich nenne dies Längsstruktur[26]. Diese Vor- und Rückbezüge haben unterschiedliche Aufgaben.

Genauer umschrieben bedeutet dies: Jedes liturgische Element hat eine je eigene *formale Funktion* und verfolgt gleichzeitig eine *inhaltliche Funktion*. Einerseits bezieht sich die formale Funktion auf die Gestaltung des Gottesdienstes und dessen Dramaturgie. Jedes Element verweist auf zuvor Gesagtes, Gesehenes, Gehörtes oder auf später noch zu Sagendes, zu Sehendes, zu Hörendes. Es greift bereits Gesagtes, Gesehenes, Gehörtes auf, es verdichtet, führt zum Höhepunkt oder schliesst ab.[27] Auf diese je eigene Funktion ist jedes liturgische Element zu überprüfen und entsprechend zu gestalten.

Jedes liturgische Element hat andererseits eine inhaltliche Funktion im Gottesdienst. Eine solche Funktion kann darin bestehen, ein Thema zu eröffnen, zu verdichten oder abzuschliessen. Gleichzeitig besteht sie darin, sich in der Art, wie das Thema aufgenommen wird, am Gottesdienst als Ganzem zu orientieren. Oder anders formuliert: Die Funktion eines einzelnen liturgischen Teils steht in Bezug zu jener Funktion, die dem gesamten Gottesdienst zugedacht ist. Dieses Verhältnis ist vergleichbar mit einem Projektvorgang, bei welchem sich Teilziele an einem übergeordneten Ziel orientieren.

Auf den – oben eingeführten – Zwecksatz bezogen, ergibt sich also die Möglichkeit, für die einzelnen Teile Teilzwecksätze zu denken, die sich – in mehreren Spannungsbögen – auf den Gesamtzweck des Gottesdienstes beziehen.[28] Jedes liturgische Element der einzelnen Spannungsbögen ist auf seine spezifische inhaltliche Funktion hin zu überprüfen: Soll es einen Sachverhalt bestätigen oder klären? Soll es in einer Sache die Zuhörenden irritieren, trösten, ermuntern? Für den Gottesdienst bedeutet dies, dass die entsprechenden Stilmittel jeweils ‹zweckdienlich› zu wählen sind.

Ein Beispiel: Im Verlauf einer Liturgie ist ein Gebet angesagt. Dieses hat die formale Funktion, dass die Betenden die Möglichkeit erhalten, gegenüber Gott zu klagen. Die inhaltliche Funktion dieses Gebetes ist, den Mitbetenden zu zeigen, dass das Klagen einerseits zu den alltäglichen Erfahrungen gehört und andererseits nicht einfach ins Leere geht. Die Funktionen nach Form und Inhalt zu unterscheiden und gleichzeitig zu bedenken, hat für die Liturgen den Vorteil, für eine Absicht auch die passende Form zu finden. Und es gibt beim Beten den Betenden selbst die Klarheit, was warum und wozu geschieht und was sie als feiernde Gemeinschaft warum und wozu tut.[29] Dieses Erkennen geschieht zuweilen auch erst im Rückblick, respektive im Nach-Denken.

3.2.2 Funktionen auf drei Ebenen

Alle Teile wirken also nach vorn *und* nach hinten. Ein Zitat, eine Geste, eine Handlung, etc. erkennt man durch die Wiederholung, Verfremdung oder Weiterführung wieder. Das verbindet zwei Teile wechselwirkend miteinander. Dadurch wird deutlich: Wie jeder Teil nicht nur eine je eigene Funktion für sich hat, hat er ebenso eine Funktion für das Gesamtwerk eines Gottesdienstes. Mit dem obigen Beispiel des Gebetes lässt sich dies gut erläutern. Das Gebet ist von der Form her eine Klage und steht es am Anfang des Gottesdienstes. Da ist noch keine Lösung in der Klage (und schon gar keine Erlösung aus der Klage) zu erwarten. Die Klage ist an dieser Stelle erst einmal zu eröffnen. Wenn später im Gottesdienst eine Formulierung aus diesem Gebet wieder anklingt, der Kontext in der Liturgie aber beispielsweise den späteren Prozess betrifft, wie Menschen aus der Klage wieder herausfinden, so werden die am Gottesdienst Teilnehmenden dennoch – explizit oder implizit – an die eröffnende Klage erinnert. Den liturgischen Teilen lassen sich zum Dritten auch Funktionen zuschreiben, die über den einzelnen Gottesdienst hinaus von Bedeutung sind.[30] Ein paar Beispiele von liturgischen Sequenzen, welche üblicherweise nicht im Zentrum der Liturgie stehen:

Der *Eröffnungsteil* wirkt – neudeutsch – wie ein Appetizer, wie ein Ear- oder Eyecatcher. Diese wenigen Minuten sind für die Teilnehmenden der Übergang vom Alltag zum Gottesdienst, von den Fragen im Alltag zu jenen im Gottesdienst; alle bringen ihre je eigene Geschichte mit, ob leichtfüssig oder vom Schicksal gezeichnet. Beim Betreten des Kirchenraums, beim Grüssen von Bekannten, beim Wählen eines Sitzplatzes, beim ersten Hinhören auf Geräusche und später auf die Eingangsmusik treten die Teilnehmenden über die Schwelle des Alltags zum Gottesdienst. Daher ist der erste liturgische Teil sehr sensibel zu gestalten. Da sollen die liturgischen Personen mit den Teilnehmenden auf Tuchfühlung gehen (alle Sinne ansprechend). Bei ihnen soll das Interesse auf den Gottesdienst, auf das Feiern, auf das Thema und dessen Darstellung geweckt werden. Darin soll auch geklärt werden, auf welche Gruppe der Gottesdienst angelegt ist und wozu er gefeiert wird.[31] Aus der Sicht der Teilnehmenden wird darin erkennbar, inwiefern sie im Gottesdienst, in den geäusserten Gedanken vorkommen.

Übergänge sind Bindeglieder zwischen liturgischen Teilen. Sie haben die Aufgabe, dem Gottesdienst eine gewisse Tiefenschärfe zu verleihen. Ob als Retrospektiven oder als «vorausblickende Einstiegsszenen»: Sie erfüllen die Funktion, liturgische Teile miteinander zu verknüpfen, die Teilnehmenden auf Zusammenhänge aufmerksam zu machen und diese gezielt aufzuzeigen. Erst durch gezielt gestaltete Übergänge erhalten die einzelnen Sequenzen oft erst ihre Wirkung. Übergänge prägen den gesamten liturgischen Rhythmus und ebenso den Rhythmuswechsel, wie etwa von beschleunigenden Teilen hin zu ruhigen oder umgekehrt. Übergänge helfen, den Gottesdienst zu strukturieren; an ihnen wird erkennbar, wie sich die Dramaturgie[32] des Gottesdienstes entwickeln soll.

Zwischenteile sollen den Rhythmus aufbrechen und den Gottesdienst auflockern. Die Gemeinde muss sich zwischendurch erholen können, will für einmal schmunzeln oder tief durchatmen. Das kann auch nur schon ein Blick sein, eine Geste, ein Schweigen oder eine gesungene Liedstrophe.

Reflexionen sollen den Inhalt vertiefen. Die Beteiligten erkennen, was sich hinter dem zuvor Gesagten versteckt hält, wie sich die Fragestellung entwickelt und wie sich das gesamte System denken lässt. Sie sind sprachlich einfach und klar strukturiert sowie sprecherisch so gestaltet, dass Hörende dem Inhalt leicht folgen können.[33] Die eingesetzte Stimme klingt daher nicht pathetisch, sondern wie in einem persönlichen Gespräch. Dies ist mit der heute zur Verfügung stehenden Technik leicht möglich.

Der *Schlussteil,* respektive die (als Abschluss von einzelnen Teilen gestalteten) *Höhepunkte* des Gottesdienstes sollen das Thema, die Botschaft «auf den Punkt bringen», sie zu einer Teil-Pointe oder zur Schluss-Pointe zuspitzen. Es handelt sich oft nur um kurze Momente in einer Sequenz und sie leben von der Überraschung. Nach der Pointe muss sich nur noch die Wirkung entfalten.

3.2.3 Analogien

Die Längsstruktur des Gottesdienstes lässt sich leicht mit Strukturen anderer Bereiche des gesellschaftlichen Lebens[34] vergleichen, zum Ersten – wie oben bereits eingeführt – mit der Dramaturgie des Theaters.[35] Das klassische Theaterstück kennt für gewöhnlich fünf Phasen und ist in Akte gegliedert. Der eröffnenden Exposition folgt als zweiter Akt die Entfaltung der Problematik. In einem dritten verdichtet oder verschärft sich die Problematik, um im vierten Akt zu einem Höhepunkt aufzuschwingen. Die Lösung mündet im fünften Akt, manchmal auch als

Desaster inszeniert, in einen Schluss, zuweilen auch in einen Trugschluss.[36]

Was das klassische Theaterstück mit seinen eröffnenden bis abschliessenden Akten formt, findet im Gottesdienst in den liturgischen Teilen seine Entsprechung.

Im Weiteren lässt sich der Aufbau des Gottesdienstes mit jenem der Argumentation[37] anlässlich einer öffentlichen Rede vergleichen, wie sie von der römischen Rhetorik her bekannt ist. Und schliesslich gibt es eine Verwandtschaft mit der Struktur eines Alltagsgesprächs[38], worauf später noch zurückzukommen ist.[39] Allen Ereignissen, Theater, Argumentation, Alltagsgespräch und Liturgie[40], ist gemeinsam, dass sie im Umfeld von Reden und Hören, genauer von Sprechdenken und Hörverstehen, geschehen. Es sind Situationen der Kommunikation,[41] in denen die daran beteiligten Personen miteinander vergleichbare Rollen haben. Vergleichbar ist auch der Verlauf dieser Sprech- und Hörsituationen. Folgende Darstellung kann diese Analogien verdeutlichen:

Längsstruktur von Liturgie, Theater, Argumentation und Gespräch

	Liturgie	Antikes Theater	Argumentation	Alltagsgespräch
1.	Sammlung	Einleitung	Einleitung	Ankommen & Begrüssen
2.	Lob & Anbetung	Darstellung des Themas	These	Sich synchronisieren
3.	Lesung & Predigt	Präzisierung des Sachverhaltes	Antithese	Zuhören, Nachdenken, Entwickeln
4.	Fürbitten	Beweisführung	Synthese	Klären & Weiterführen
5.	Sendung & Segen	Schluss	Folgerung	Abschied nehmen & Aufbrechen

3.2.3.1 Theater

Zunächst sollen (bezüglich der Längsstruktur) Gottesdienst und Theater miteinander verglichen werden. Es lassen sich folgende gemeinsame «liturgisch-dramaturgische» Grundstrukturen erkennen:

Sprache, Rede und Raum
Verfassende (Vor-Denkende) haben Texte (meist) ausformuliert oder zumindest durchgedacht und tragen den Inhalt an Hörende (Nach-

Denkende) heran. Diese wiederum sind am Text beteiligt, indem sie darauf reagieren.

Ohne dass die gehaltene Rede formal als Gespräch angelegt ist, wird sie in eine dialogische Situation hinein gesprochen. Reden und Hören wirken gegenseitig aufeinander. Im Nicken, Lachen oder in Gesten «reden» sie mit.

Was für den Gottesdienst der Kirchenraum, die Kapelle, die Kathedrale oder der Mehrzweckraum ist, so dient dem Theater als Handlungsort ein Saal, ein Gewölbekeller, eine kulturell genutzte Industrieanlage oder die Schul-Aula. Die liturgischen Einrichtungen (Kreuz, Kanzel, Taufstein, Kerze) haben ihre Analogie in den zum Theater gehörenden Kulissen. Jedenfalls sind die liturgischen Plätze und die Bühnen – wie immer auch sie gestaltet sind – als szenischer Raum klar gekennzeichnet.

Handlung
Sprechende und Hörende sind Gleich-Beteiligte, aber durch ihre Aufgaben – nämlich im Reden oder Hören – Anders-Betroffene. Beide sind je mit der anderen Aufgabe konfrontiert. Was die Gemeinde mit Beten und Singen, mit Kopfbewegungen und Stirnrunzeln mit und ohne Worte als Reaktionen zum Ausdruck bringt (spricht), kann von den Sprechenden wahrgenommen (gehört) werden. Was in der modernen Musik (Rückkoppelung von Schallwellen, die zu Pfeiftönen führt) und in der Kommunikation als Feedback (Rückmeldung über subjektive Höreindrücke) bezeichnet wird, ist auch im Gottesdienst ein wichtiger Bestandteil des Dialogs zwischen Liturgen und Gemeinde.

Liturgischer Raum und Bühne sind grundsätzlich vom Raum der Gemeinde und von den Zuschauenden unterschieden. Zuweilen kann die Grenze zwar durchbrochen werden, wenn sich die Akteure beispielsweise zwischendurch in den Zuschauerraum bewegen; dennoch bleiben szenischer Handlungsraum und Zuschauerraum auch architektonisch und liturgisch als unterschiedlich erkennbar. Wenn nicht von der Handlung her, so werden doch die Grenzen zwischen den beiden «Räumen» dialogisch, interaktiv überwunden.

Für Theater und Gottesdienst ist nicht unwesentlich, was sich an Interaktion zwischen Akteuren und Teilnehmenden abspielt. Aktion und Reaktion wirken für den dramaturgischen Verlauf animierend. Es ist für die Beteiligten nicht unwesentlich, was emotional mit den je anderen im

Raum geschieht. Wenn gelacht, geweint, geklatscht oder geschmunzelt wird, treffen persönliche Gefühle aufeinander, die gemeinsam erlebt werden und als passend oder unpassend, als erhofft oder als befürchtet, als erwünscht oder als zu verhindern empfunden werden.

Intention
Sowohl Theater als auch Gottesdienst können weder die Gesellschaft in den Raum hereinholen noch die grossen Themen der Welt verhandeln. Beide aber greifen Aspekte auf, die die Gesellschaft oder Teile davon beschäftigen. Nicht jedes Stück heisst zwar «Warten auf Godot» und nicht jeder Gottesdienst fragt nach der «Schuld der menschlichen Existenz»; aber jedem Theater und jedem Gottesdienst liegt ein Kerngedanke zugrunde, der – auf das Wesentliche reduziert – sich an einen relevanten Aspekt herantastet. Dabei ist auffallend, wie vermeintlich eindeutige Zusammenhänge oft verfremdet dargestellt werden oder, in neue Zusammenhänge gestellt, überraschende, neue Denkvorgänge auslösen.

Ob von den Handelnden und Sprechenden intendiert oder zufällig aufgebaut, entwickeln Theater und Gottesdienst eine Dramaturgie, die auf einen Höhepunkt hinausläuft und als Abschluss in einer Pointe ihren Schluss findet. Ob linear oder zirkulär, ob mit Scheinpointen raffiniert ausgestattet oder episch breit angelegt, Theater und Gottesdienste sind auf ihren Höhepunkt hin strukturiert und diesem in der Ausgestaltung verpflichtet.

Ein hier letzter Vergleichspunkt: Kein Theater, kein Gottesdienst will auf sich selbst reduziert bleiben. Jedes Stück und jede Feier verweist auf ein ausserhalb liegendes Ziel. Möglicherweise wird den Hörenden eine Handlungsabsicht mitgeteilt oder sogar eine Aufforderung zugespielt; zumindest aber werden den Hörenden Werte vermittelt, mit denen sie sich auseinandersetzen können.

3.2.3.2 Argumentation

An dieser Stelle sollen keine Argumentations-Theorien abgebildet werden. Aber die Analogie zwischen der fortführenden Liturgie und dem sich entwickelnden Argument ist bemerkenswert. Nach antiker Rhetorik weist ein Argument meist fünf Schritte auf; GEISSNER spricht in diesem Zusammenhang von einem 5-Satz[42], dessen Struktur sich zum Beispiel wie folgt darstellen lässt: Eröffnung – Darlegung des Problems – mögliche Lösung – Lösungsvariante – Konsequenz; das ist nur eine von zahlreichen Möglichkeiten, in fünf Schritten zum Endes eines Argumentes zu gelangen. Diese Schritte stehen nicht willkürlich in einer Folge zueinander. Die Eröffnung eines Argumentes ist eng verbunden mit der abschliessenden Konklusion; für die Redenden bedingt das Formulieren der Eröffnung, die Konklusion bereits im Voraus zu wissen. Etwas zugespitzt formuliert: Argumentieren funktioniert rückwärts, von der Konklusion zur Eröffnung. Der dritte Aspekt eines Argumentteils leitet sich aus dem zweiten ab und dieser wiederum aus dem ersten. Für die Sprechenden bedeutet dies also: rückwärts denken – vorwärts sprechen. Deshalb ist die innere Logik unabdingbar für ein gelingendes Argumentieren. Und die Übergänge zwischen Eröffnung, den argumentativen Zwischenteilen und dem folgerichtig gedachten Schluss sind wohlüberlegt gesetzt, unabhängig davon, ob die Argumentation mit Gegensätzen arbeitet, linear verläuft, einen «dritten» Weg aus zwei unzulässigen Varianten vorschlägt oder steigernd und verdichtend auf die Pointe zusteuert.

Für den Gottesdienst jedenfalls bedeutet dies, dass der Verlauf der Liturgie keine zusammengewürfelte Ansammlung von Versatzstücken sein soll, sondern eine Abfolge von wohlüberlegten Teilen. Denn auch im Gottesdienst leuchtet beispielsweise die Lesung dann besonders ein, wenn das zuvor gesprochene Gebet den Grund dazu gelegt hat. Es entspricht einer liturgischen Logik, wenn der Lesung eine Predigt folgt, die in einem bestimmten Bezug zum zuvor gehörten Teil steht, ob ergänzend oder in Opposition gehend, ob irritierend oder erhellend. In jedem Fall aber werden zwei zueinander in Bezug stehende Teile sich gegenseitig beeinflussen. Umso wichtiger ist es, auch für den Gottesdienst sich der Logik des Argumentierens zu bedienen: bei der Vorbereitung rückwärts denken und beim Feiern vorwärts sprechen.

3.2.3.3. Alltagsgespräch

Überraschend mag vielleicht der Vergleich des Gottesdienstes mit einem Alltagsgespräch sein. Und gleichwohl liegt er gewissermassen auf der Hand. ‹Eine Hand voll› bezeichnet in der Umgangssprache eine übersichtliche Menge, eine Menge von Dingen, von Argumenten, von zu verhandelnden Aspekten. Im Alltagsgespräch verhandeln Menschen eine Hand voll von Dingen. Und sie tun dies in einer sich immer wieder abbildenden ‹Liturgie›, in einem kulturübergreifenden Ritual. Ankunft und Begrüssung stehen so eindeutig am Anfang wie der Abschied und der Aufbruch am Schluss. Die einzelnen Gesprächsphasen bezeichne ich als «Sich synchronisieren», «Zuhören, Nachdenken, Entwickeln» sowie «Klären und Weiterführen».

Wer miteinander ins Gespräch kommen will, muss sich – nach der selbstverständlichen Begrüssung – darüber klar werden, ob die andere Seite bereit ist, ins Gespräch kommen zu wollen. Bereit sein, sein eigenes Befinden mit dem Befinden der anderen Seite in Schwingung zu bringen, ist unabdingbare Voraussetzung für ein Gespräch. Wer daran weder «teilgeben» noch teilnehmen will, kann sich nicht mit anderen synchronisieren. «Lachen mit den Lachenden» ist eine mögliche Form von Synchronisieren. In diese Phase des Alltagsgesprächs gehört auch das inhaltliche Synchronisieren. Wovon soll die Rede sein, und in welcher Art – und gleichzeitig als ein Abgrenzen –, worüber soll gerade nicht geredet werden?

Die Begriffe «Zuhören, Nachdenken, Entwickeln» stehen für den weiteren Verlauf des Alltagsgesprächs, in dem erörtert, gefeilscht, gelacht, ausgetauscht, hinterfragt, beantwortet, gemutmasst, getratscht, gezankt oder geschimpft wird. Auf welche Art auch immer das Gespräch verläuft: Es ist geprägt vom Inhalt und verläuft in unterschiedlichen Stimmungen.

Dann finden die am Gespräch Teilnehmenden zu einem (vorläufigen) Ende. Vielleicht stellt sich ihnen die Frage, ob zu einem späteren Zeitpunkt weitere Personen sich am Gespräch beteiligen sollten. Wer muss worüber und wozu, wann und wo, warum unterrichtet werden? Jedenfalls blickt die Phase «Klären und Weiterführen» bereits auf jenen möglichen Teil des Gesprächs, der in der Zukunft liegt. Sind diese Punkte geklärt, so folgt die Verabschiedung, verbunden mit den besten Wünschen und Grüssen «auch zu Hause».

Die Analogie zum Gottesdienst ist insofern einleuchtend, als auch da Sammeln und Begrüssen vorkommen. Mit dem Eingangsspiel, der Begrüssung und den ersten Erläuterungen zum Gottesdienst, aber schon zuvor mit dem Betreten des Raumes, den ersten gewechselten Worten mit anderen Leuten und dem Abstreifen der eigenen Alltagssituation, beginnt der Gottesdienst als physisches und geistiges Ankommen. Synchronisieren geschieht in jenen Teilen der Liturgie, in denen die am Gottesdienst Teilnehmenden sich auf Gott besinnen, in Jubel oder Klage, in Lob und Anbetung einstimmen und sich im gemeinsamen

Singen und Beten auf Gott und aufeinander (als Gemeinde) «ausrichten» – oder eben sich darin synchronisieren. Die liturgischen Teile von Lesung und Predigt als Akte des Zuhörens, des Nachdenkens, des Entwickelns sind nahezu selbsterklärend. Da verdichten sich Thema, Anliegen und die Atmosphäre. In den Fürbitten, dem solidarischen Einstehen für Schwächere – sowohl im Gebet wie auch im Sammeln einer Kollekte – und nicht zuletzt im Unser Vater weitet sich der Horizont. Wer benötigt Solidarität? Inwiefern bildet sich eine umfassende Gemeinschaft und wer soll im Weiteren davon wissen und erfahren? Seinen Abschluss findet der Gottesdienst in Sendung und Segen: «Mach's gut», «Achte auf dich», «Behüte dich Gott» und andere Segensformen stehen für den Wunsch am Ende einer Begegnung, eines Alltagsgesprächs, eines Gottesdienstes.

3.3 Querstruktur (Paradigma) – Analogie: «Fraktale Geometrie»

Entsprechend der zeitlichen Abfolge und der damit beschriebenen Längsstruktur weist der Gottesdienst auch eine Querstruktur auf. So, wie der Gottesdienst sich mit den liturgischen Teilen strukturieren lässt, so lassen sich diese Teile auflösen in liturgische Sequenzen, diese wiederum in Szenen und in Momente. Auch hier ist eine Analogie mit dem Theater augenfällig. Die Querstruktur für das Theaterstück,[43] für den Film und den Gottesdienst sieht im Vergleich wie folgt aus:

Querstruktur von Theater/Film und Gottesdienst

Theater / Film	Gottesdienst	Gottesdienst
Dramaturgie	Liturgie-Struktur	Liturgie-Beispiel
(Fünf) Akte	(Fünf) Liturgische Teile	Sammlung, Lob & Anbetung, *Lesung & Predigt*, Fürbitten, Sendung & Segen
aufgelöst in:	*aufgelöst in:*	
Sequenzen	Liturgische Sequenzen	*Lesung*, Lesungslied, Predigt, Zwischenspiel
aufgelöst in:	*aufgelöst in:*	
Szenen	Liturgische Szenen	Gang zum Leseplatz, *Ankündigung der Lesung*, Aufschlagen der Bibel
aufgelöst in:	*aufgelöst in:*	
Momente	Liturgische Momente	Gebärde, *Blick in die Gemeinde*

Diese Querstruktur ist grundsätzlich vorgegeben, kann aber bewusst gestaltet werden. Eine kleine Einheit weist die Wesenszüge der nächsthöheren Einheit auf. Ein «Ach Gott», das als Seufzen erkannt wird und in der Querstruktur ein *Moment* darstellt, dürfte kaum ein Teil eines Jubelgebetes, sondern ein Teil einer Klage sein. Wenn diese Querstruktur in sich nicht übereinstimmte und die Klage zum Beispiel in einen Witz münden würde, so wären Hörende dadurch irritiert und die Dramaturgie abgebrochen. Zwischen den Teilen, Sequenzen, Szenen und Momenten bestehen also formale und inhaltliche Verwandtschaftlichkeiten.

Was im Kleinen als Struktur erkennbar ist, ist auch im Grossen in ähnlicher Art angelegt. Ebenso gilt umgekehrt: So, wie ein Drama in seinen Einzelteilen wiederum ein Drama ist und, selbst in Sequenzen und Szenen aufgelöst, ein Drama bleibt, so hat der Gottesdienst in den einzelnen Elementen seine Entsprechungen.

Und: Jede Sequenz hat einen eröffnenden, einen entfaltenden, einen verdichtenden, einen kulminierenden und einen abschliessenden Teil, aufgeteilt zum Beispiel in Szenen.[44] Da also verbinden sich Längs- und Querstruktur. Und – um die Querstruktur nochmals zu verdeutlichen – selbst für eine Szene lässt sich wiederum eine solche Struktur formen, die sich in entsprechende Momente gliedert. Ich nenne diese Gliederung, die ich aus der Fraktalen Geometrie ableite, *Selbstähnlichkeit*.[45]

Die Fraktale Geometrie beschreibt als Grundkonzept die Selbstähnlichkeit, deren Vorkommen sowohl in der Natur als auch bei gesellschaftlichen Phänomenen beobachtbar ist. Das in der Länge geschwungene Farnkraut trägt symmetrisch angeordnete ‹Blätter›, die ihrerseits wiederum kleine, ähnlich aufgereihte ‹Blätter› aufweisen. Und diese wiederum weisen eine ähnliche Struktur auf wie der gesamte Farn. Die Form wiederholt sich in immer ähnlicher Weise. In umgekehrter Richtung verhält sich das Rinnsal an einem Strand, in welchem Wasser durch den Sand zum Meer fliesst. Im Grossen lässt sich in der Form des Strandes eine ähnliche Struktur erkennen, die sich wiederum in der Form der Küstenlinie der Region abbildet, selbst in der Form der gesamten Küste.

Die Fraktale Geometrie beobachtet auch Analogien zu Phänomenen aus den Gesellschaftswissenschaften, so zum Beispiel in kybernetischen Konzepten von grossen Organisationen, in demokratischen Strukturen von Gemeinden und Städten sowie in Abläufen von sich selbstorganisierenden Massenphänomenen (Stau, Fussgängerzonen).

Die sich ähnlichen Phänomene erleichtern, die wichtigen Zusammenhänge zu erkennen. Selbst im Chaos ist dadurch eine sich selbstordnende Struktur auszumachen. Es wäre zweifelsohne lohnenswert, dieses Konzept der Selbstähnlichkeit auch theologisch näher zu untersuchen und nach Analogien zu suchen, um interessante Hinweise auf Gemeindeleitung, Ethik oder Hermeneutik zu erhalten.

Zurück zum Gottesdienst: Die Selbstähnlichkeit als Werkzeug hilft den Hörenden, die Struktur des Gottesdienstes leichter verstehen zu können. Zudem können sie leichter ihre Gedanken selbst weiterführen, ohne gleich aus dem Kontext zu fallen. Ein *erneuter Einstieg* in die Liturgie ist beinahe immer möglich, weil der Gottesdienst durch die Selbstähnlichkeit in sich konsistent bleibt.[46] Übertragen auf die Liturgie bedeutet dies: Durch selbstähnliche liturgische Momente, Szenen, Sequenzen und übergreifende Teile gewinnt der Gottesdienst mehr an atmosphärischer Dichte, lädt die Teilnehmenden leichter zum Hinhören und Mitdenken ein und kann sie ebenso gut wieder ins eigene Weiterdenken entlassen, ohne sie gleich auch als Mitfeiernde zu verlieren. Insofern kann sich daraus eine Art von Dialog zwischen Sprechenden und Hörenden entwickeln. Das wird vor allem dann interessant, wenn die Hörenden nicht immer bestätigt erhalten, was sie erwarten, sondern wenn die Dramaturgie für die Hörenden überraschende Wendungen enthält. Der dadurch entstehende Verstehens- und Rezeptionsprozess, kann so sowohl die Sprechenden wie die Hörenden gleichermassen einbeziehen[47] und sie am Gottesdienst teilnehmen lassen.

3.4 Freies Reden im Gottesdienst

Im Gottesdienst werden unterschiedliche Redeformen gepflegt, unabhängig von den Funktionen der einzelnen Teile. Da werden Bibelstellen zitiert oder szenisch dargestellt, liturgisch überlieferte Texte vorgelesen, Gebete frei formuliert oder nach einer Vorlage als fixe Texte wiedergegeben.[48] Da wird die Predigt abgelesen, nach Stichwörtern gehalten oder ganz frei vorgetragen. Und selbst Mitteilungen über bevorstehende Anlässe werden von den einen Personen abgelesen, dagegen von anderen frei und spontan formuliert.

Egal, ob abgelesen, zitiert oder frei gesprochen: Kein Beitrag wird gedanklich im Gottesdienst zum ersten Mal entfaltet und den Leuten in der Kirche als eben erkannte Weisheit dargelegt. Jeder Redeteil ist bereits im Kopf skizziert worden, ehe der Gedanke ausgesprochen wird. Der

Unterschied zwischen spontanem Gespräch und gehaltener Rede liegt nur im Faktor Zeit: Was im Gespräch unmittelbar während des Gesprächsvorgangs entwickelt, also ‹vorbereitet› wird, ist für die Rede lediglich in einer früheren Phase zurechtgelegt worden. Was immer im Gottesdienst geredet wird, ist alles bereits schon einmal gedacht worden, bevor es gesprochen wird.

Bei Gottesdiensten im Fernsehen kommt noch dazu, dass das Drehbuch ein Skript ist, in welchem der Text wörtlich vorgegeben und für alle Beteiligten verbindlich ist. Das ist aus fernsehtechnischer Sicht auch notwendig. Nur so ist es der Regie möglich, die geplanten Kameraschnitte auch wortgenau platzieren zu können.

Etwas zu produzieren, also in neue Worte fassen, ist in jedem Gottesdienst nur äusserst beschränkt möglich. Gleichwohl erwarten sowohl die Zuschauenden wie die in der Kirche Teilnehmenden, dass die sprechenden Personen natürlich, unverkrampft, persönlich und authentisch wirken. Genau dieses Bedürfnis nimmt die Methode der Redeplanung[49] auf. Wer spricht, weiss zwar, wohin der Text führt, welches Ziel man damit beabsichtigt und mit welcher Pointe der Text enden wird. Aber man kann den Text ‹neu denken› und demzufolge zwar nicht in neue Worte fassen, wohl aber neu in Worte fassen und oder kurz: Man kann den Text *sprechdenken*.[50] Das schränkt den kreativen Prozess für Ansprachen im Gottesdienst keineswegs ein. Im Gegenteil: Die Kreativität wird um die gezielt eingesetzten nonverbalen, szenischen und interaktiven Aspekte erweitert, wodurch die Rede für die Hörenden an dialogischer Nähe gewinnt. Dem Argument, dass dadurch das Spontane und das Geistbewegte für die Pfarrperson wegfallen würde, ist zu entgegnen, dass das Geistbewegte nicht einer Spontaneität abhängig ist; zudem kann das Vordenken der Predigenden sich im Nachdenken der Hörenden leichter entfalten.

4 Grundlagen der Feedbackarbeit

4.1 Feedbackgruppe

Die Feedbackgruppe zu den Gottesdiensten am Schweizer Fernsehen setzte sich aus vierzehn Frauen und Männern im Alter zwischen 25 und 65 Jahren zusammen. Mit unterschiedlichem beruflichem Hintergrund

und verschiedenen Bezügen zu Kirche und Gottesdienst sowie aus verschiedenen Regionen der Schweiz stammend, brachten sie eine Vielfalt an Lebenswelten mit: Die Mitglieder kamen beruflich aus den Bereichen Print-Journalismus, Kommunikationstraining, audio-visuelles Training, Universität, Entwicklungshilfe, Versicherungswesen, Kirchgemeinde, Krankenpflege, Kirchenmusik, Management, Gastronomie/Hotellerie, Erwachsenenbildung und Schule. Dabei gehörten der Gruppe mehr Generationen an, als über die Gottesdienste für gewöhnlich erreicht werden. Dadurch konnten auch Sehbedürfnisse erkannt werden, die man über die Zuschaueranrufe nicht erhalten hätte.

4.2 Arbeitsweise und Arbeitsgrundlagen

Die Feedbackgruppe arbeitete nach einem einheitlichen Fragenkatalog[51], welcher ihr als Excel-Tabelle vorlag. Fünfundzwanzig Beobachtungskriterien lagen ihr als Fragen vor. Diese mussten mittels einer fünfstufigen Skala von Doppelplus bis Doppelminus gewichtet werden. Doppelplus bedeutete «Ja sehr», Doppelminus «Überhaupt nicht». Die Antworten wurden zudem in einem Säulendiagramm abgebildet. Dadurch erhielt jedes Mitglied auch optisch einen Eindruck der eigenen Gewichtung. Über das Vorgehen wurden die Mitglieder der Arbeitsgruppe eingehend instruiert.

4.3 Fragenkatalog

Die Bereiche mit den entsprechenden Fragen sind wie folgt strukturiert:

- Zielgruppe: Ist für mich deutlich, wen die Pfarrperson ansprechen will?
- Zwecksatz: Ist mir klar, was die Pfarrperson mit dem Gottesdienst bezweckt/beabsichtigt?
- Inhalt: Welchen Gesamteindruck habe ich vom Gottesdienst?
  Welche Kerngedanken sind haften geblieben?
  Sind die wichtigen theologischen Reflexionen nachvollziehbar?
  Wie überzeugend sind die theologischen Reflexionen mit Lebens- und Welterfahrungen verknüpft?

– Liturgie:	Wie gut lässt sich eine inhaltliche Struktur der Liturgie erkennen?
– Dramaturgie:	Ist der Gottesdienst logisch aufgebaut? Werde ich geleitet und auf einen Punkt hingeführt? Wie wirken Pfarrperson und Musizierende zusammen? Ergänzen sich Wort und Musik?
– Sprache:	Stimmen Worte, Gestik und Mimik miteinander überein? Sind die Argumentationen schlüssig? Ist die Sprache verständlich (Allgemeinwortschatz)?
– Sprechen:	Wirkt das Sprechen authentisch? Entsprechen sich Sprechen und Inhalt?
– Personen:	Ist der Auftritt der Personen glaubwürdig?
– Interaktion:	Steht die Pfarrperson in Kontakt mit der Gemeinde? Gibt es Interaktionen (Humor, Blick), die dem Gottesdienst gut tun?
– Atmosphäre:	Verdichtet sich der Gottesdienst in seinem Verlauf? Ist die Atmosphäre stimmig zum Inhalt? Ist die Gemeinde als partizipierende Gemeinschaft zu spüren?
– Bildsymbolik:	Haben die Bilder den Inhalt unterstützt und verstärkt? Ist die Bildersprache verständlich?
– Musik:	Wie ist die Qualität von Liedern und musikalischen Beiträgen?

Zu diesen Beobachtungskriterien für die Gottesdienste gab es zudem die Gelegenheit, persönliche Kommentare in ein Dialogfenster hineinzuschreiben. Die Kommentare dienten als subjektive Ergänzung zu den allgemein formulierten Kriterien. Diese Form von Feedback wurde von der Arbeitsgruppe teilweise rege und ausgiebig genutzt. Damit die Eindrücke und somit auch die Beobachtungen miteinander verglichen werden konnten, hatten die Mitglieder die Aufgabe, die Gottesdienste, die sie live oder ab Videoband anschauen konnten, unmittelbar nach der Visionierung schriftlich zu kommentieren. Die Feedbacks sollten Primärreaktionen darstellen, so wie Gottesdienste am Fernsehen als Sendungen auch meist durch Primärreaktionen gewürdigt werden: positiv, wenn Zuschauenden dranbleiben, negativ, wenn sie wegzappen.[52]

4.4 Zuschauertelefon

Auch die mündlichen Feedbacks der Zuschauenden wurden anhand von Protokollen erfasst. Für die Anrufe standen drei bis sechs Mitarbeitende der Telefonseelsorge zur Verfügung. Mittels der dafür verwendeten Formulare wurden die Gespräche in Stichwörtern festgehalten. Zudem konnten die Anrufenden ihre Eindrücke nach der gleichen Skala wie die Feedbackgruppe gewichten, und zwar zu den Bereichen: Gottesdienst allgemein, Liturgie, Personen, Predigt, musikalische Beiträge, besondere Teile im Gottesdienst. Insgesamt aber waren es die Anrufenden, welche dem Gespräch die Struktur gaben. Statistische Angaben wurden lediglich zu Alter, Geschlecht, geografischer Herkunft sowie zur Dauer des Gesprächs erhoben.[53] Die Gespräche konnten auf Wunsch auch anonym geführt werden. Die Feedbacks der Zuschauenden waren als Stimmungsbarometer zu verstehen. Für die Zuschauenden hat – auch bei Gottesdienstübertragungen heute – dieses Angebot denn auch weniger die Funktion einer Urteilsabgabe, als vielmehr die eines ‹medialen Kirchenkaffees›, wodurch die Leute die Gelegenheit haben, jemandem unmittelbar nach dem Gottesdienst seine Eindrücke mitzuteilen.

4.5 Fachgespräche

Die Feedbacks von Fachleuten (aus Theologie, Fernsehen und Sprecherziehung) sind allesamt mündlich erfolgt. Als beratende Gespräche bezogen sie sich vor allem auf die mediale Umsetzung des Gottesdienstes, auf dessen theologischen Gehalt und auf die sprachlichen wie sprecherischen Qualitäten der Kirchenleute. Diese Feedbacks sind ausschliesslich als Handnotizen vorhanden und flossen direkt in die analysierenden Teile dieser Untersuchung ein.

4.6 Liturgische Dramaturgie in der medial erfahrenen Gesellschaft

Dass unsere Gesellschaft medial erfahren ist, bedeutet hier ein Zweifaches. Zum einen gelangen immer mehr Lebensbereiche über das Fernsehen in die Stuben. Heute wird in der Fernseh-Öffentlichkeit gestritten, versöhnt, geliebt, verhöhnt, problematisiert und bagatellisiert. Vor allem private TV-Stationen überschreiten dabei zuweilen die Grenzen des guten Geschmacks und machen, jenseits von «Gut und Böse», das an sich Private zum öffentlichen Gut. Und umgekehrt: Was heute Gesellschaft sein soll, erfährt man über den Bildschirm, und die Welt erscheint somit im Schaukasten der Wohnstube.

Andererseits haben – durch die eben erwähnten Angebote – die Zuschauenden eine grosse Erfahrung an medial vermittelten Ereignissen. Die Messlatte, was gut und schön ist, was angenehm und missliebig, was authentisch oder peinlich ist, liegt auf der gleichen Höhe wie die Perfektion, mit der die entsprechenden «Sinnangebote» über das Fernsehen vermittelt und dargestellt werden. Das bleibt nicht ohne Wirkung für die Gottesdienste.

Wo immer Gottesdienste gefeiert werden, sind Menschen anwesend, die mehrfache mediale Erfahrungen mitbringen. Das gilt für Gottesdienste in der Gemeinde; das gilt noch viel mehr für Gottesdienste am Fernsehen. Wer immer Gottesdienste mitfeiert, kennt zugleich auch andere Sendungen an Radio oder Fernsehen; selbst Gottesdienste aus Filmen gehören zu den Seh-Erfahrungen der Zuschauenden. In den Feedbacks drückt sich diese Erfahrung in entsprechenden Kommentaren aus: Es sei eine «professionelle Kameraführung» gewesen. Es ist die Rede von «symbolisch präzisen Bildern» oder davon, dass der Gottesdienst «mich hineingenommen hat. Ich merkte nicht, dass ich nicht physisch da war.» Das sind Reaktionen von Personen in den Rollen der Zuschauenden. Gottesdienste am Fernsehen sind also nicht nur christliche Feiern, sondern gleichermassen Fernsehsendungen mit demselben Anspruch auf Perfektion, auf Präsentation und Dramaturgie. Das bedeutet: Gottesdienste am Fernsehen werden auch bezüglich der Musik, der Sprache und des Sprechens von den Zuschauenden an den anderen Sendungen gemessen, die über den Bildschirm flimmern.[54] Und: Weil Gottesdienste keine Spartenprogramme sind (wie etwa einzelne Sendungen zu Wirtschaft, Politik, Wissenschaften oder Philosophie), sondern ein breites Zielpublikum erreichen wollen, gelten ähnliche Massstäbe wie auch sonst bei Sendungen mit einem breit gefächerten Publikum; das sind im Wesentlichen Talkshows und Quiz-Sendungen.[55] Als TV-Sendung beschreibet der Gottesdienst denselben Weg: Menschen werden gleichzeitig in getrennten Räumen angesprochen: in einem (kirchlichen oder TV-eigenen) Senderaum und am Bildschirm zu Hause (oder anderswo, etwa in Heimen und Anstalten). Die Zuschauenden werden zuweilen zum Mitwirken aufgefordert (Anrufen, Stimme abgeben, mitsingen etc.). Inhalte mit (mehr oder minder) unterhaltendem Wert werden angeboten. Emotionen haben einen hohen Stellenwert. Die Sendung ermöglicht Interaktionen zwischen den Personen vor Ort. Die Sendegemeinschaft ist am Schluss der Sendung nicht dieselbe wie an deren Anfang, weil gemeinsames Lachen, Bangen, Hoffen, weil also die emotionalen Reaktionen der Anwesenden diese miteinander zur Schicksalsgemeinschaft machen. Die Sendung läuft auf einen effektiven oder vermeintlichen Höhepunkt hinaus.[56] Weil also Gottesdienste durch das Medium Fernsehen in einem anderen Raum der Öffentlichkeit stattfinden, müssen sie auch dem Vergleich mit anderen Sendungen an Radio und Fernsehen standhalten.

Im Folgenden wird nun ein Fernsehgottesdienst auf seine liturgische Dramaturgie untersucht. In einer ersten Sequenz wird der Inhalt wiedergegeben, teilweise im Wortlaut. Dabei werden auch visuelle und musikalische Elemente beschrieben. Dann folgt eine Analyse von Schlüsselszenen bezüglich deren liturgischen Dramaturgie.

5   Beobachtung und Analyse des Gottesdienstes

5.1   Verlauf des Gottesdienstes

Sammlung:	Grusswort / Begrüssung
	Lied 445,1:
	«O Haupt voll Blut und Wunden»
Lob und Anbetung:	Gebet
	Lied Gemeinde: 445,2

Lesung und Predigt:	Lesung: Ecce homo (Joh 19,1–5)
	Lied 445,3
	Beitrag Konfirmanden:
	Fotos / Kommentare zu Macht und Ohnmacht
	Zwischengesang Chor
	Predigt
	Zwischenmusik Orgel
Fürbitten und Abendmahl:	Fürbittengebet
	Einladung zum Abendmahl
	Lied 445,4
	Schuldbekenntnis
	Lied 445,6
	Einsetzungsworte
	Unser Vater
	Austeilung an die Helfenden
	Gemeindelied: 445,5
	Austeilung an die Gemeinde
	Zwischengesang Chor
	Dankgebet
Sendung und Segen:	Sendungswort / Segen
	Lied 445,7
	Ausgangsspiel Orgel

5.1.1 Eröffnungssequenz

Ein hoher Kirchenraum zieht die Aufmerksamkeit auf sich. Orgelmusik ist zu hören. Die romanische Kirche wirkt hell; vorn sind in Rot gehaltene Chorfenster zu erkennen. Aus dem Chor der Kirche treten etwa ein Dutzend vorwiegend schwarz gekleidete Personen in die Kirche, darunter drei Erwachsene, zwei davon in schwarzen Talaren. Alle anderen sind Jugendliche, was an der saloppen Kleidung und den Frisuren zu erkennen ist; alle nehmen in den vorderen Reihen Platz. Zwischendurch wird auf Orgelpfeifen, auf den spielenden Organisten, auf Kirchenfenster und die Gemeinde geschnitten. Diese Bildschnitte wirken, als ob man sich in der Kirche noch ein wenig umschauen würde, bevor der eigentliche Gottesdienst beginnt. Die Kirche scheint voll zu sein; denn die Kamera, welche langsam durch den Mittelgang des Kirchenschiffs von hinten nach vorne fährt, zeigt beidseitig vollbesetzte Bankreihen. Die Kamera, noch immer nach vorne fahrend, erfasst die

Liturgin, die sich hinter dem Abendmahlstisch aufstellt. Sie wirkt zu klein hinter dem gedeckten Abendmahlstisch. Brotschalen und Kelche verdecken zwischendurch gar den Blick auf ihr Gesicht. Sie begrüsst die Gemeinde.

Daraufhin verweist die Pfarrerin auf ein modernes Glasgemälde, das hinter ihr aufgestellt ist. Der gekreuzigte Jesus, dargestellt als «Schmerzensmann», setzt einen Kontrast zur alten Architektur der Kirche. Gleichzeitig weckt die Figur als Gemälde das Interesse. Die Worte der Liturgin geraten ungewollt in den Hintergrund, weil das Bild zu sehr fasziniert und den Blick auf sich zieht. Ihre Ankündigung, die erste Strophe eines Liedes zu singen, geht dadurch beinahe unter.

5.1.2 Gebet und Lesung

Auf die von der Gemeinde gesungene Liedstrophe folgt ein Gebet, das wiederum von der Pfarrerin gesprochen wird:

> «Herr Jesus Christus, Gottessohn. An diesem Karfreitag erinnern wir uns deines Leidens und Kreuzestodes, gedenken des Leidens und Sterbens vieler der Söhne Gottes und seiner Töchter, auch heute, überall in der Welt, wo Krieg geführt wird, wo Hunger herrscht, und nicht nur dort: überall, wo Menschen missachtet werden, wo jeder sich selber der Nächste ist und über die Not des andern hinwegsieht, wo die Schwachen ausgegrenzt werden, weil nur zählt, was sich rechnet, auch bei uns.
>
> O Haupt voll Blut und Wunden: Wende dich nicht von uns ab, trotz aller Entstellung, wende dein Gesicht uns zu, damit wir unserer Schuld innewerden, aber auch der alles überwindenden Kraft deiner Barmherzigkeit. Schau her, hier steh ich Armer, der Zorn verdienet hat. Gib mir, o mein Erbarmer, den Anblick deiner Gnad. Amen.»

Nach dem Gebet wird erneut eine Strophe aus dem barocken Lied gesungen. Die Kamera zeigt dabei auch die Gemeinde, welche allerdings meist nicht sichtbar mitsingt. Dagegen sieht man Gesichter, die sich vom Gesangbuch abwenden und in der Kirche umherschauen. Der Gesang bleibt ein unverständlicher Klangteppich, wobei die Zuschauenden wenigstens mit Hilfe der Untertitel den Liedtext nachlesen können. Die Atmosphäre erscheint nüchtern und die Leute wirken distanziert.

Die darauffolgende Lesung (es ist ein Ausschnitt aus der Karfreitagsüberlieferung, wie sie anschliessend auch die Jugendlichen zitieren werden) trägt wiederum die Pfarrerin vor. Die Kamera bleibt auf ihr ruhen. Während der gesamten Lesung weicht der Blick der Lesenden nicht von der Bibel; das wirkt zwar konzentriert, doch gibt es kein gliederndes, den Text unterstützendes Aufschauen. Erst am Schluss der Lesung blickt sie in die Gemeinde und lädt zur dritten Liedstrophe ein. Während dieses Gesangs zeigt die Regie vornehmlich den Organisten von hinten; das Bild wird von der Orgel ausgefüllt. Zwischendurch wird mehrmals kurz auf die Gemeinde geschnitten, welche ein gleiches Bild wie zuvor abgibt.

5.1.3 Sprechmotette

Nach der Liedstrophe stellen sich die Jugendlichen (es sind Konfirmanden; sie wurden aber nicht als solche vorgestellt), die man bereits beim Einzug in die Kirche gesehen hat, sowie ein Mann (er ist Bewohner der Herberge zur Heimat, einer Obdachloseninstitution der Kirchgemeinde; das aber wird erst später erläutert) hinter den gedeckten Abendmahlstisch und oben auf die Treppe neben das Glasgemälde. Sie zeigen grossformatige Fotos, Porträts von Jugendlichen und Alten. Jene Konfirmanden, die die Bilder zeigen – dazu gehört auch der Obdachlose – stehen oben beim Glasgemälde, andere stehen hinter dem Abendmahlstisch. Sie eröffnen den Dialog:

> A: «Daraufhin nahm Pilatus Jesus und liess ihn geisseln.»
> B: «Ecce homo!» – *D zeigt Porträt 1* – «Gesichter werden von Erfahrungen gezeichnet. Das Schicksal mutet manchen mehr zu als anderen. Das Leben ist nicht gerecht.»
> C: «Da, seht den Menschen!» – *E zeigt Porträt 2* – «Auch junge Menschen können schon früh Gewalt ausgesetzt sein. Wir hoffen, dass sie vor solchen Erfahrungen bewahrt bleiben. Denn Gewalt verändert das Leben.»
> B: «Ecce homo!» – *D trägt Porträt 1 hinter das Glasgemälde.*
> C: «Da, seht den Menschen!» – *E trägt Porträt 2 hinter das Glas.*

Es folgt eine kurze Orgelimprovisation. Dabei fährt die Kamera langsam zu den beiden Schwarz-Weiss-Porträts hin, auf denen die Gesichter eines alten und eines jungen Menschen zu sehen sind. Beide werden hinter dem Glasgemälde hochgehalten, so dass sie mit dem Schmerzensmann gewissermassen verschmelzen. Zwischendurch schneidet die Regie auf einen Bogen aus Ästen, der das Glasbild grosszügig überspannt. Der hölzerne Bogen ist geflochten und erinnert an die Dornenkrone Jesu. Unscharf sind im Hintergrund die roten Chorfenster erkennbar. Eine intensive Collage aus Ästen, rotem Fensterglas, moderner Glasmalerei und den Porträts bebildern das kurze Zwischenspiel. Für die Gemeinde in der Kirche sind die gleichen Elemente sichtbar, von jedem Sitzplatz allerdings aus einer etwas anderen Perspektive. So sehen alle Teilnehmenden ihre eigene Collage, die sie während des Orgelspiels auf sich wirken lassen können.

Dann folgt wieder eine Szene aus der Karfreitagsüberlieferung:

A: «Und die Soldaten flochten aus Dornen eine Krone und legten sie ihm aufs Haupt. Sie warfen ihm einen Purpurmantel um, gingen auf ihn zu und sagten: Heil dir, König der Juden, und gaben ihm Schläge ins Gesicht.»

C: «Ecce homo!» – *F zeigt Porträt 3* – «Es gibt verschiedene Arten von Schmerz, seelischen Schmerz und körperlichen. Körperlicher Schmerz geht meistens vorüber. Wenn er nachlässt, sieht man nichts mehr davon.»

B: «Da, seht den Menschen!» – *G zeigt Porträt 4* – «Seelischer Schmerz lässt nicht so schnell nach und geht nicht spurlos an einem vorbei. Nicht jedem steht er ins Gesicht geschrieben, manche verbergen ihr verletztes Herz lieber.»

C: «Ecce homo!» – *F trägt Porträt 3 hinter das Glas.*

B: «Da, seht den Menschen!» – *G trägt Porträt 4 hinter das Glas.*

Wiederum folgt ein kurzes Orgelzwischenspiel zur Melodie von «O Haupt voll Blut und Wunden». Die Bildsymbolik wird ähnlich aufgelöst wie bei der ersten Szene. Die Regie geht sparsam um mit Bildschnitt und Kamerafahrten. Dies erweckt zuweilen den Eindruck, als ob man selbst in der Kirche sitzt und den Blick umherschweifen lässt. Im Wesentlichen entsteht ein Zusammenspiel zwischen gesprochenen Kommentaren der Jugendlichen und den Zwischenspielen der Orgel, verbunden mit den eingeblendeten Porträts und Symbolbildern.

Die Sprechmotette wiederholt sich strophenartig, also mit gleicher Struktur, drei weitere Male und entwickelt sich in ihrem Inhalt so, indem einerseits der Bibeltext, in einzelne Szenen aufgelöst, weiter zitiert wird. Andererseits äussern sich die Jugendlichen im Gesamten zu den Phänomenen Gewalt, Schmerz, Schuld und Spott. Zwischendurch nimmt die Orgel jeweils das Motiv des gesungenen Liedes auf. Die fünfte, letzte Szene der Sprechmotette bezieht sich auf das Phänomen des Schweigens:

> A: «Und Pilatus sagte zu der Menge: Ecce homo! Da, seht den Menschen!»
> B: «Ecce homo!» – *D zeigt Porträt 9* – «Schweigen kann viele Gründe haben: sich ohnmächtig fühlen, sich nicht wehren können, ratlos sein. Wenn einer schweigt, weiss man nicht, was er denkt. Man kann sich mit Schweigen auch schützen und sich verstecken.»
> C: «Da, seht den Menschen!» – *E zeigt Porträt 10* – «Wer sich nicht verstanden fühlt, redet nicht gern. Wer Angst hat, schweigt lieber. Man kann aber auch trotzig schweigen. Schweigen zum Widerstand leisten.»
> B: «Ecce homo!» – *D trägt Porträt 9 hinter das Glas.*
> C: «Da, seht den Menschen!» – *D trägt Porträt 10 hinter das Glas.*

5.1.4 Zwischengesang Chor

Dem Orgelspiel, das diese Sequenz mit einer Intonation des Gemeindeliedes abschliesst, folgt zuerst eine Pause. Sie scheint ungewollt zu sein. Zumindest zeigt die Regie keine erklärenden Bilder, sondern nur eine Totalaufnahme des Kirchenschiffs. Im Kirchenraum bewegt sich niemand. Die Jugendlichen bleiben zuerst an ihren Plätzen stehen. Dann, nach einer Pause von einigen Sekunden, sieht man die Jugendlichen wegtreten, währenddem schwarz gekleidete Erwachsene ihre Plätze auf der Treppe einnehmen. Die Orgel intoniert erneut «O Haupt voll Blut und Wunden». Pause und Doppelung verwirren. Die Dramaturgie erscheint wie eingefroren, ein weiterführender Übergang fehlt.

Dann stimmt der Chor einen lateinisch klingenden Gesang an. Ein gregorianisch anmutendes, frühbarockes «Miserere» wird vorgetragen. Die Kamera zeigt die verschiedenen Stimmen gruppenweise entsprechend ihren Einsätzen, zuweilen auch mit Einstellungen aus der Vogelschau. Die Komposition wirkt getragen; Bewegungen sind im Chor wenige auszumachen. Die Bildausschnitte wirken wie gestaltete

Grafiken und unterstreichen die ruhige, künstlerische Stimmung. Die gewählten Bildausschnitte erinnern an Konzert-Mitschnitte. Die musikalische Qualität auch: Der Chor singt rein, und vor allem die Sopranistin vermag mit ihrer weichen Stimme dem Vortrag etwas Edles zu verleihen. Die Akustik der Kirche unterstützt noch diesen Eindruck. Das vorgetragene Lied wiederholt sich in seiner Struktur viermal.

5.1.5 Predigt

Die Predigt wird von der zweiten Pfarrperson gehalten; auch sie hat man zu Beginn des Gottesdienstes mit den Jugendlichen in die Kirche eintreten sehen. Der Pfarrer spricht von der erhöhten Kanzel. Währenddem die Kamera in der totalen Einstellung ruhen bleibt, beginnt die Predigt:

> «Liebe Gemeinde |
> ‹Miserere mei, | deus› – ‹hab Erbarmen | mit mir {,} Gott›.
> | Die Musik und die Klagen über das Elend sind erklungen, *(Stimme mittelhoch)* | und die Misere der Menschen | ist es auch *(Stimme tief)*. Haben Sie sie gehört? *(Stimme hoch)* Ja? *(Stimme aufsteigend)* | Dann möchte ich jetzt hier verweilen. | Lasst uns jetzt genauer hinhören {.} Mehr noch: | Lasst uns hinhören auf das Erbarmen {,} darauf, | was das Elend der Menschen | trägt. *(Stimme tief)*».[57]

In diesem ersten Abschnitt der Predigt klingt die Stimme zuweilen sehr hoch und gepresst. Das erschwert, den Inhalt der Predigt zu verstehen. Zudem wirken die Sätze durch einen eigentümlichen Sprechrhythmus, der dem Sinn entgegenläuft, wie auseinandergerissen (vgl. Signaturen im obigen Absatz). Nach diesem ersten Absatz findet er den Faden, respektive einen Sprechrhythmus. Von da an stimmt der Redefluss mit den Sinneinheiten besser überein. Doch durch die eingeschlagene Sprechmelodie ist es noch immer schwierig zu verstehen, was mit dem Gesagten gemeint ist. Die Predigt lautet weiter:

> «Doch der Reihe nach: *(Bildschnitt auf die Jugendlichen)* Die Konfirmanden haben vom Elend gehört, als sie den Männern in der ‹Herberge zur Heimat› begegnet waren. Die Jugendlichen waren Gäste, und Gastgeber waren für einmal die Bewohner. Sie erzählten den jungen Menschen aus ihrem Leben. Gäste und Bewohner kamen sich näher, so nahe, dass die jungen Menschen nicht nur

zuhörten, sondern neue Züge sahen in den zerfurchten Gesichtern. Die Jugendlichen erahnten darin etwas vom gezeichneten Elend.

Da, seht nun diese Menschen! Auf dem Weg zu Karfreitag, auf dem sich die Konfirmanden und die Bewohner der Herberge immer wieder trafen, assen sie miteinander und redeten über Gott und die Welt. Sie suchten gemeinsam ihre Fotos aus. Und heute Morgen treffen sich nun alle, nicht in der ‹Herberge zur Heimat›, sondern in der anderen Herberge, hier in der Kirche. Vom Elend können ja beide Orte singen, das diakonische Werk dort und die Kirche hier. Ein Lied singen können sie, ein Elendslied, ja zuweilen sogar einen Klagepsalm. Doch in der Herberge hier wird Sonntag für Sonntag die Klage der Menschen der Stadt eingebettet, eingebettet in das grosse Erbarmen Gottes. Das konnten Sie eben sehen: Wenn nämlich die Jugendlichen die Porträts hinter das Bild des Einen Menschen schieben, dann scheint im Porträt auch das Bild von Jesus auf, das Bild von Jesus am Kreuz!

Gewiss, Bilder vom Gekreuzigten gibt es zuhauf. Und dabei weiss doch niemand, wie dieser Mensch wirklich ausgesehen hat. Aber tief in uns drin hat sich ein Bild, eine Vorstellung des gekreuzigten Menschen geformt. Dieses innere Bild wurde auch zur Vorlage für die Mutter eines Konfirmanden. Sie malte auf Glas, wie der gekreuzigte Mensch ihr Herz bewegte. Schieben sich nun Bilder ineinander, dann geht eine eigenartige Kraft von diesem Bild des Gekreuzigten aus. Schauen wir nochmals hin.»

Zuweilen verhaspelt sich der Prediger in seinen Äusserungen, vereinzelt wird der Sprechrhythmus an einzelnen Stellen ungewohnt langsam. Dies erschwert das Zuhören.[58] Während der Predigt zeigt die Regie, abgesehen vom sprechenden Pfarrer, zuhörende Personen einzeln oder in Gruppen; zwischendurch schneidet sie auf das Glasgemälde mit dem Schmerzensmann und auf die gewundenen Äste über der Treppe. Auch lässt sie die Kamera hinter das Glasgemälde fahren, so dass sie durch das Glas hindurch den predigenden Pfarrer erkennen lässt. Dieses optische Abgleiten – es ist mit dem Umherschauen oder dem gedanklichen Abschweifen im Kirchenraum vergleichbar – illustriert zuweilen die Predigt, lenkt aber bisweilen von deren Inhalt ab. Nach der Predigt folgt ein Orgelspiel, welches von ähnlichen Bildschnitten begleitet wird.

5.1.6 Fürbitten – Abendmahl – Schluss

Im Anschluss an das Zwischenspiel folgen die Fürbitten. Im Bild ist wiederum die Pfarrerin hinter dem Abendmahlstisch zu sehen, umgeben von den schwarz gekleideten Männern und Frauen des Chores. Sie betet:

> «Zur Fürbitte bleiben wir sitzen. Ich lade sie ein, mit mir zu beten: *(Kurze Pause)* Ewiger, gnädiger Gott, im Vertrauen auf deine grosse Barmherzigkeit und Treue bringen wir unsere Fürbitten mit Danken vor dich:
> An dem Leiden und Sterben deines Sohnes Jesu Christi erkennen wir deine masslose Liebe, die viel weiter reicht als alle unsere Schuld. Im Spiegel seines Angesichts hilf uns, unser eigenes Leben zu sehen, wie es ist, die Wahrheit über uns selber zu ertragen, weil wir deiner Vergebung gewiss sein dürfen.
> Kyrie eleison!
> Wir denken an die Menschen, die wir verletzt haben mit Worten und mit Taten, die wir im Stich gelassen haben, als sie auf uns zählten, die wir übersehen und überhört haben, als sie uns brauchten. Gib uns den Mut, sie um Verzeihung zu bitten.
> Kyrie eleison!
> Wir denken auch an jene, die uns etwas Schlimmes zugefügt haben. Hilf uns, das Herz gegen sie nicht zu verhärten, mach uns bereit, auf sie zuzugehen und ihnen die Hand zur Versöhnung zu reichen.
> Kyrie eleison!
> Wir brauchen deine Hilfe, Gott, um frei zu werden zum Lieben und zum Leben. Wir brauchen deine Barmherzigkeit, um zu neuen Anfängen zu finden, um zueinander zu finden, zu uns selber zu finden und zu dir. Amen.»

In der Folge lädt die Pfarrerin die Anwesenden – sie stockt und korrigiert sich – die Anwesenden *in der Kirche* zum Abendmahl ein.[59] Nach einer weiteren Liedstrophe von «O Haupt voll Blut und Wunden» folgen die liturgisch festgelegten Teile für die Abendmahlsliturgie. Inzwischen haben sich die Jugendlichen auch beim Abendmahlstisch eingefunden. Sie werden später mithelfen, Brot und Wein auszuteilen. Nach den Einsetzungsworten zum Abendmahl und dem gemeinsam gesprochenen Unser Vater folgt die Austeilung von Brot und Wein für jene, die um den Tisch stehen. Dazu singt die Gemeinde eine weitere Strophe des Kirchenliedes. Dabei fällt sogleich auf, dass man nun den Text der Strophe gut versteht. Das überrascht und lenkt für einen Augenblick ab. Die Lösung ist bald gefunden: Im Hintergrund hat sich mittlerweile der Chor aufgestellt und singt ebenfalls mit. Das ergibt eine neue Klangmischung sowie einen kräftigen Gesang. Dann empfangen die Gemeindemitglieder das Abendmahl in den Bänken. Die Kameras zeigen diese Szene aus verschiedenen Perspektiven. Gleichzeitig singt der Chor den zweiten Teil des zuvor begonnenen frühbarocken «Miserere». Zwischen diesen beiden szenischen Elementen, Abendmahlsfeier und Gesang, wechseln die Bilder hin und her.

Der Gottesdienst schliesst mit einer langen Sequenz von verschiedenen Szenen: Das Dankgebet eröffnet diese Sequenz, dann wird das Zuschauertelefon angekündigt. Daraufhin zitiert die Pfarrerin den gleichen Spruch, mit dem sie den Gottesdienst eröffnet hat. An dieser Stelle wird er nun als Zitat aus dem alttestamentlichen Buch, als ein Ausspruch des Propheten Jesaja deklariert. Dann folgen der Segen und eine letzte Strophe des Liedes «O Haupt voll Blut und Wunden».

Auch diese letzte Strophe wird mit Unterstützung des Chors gesungen und ist daher auch am Bildschirm gut zu verstehen. Dann folgt ein Ausgangsspiel der Orgel, wozu sich die Gemeinde nochmals setzt. Während die Kamera im Mittelgang rückwärts nach hinten fährt, wird eine Telefonnummer für das Zuschauertelefon eingeblendet. Dann wechselt die Regie auf eine Bildeinstellung mit Orgel und Organist. Zurückgeschnitten auf das Mittelschiff der Kirche, folgt der Abspann mit den Angaben zu den kirchlichen Beteiligten und der Fernsehequipe. Nach ein paar weiteren Takten der Orgelmusik endet die Direktübertragung.

5.2 Analyse

5.2.1 Eröffnung und Schluss – Nutzung des Raumes

Der Beginn des Gottesdienstes wirkt – dramaturgisch betrachtet – schlicht. Da gehen einige Personen durch den Chorraum zur Gemeinde und setzen sich an ihre Plätze. Die von der Orgel gespielte Musik klingt traditionell: barock. Ungewohnt an dieser ersten Szene ist nur, dass die Pfarrpersonen nicht allein einziehen, sondern mit ihnen auch Konfirmanden und ein Bewohner der Obdachlosenunterkunft. Wer die Personen sind, wird allerdings erst später gesagt. Zudem ist ein modernes Gemälde zu sehen, das oberhalb von Abendmahlstisch und Chor aufgestellt wurde und nicht zu übersehen ist. Durch die Bildführung, durch den raumdurchschreitenden Gang der Personen, durch den Kirchenraum und den ersten Blick auf das Gemälde, erhalten sowohl die Zuschauenden als auch die Gemeinde – ohne Worte – erste Hinweise, in welchem Raum der Gottesdienst gefeiert wird, wer sich daran aktiv beteiligen wird und worum es im Gottesdienst gehen wird.

Diese Szene zeigt, wie Gottesdienste nicht nur davon geprägt werden, was gesagt wird, sondern auch davon, was an Handlungen, an musikalischen Beiträgen und an Bewegungen im Raum angeboten wird. Insbesondere der Gang der Jugendlichen am Gemälde vorbei zu ihren Plätze hinterlässt einen dynamischen Eindruck: Junge Menschen kommen auf die Gemeinde und auf die Zuschauenden zu. In diesem Zusammenhang hat die Disziplin der Hodologie[60] wichtige Hinweise darauf gegeben, wie ein Raum für den Gottesdienst genutzt werden kann. Mit gezielt gewählten Gängen, Sprechplätzen und Handlungsorten können einzelne Szenen in ihrer Funktion verstärkt und gemäss ihrer Funktion im Gottesdienst bewusst gestaltet werden. So wird das Bild vom Schmerzensmann gezielt erhöht platziert. Der Blick «hinauf nach Golgatha», also zum Kreuzigungsplatz Jesu, erhält so eine weitere Aussage, nämlich dass Menschen «unter dem Kreuz» hindurchgehen. Der Weg, den Pfarrpersonen, Jugendliche und Obdachlose gemeinsam gehen, entspricht genau dieser Intention: Alle, gleichgültig welcher Herkunft, gehen unter dem Kreuz hindurch.

Auf den gesamten Gottesdienst bezogen, bleiben dies jedoch die einzigen Bewegungen. Der Raum wird sonst kaum genutzt, um die theologischen Aussagen zu unterstützen. Der Chor singt statisch auf der Verbindungstreppe zwischen Abendmahlstisch und Chorraum. Dass er dies vom Schmerzensmann abgewandt tut, klingt bei einem Lied «Miserere Deo» seltsam. Abwenden oder Zuwenden? Da gäbe es sehr aussagekräftige Elemente als Gestaltungsmittel, ohne gleich eine intensive theatralische Leistung erbringen zu müssen. Auch bleibt die Pfarrerin grösstenteils hinter dem Abendmahlstisch stehen, welcher bereits für die spätere Feier gedeckt ist. Dadurch, obwohl er zu diesem Zeitpunkt nicht als liturgischer Handlungsort dient, lenkt er die Aufmerksamkeit auf sich und versperrt zudem den Blick auf die Pfarrerin.

Der Gang der Jugendlichen hin zur Gemeinde während des Abendmahls kommt als weitere Bewegung sehr spät und ist, weil er für das Austeilen beinahe zwingend geschieht, weniger bedeutsam. Eine weitere Bewegung könnte sein, dass die Gemeinde das Ausgangsspiel der Orgel sich nicht sitzend, sondern aufbrechend anhören würde. Die Leute wären aus der Kirche hinausgegangen, vielleicht mit dem einen oder anderen Blick hin zum Gemälde und zu den gezeigten Porträts, an denen man hätte vorbeigehen können. Ein Gang durch die Kirche hätte den Teilnehmenden den «Weg von Karfreitag» auf eine andere Weise nähergebracht und mit dem Vorbeischreiten an den Fotografien die Gedanken zu Solidarität mit den Schwachen nochmals in Erinnerung gerufen.

Jedenfalls bilden Anfang und Schluss des Gottesdienstes eine die Feier umfassende Klammer, innerhalb derer sich einzelne Aussagen nochmals platzieren lassen. Überlegungen, was mit einzelnen Bewegungen erzielt werden will, wo solche Bewegungen wieder aufgenommen werden sollen, könnten für die Leute gewinnend sein.

5.2.2 Begrüssung – Sprache und Sprechen in Milieus

Die Pfarrerin eröffnet den Gottesdienst mit einem Zitat, das als solches nicht erkennbar ist und auch nicht als solches erkennbar gemacht wird:

> «Wahrlich, unsere Krankheiten hat er getragen und unsere Schmerzen auf sich geladen; er war doch durchbohrt um unserer Sünden, zerschlagen um unserer Verschuldungen willen, die Strafe lag auf ihm, zu unserem Heil.»
> *Pause.*
> «Zum Gottesdienst begrüsse ich Sie am heutigen Karfreitag, liebe Gemeinde in der Kirche und liebe Fernsehzuschauerinnen und -zuschauer zu Hause, mit dem Gruss des Apostels Paulus: ‹Gnade sei mit uns und Friede von Gott unserem Vater und unserem Herrn Jesus Christus.› Amen.»
> *Pause.*
> «Im Zentrum dieses Gottesdienstes steht der leidende Mensch, zu dem Gott sich bekennt. Im Zentrum unseres Glaubens steht das Leiden Gottes an dem, was Menschen einander antun. In der Mitte der Kirche steht der von Gewalt gezeichnete Körper, das von Spott und Hohn gezeichnete Angesicht dessen, der in den Tod ging um unsertwillen – zu unserem Heil. All unser Reden, Singen und Beten heute geschehe ihm zum Preis.»

In geschriebener Form leuchtet der Duktus der liturgischen Eröffnung ein: Die Pfarrerin beginnt mit einem biblischen Grusswort, begrüsst dann sowohl die Gemeinde als auch die Zuschauenden und endet mit einer Inhaltsangabe über den Gottesdienst. Irritierend wirkt jedoch, dass nicht erkennbar ist, welche Worte ihre eigenen sind und bei welchen es sich um Zitate handelt. Ihre Sprache ist vom Wortschatz her in sich kongruent, ungeachtet dessen, ob sie aus der Bibel zitiert oder eigene Worte spricht. Dies wirkt deshalb befremdlich, weil sie für die Hörenden weniger als «Gesprächspartnerin», als Liturgin spürbar wird. Mit Äusserungen wie etwa «wahrlich» und «um unserer Verschuldungen willen» spricht sie zwar mit ihren eigenen Worten, nicht aber mit jenen ihrer (gepflegten) Alltagssprache. Diese aber würde das Verstehen und das Zuhören begünstigen. Die nicht als alttestamentlich deklarierten Worte des Propheten Jesaja stehen dem Sprachmilieu ihrer eigenen Worte ebenso nahe wie die des ebenfalls angefügten Zitates von Paulus aus dem Neuen Testament: «Gnade sei mit uns und Friede von Gott unserem Vater und unserem Herrn Jesus Christus.» Diese Passage stimmt wiederum mit Aussagen überein wie: «das von Spott und Hohn gezeichnete Angesicht dessen, der in den Tod ging um unsertwillen – zu unserem Heil. All unser Reden, Singen und Beten heute geschehe ihm zum Preis.» Das nun sind wiederum die eigenen Worte der Pfarrerin. Da ist nicht erkennbar, was alte und was heutige Sprache ist, welche Äusserungen zitiert sind und welches die eigenen Gedanken der Sprechenden sind. Durch die nicht im Alltag verankerte Sprache der Pfarrerin wird auch kaum erkennbar, wie die sprechende Person zum Gesagten steht, wo sie, stellvertretend vielleicht für die Hörenden, in diesen Äusserungen verankert ist. So lässt sie die Hörenden draussen und verhindert, dass diese sich über sie auf die Feier einlassen und sich darin einfinden können. Weil sie sprachlich und in der Redensart indifferent bleibt, evoziert sie ähnliche Reaktionsmuster bei den Hörenden, nämlich ebenso indifferent zu sein. Die Passage wirkt dadurch leicht betulich und aufgesetzt. Man hat dadurch den Eindruck, als ob sie fremde Gedanken ablesen würde. Das wirkt im Auftritt dissonant und bringt den eben begonnenen Gottesdienst ins Stocken, obwohl die Liturgin in ihrer Erscheinung gewinnend und auch um Kontakte mit der Gemeinde bemüht wirkt.

Indem die Jugendlichen beim Einzug in ihren modernen Alltagskleidern aufgetreten sind, wird bei den Hörenden die Erwartung geweckt, dass auch die Sprache im Gottesdienst eine moderne sein wird. Diese Erwartung wird in der Begrüssung nicht erfüllt. Wenn in einer Ansprache Zitate und eigene Äusserungen sich ablösen, so sollten sie sprachlich, sprechrhythmisch und sprecherisch voneinander unterschieden werden. Ich betrachte hier die Bibeltexte als Weltliteratur; als solche sind sie zu verstehen und als solche sind sie – also mit entsprechender Sorgfalt – auch zu zitieren. Umgekehrt sind eigene Äusserungen *keine* Weltliteratur und sollen auch nicht zu einer solchen stilisiert werden. Eigene Gedanken sollen in einer Sprache daherkommen, welche die Anwesenden verstehen und der Zielgruppe entsprechen: In diesem Fall betrifft es fraglos auch die Jugendlichen und Obdachlosen.

Oben habe ich die Frage nach der Zielgruppe aufgeworfen. Wenn man diese Frage hier im Anschluss an die Eröffnungssequenz stellt, so müsste diese als ‹kirchennah, bibelfest und traditionell mit einem Hang zu Unkonventionellem› umschrieben werden. In Bezug auf das Thema müssten es Leute sein, die den geschundenen Jesus an Karfreitag zu würdigen bereit sind. Das ist eine andere Gruppe als die, die man im Gottesdienst bislang wahrnehmen konnte. So erstaunt es nicht, wenn die Feedbackgruppe keine eindeutigen Aussagen zur Zielgruppe machen kann. Im Gegenteil: Die Jugendlichen seien zwar anwesend, aber nicht gemeint, heisst es in einer Kritik. Zu viele intellektuelle Themen seien angeschnitten worden, lautete eine andere. Ich verstehe dies als einen Hinweis darauf, dass unklar geblieben ist, worauf der Gottesdienst abzielt und wem er gilt. Dramaturgisch betrachtet fehlt dieser Eingangssequenz der Blick nach vorn: Was können die Teilnehmenden in der Kirche und die Zuschauenden am Bildschirm erwarten, wohin der Gottesdienst zielen wird? Worin bestehen Sinn und Zweck eben genau dieser Feier? Wen will man heute mit der Botschaft ansprechen? Die Antwort bleibt die Eröffnungssequenz bis auf zwei Hinweise schuldig: der Hinweis auf den Schmerzensmann und auf das zu singende Gemeindelied. Beide sollen durch den Gottesdienst begleiten. Diese Bemerkungen sind für die Hörenden hilfreich. Entsprechend positiv gewürdigt hat die Feedbackgruppe diese beiden wiederholt eingesetzten Elemente. Insgesamt siebenmal wird das Lied angestimmt; zudem wird es in der Sprechmotette der Jugendlichen mehrfach intoniert. Dadurch gibt es dem Gottesdienst einen Rhythmus und ist zugleich wiederkehrendes und fortführendes Element. Die Befürchtung, dass einen das Lied bis zum Schluss des Gottesdienstes langweilen würde, hat sich nicht bestätigt. Diese musikalischen Wiederholungen sind bis zum Schluss für die Hörenden eine willkommene Struktur.

5.2.3 Gebet – Persönliche Sprache, authentische Haltung

Mitglieder der Feedbackgruppe haben die Pfarrerin als zuweilen steif beschrieben und die Gebete als abgelesen empfunden. Eine nähere Betrachtung des ersten Gebetes zeigt, dass die Pfarrerin wiederum eine ältliche, streckenweise auch gehobene, abstrakte Sprache gewählt hat; dies, obwohl sie dem Inhalt nach aktuelle Fragen aufgegriffen hat. Mit ‹gehoben› sind Äusserungen mit den heute nicht mehr geläufigen Genitivkonstruktionen gemeint wie: «Erinnern wir uns deines Leidens und Kreuzestodes, gedenken des Leidens und Sterbens vieler der Söhne Gottes und seiner Töchter.» Mit ‹abstrakt› sind die sprachbildlichen Äusserungen gemeint wie «weil nur zählt, was sich rechnet». Da braucht es von den Zuhörenden eine hohe Fähigkeit zu abstrahieren. Man muss sogleich einen Zusammenhang erkennen können zwischen *zählen* und *rechnen*. Und man muss ebenso rasch die nicht ausgesprochene Haltung erkennen können, was ideologisch gemeint ist. Somit erhält die elegant klinggende Äusserung einen appellativen Charakter, den zu bedenken man zeitlich kaum im Stande ist. Beinahe poetisch wirken dann Aussagen wie «O Haupt voll Blut und Wunden: Wende dich nicht von uns ab, trotz aller Entstellung, wende dein Gesicht uns zu, damit wir unserer Schuld innewerden.» Eine solche Sprache wendet sich nur noch an ein gebildetes Publikum, das fähig ist, ohne Anleitung im Liedtitel gleichzeitig einen Titel für die Person Jesus zu erkennen. Hilfreich ist einzig der Übergang zur hier folgenden Liedstrophe, indem diese bereits zuvor zitiert worden ist. Nur ist sie auch jetzt nicht als Zitat erkennbar gemacht.

Bemerkenswert ist noch folgende Beobachtung: Die Pfarrerin hat im Gebet zwar aktuelle Bezüge integriert, aber ‹Hunger› und ‹Krieg› sind von den Hörenden nicht als Bezüge zur Gegenwart gewürdigt worden. Offensichtlich sind sie durch die aufgesetzte Sprache (Wortschatz) und die entsprechende Sprechart (wiederkehrende Halbhöhen in der Stimme) bei den Hörenden nicht angekommen. Mag sein, dass dies auch deshalb geschieht, weil die Pfarrerin in der Vorbereitung Langsätze verfasst hat und auch als solche vorträgt. So ist es für sie verständlicherweise schwieriger, frei zu sprechen und das, was sie sagt, sich vor dem geistigen Auge vorzustellen. Der eröffnende Satz umfasst zweiundsiebzig Wörter und weist in additiver Konstruktion sechs Hauptsatzteile auf. Dabei stehen sich zwei Ebenen symmetrisch gegenüber, eine Ebene mit zeitlichem, die andere mit örtlichem Hinweis. Zudem enthält der Satz sechs Nebensätze, wobei fünf Nebensatzteile mit einem «wo» beginnen. Diese «Wo» sind indessen nicht alle örtlich gemeint, sondern beziehen sich auch auf den Seelenzustand als psychischen Ort. Für Sprechende ist es kaum möglich, solche Sätze als Sprech-Denk-Vorgang zu gestalten. Hörende sind schlicht überfordert, die gesamte Struktur sprachlich und inhaltlich zu erfassen. Das bedarf einer extrem ausgeprägten Fähigkeit zu abstrahieren. Nochmals das Gebet im Wortlaut:

«Herr Jesus Christus, Gottessohn. An diesem Karfreitag erinnern wir uns deines Leidens und Kreuzestodes, gedenken des Leidens und Sterbens vieler der Söhne Gottes und seiner Töchter, auch heute, überall in der Welt, wo Krieg geführt wird, wo Hunger herrscht, und nicht nur dort: überall, wo Menschen missachtet werden, wo jeder sich selber der Nächste ist und über die Not des andern hinwegsieht, wo die Schwachen ausgegrenzt werden, weil nur zählt, was sich rechnet, auch bei uns.

O Haupt voll Blut und Wunden: Wende dich nicht von uns ab, trotz aller Entstellung, wende dein Gesicht uns zu, damit wir unserer Schuld innewerden, aber auch der alles überwindenden Kraft deiner Barmherzigkeit. Schau her, hier steh ich Armer, der Zorn verdient hat. Gib mir, o mein Erbarmer, den Anblick deiner Gnad. Amen.»

«… damit wir unserer Schuld innewerden, aber auch der alles überwindenden Kraft deiner Barmherzigkeit» – Da wird es durch die Genitivkonstruktion schwierig zuzuhören und noch schwieriger, die gut gemeinten Gedanken zu verstehen. Man gerät entweder leicht in eine solche Gebetshaltung, in welcher der Inhalt weniger gewichtet ist als die andächtige Haltung, oder man geht in Widerstand und steigt aus dem Gebet aus. Ein Blick auf die Einschaltkurve vom Schweizer Fernsehen bestätigt letztere Befürchtung. Rund achttausend Zuschauende sind während dieser Sequenz aus der Sendung ausgestiegen. Die liturgische Dramaturgie bricht ab, wenn Wortschatz und Satzkonstruktionen zu hören sind, die sich nicht an der gedachten (oder an der vermeintlich erkennbaren) Zielgruppe orientieren oder dem eigenen Alltagsgebrauch nicht entsprechen.

Exkurs 1: Milieusprache
Wie in anderen Lebenswelten der Gesellschaft, so hat sich auch im kirchlichen Umfeld eine Milieusprache gebildet.[61] Ich meine damit nicht einen Slang, mit dem man sich von anderen mehr oder weniger bewusst abgrenzen will.[62] Die Kirchen erheben ja den Anspruch, alle Menschen erreichen zu wollen. Alle sollen die frohe Botschaft nicht nur hören, sondern letztlich verstehen. Gerade das tun aber nicht alle und können es teilweise auch nicht.

Ein Beispiel für kirchliche Milieusprache: In gottesdienstlichen Gebeten wird Gott oft um ‹Kraft› und um ‹Mut› angegangen. Doch geht es wirklich um Kraft und Mut? Denn, wenn darum gebetet wird, dass «wir Kraft und Mut erhalten, damit wir uns begegnen», dann wären Begegnungen Kraftakte oder Mutproben. Begegnungen würden nicht zum Alltag gehören, sonst müsste man für sie nicht bitten. Um Kraft und Mut (im übertragenen Sinn) soll durchaus gebetet werden, doch tut man gut daran, die Ausdrücke sprachlich gezielt und nicht einfach als Textbausteine einzusetzen. Sonst verkommen die vorgetragenen Bitten zu Worthülsen, denen es an relevanter Bedeutung fehlt. Mut brauchen die Menschen, und Kraft brauchen sie auch: beispielsweise zum ernsthaften Verzeihen, zum Durchhalten in schwierigen Zeiten oder um für eine Sache einzustehen, bei der man nicht auf den Applaus der grossen Menge zählen kann. Aber es braucht ein sprachliches Feingefühl, um die Schlüsselbegriffe in Gebeten sinnstiftend einzusetzen.

Eine oft gehörte Formel ist der Ausdruck «das ganz persönliche Leben». ‹Gott soll mir Betenden in meinem ganz persönlichen Leben nah sein.› Die Betenden suchen offensichtlich die Nähe zu Gott. Er soll nicht nur am Rand mit den Menschen zu tun haben, sondern auch im ‹ganz persönlichen Leben›. Doch was ist damit gemeint? Soll es jener Ort sein, der anderen Menschen verborgen bleiben soll, was man anderen vorenthalten möchte, weil es eben das ‹ganz persönliche Leben› betrifft? Dann stünde *persönlich* stellvertretend für *inneres, seelisches, nur mir offenbares* Leben. Mit *persönlichem* Leben wird gleichzeitig auch suggeriert, dass es ebenso ein unpersönliches Leben gebe. Natürlich gibt es das öffentliche oder das gesellschaftliche Leben, für das man nicht genug in den Fürbitten beten kann. Um dieses Spannungsfeld geht es nicht. Dann aber müsste diese Spannung aufgezeigt und thematisiert werden. Aber im Zwiegespräch mit Gott sieht das anders aus: Für die Betenden gibt es vor Gott weder persönliches noch öffentliches Leben, sondern nur das Leben schlechthin. Sprache ist zwar nie eindeutig; sie zwingt aber doch, genau das zu sagen, was man meint.

Den Erwartungen der Mitbetenden gerecht zu werden, heisst für alle im Gottesdienst Sprechenden in «der Lage sein, das für wahr Erkannte der Gemeinde zu sagen, denn das ist ihr Auftrag. Und zwar so zu sagen, dass es die Gemeinde verstehen kann. Mit Genauigkeit ist also nicht nur wissenschaftliche Gründlichkeit gemeint, sondern auch sprachliche Klarheit und Anschaulichkeit.»[63] Nicht zuletzt geht es auch hier darum, dass man zu einer zweckdienlichen Sprache[64] findet und so redet, dass die, die man ansprechen möchte, auch verstehen.

5.3 Gemeindegesang – Liturgischer Dialog der Gemeinde

Jeder Gottesdienst lebt wesentlich auch von den musikalischen Beiträgen. Eine für den Gottesdienst eigene Form ist der Gemeindegesang. Es gibt heute kaum einen anderen Ort im Alltag, wo jemand alle im Raum dazu auffordert, von einem Lied eine besondere Anzahl von Strophen zu singen. Wenn heute überhaupt noch gesungen wird – und es wird vermutlich weit weniger gesungen als zu anderen Zeiten –, dann geschieht das im Freundeskreis, in Jugendverbänden oder – in angeheiterter Stimmung – im Feierabend. Selbst moderne Formen wie Karaoke, dem Nachsingen von Popsongs mit Begleitmusik, konzentrieren sich auf die jungen Generationen und auf besondere Anlässe. «Wir singen von Lied 364 die dritte Strophe» als Einladung zum Singen darf wohl als gesellschaftliches Unikum bezeichnet werden. Ansonsten singt man einfach ein Lied von Anfang bis zum Schluss oder so lange, bis niemand mehr eine Strophe weiss. Gemeinsam zu singen ist für die Gemeinde eine wichtige Form, auf Gehörtes reagieren zu können. Sie kann so selbst klagen, jubeln, loben, laut oder leise in Moll oder Dur das zum Ausdruck bringen, was zuvor in Worten gesagt worden ist. Zudem ist es eine wertvolle Gelegenheit für die am Gottesdienst Teilnehmenden, im Singen Gemeinschaft zu erleben. Wo der Gemeindegesang nicht gefördert wird, fällt eine wichtige Komponente weg. Damit ist nicht nur der Gesang als Musik an sich, sondern als direktes Feedbackinstrument der Gemeinde gemeint. Als Beitrag an die gottesdienstliche Feier hat hier die Gemeinde die Gelegenheit, als eine sich bildende Gemeinschaft eine Sprache zu erhalten. Zwar ist keine freie Äusserung von einzelnen Meinungen vorgesehen, denn die Texte sind durch die Liturgen, Liedtexter und Komponisten vorgegeben. Aber in der Ein- oder Vielstimmigkeit des Singens gerät die Gemeinde in eine mehrfache (physikalische und emotionale) Schwingung.

Schwingungen als emotionale Barometer sind im Gottesdienst nicht zu unterschätzen. Das ist besonders dann ergreifend, wenn an emotional ‹aufgeladenen› Gottesdiensten ein Lied angestimmt wird, sei es an Hochzeitsfeiern, an besonderen Anlass-Gottesdiensten oder an Trauerfeiern. Da beginnt der ganze Raum zu vibrieren und selbst am Bildschirm überträgt sich eine Atmosphäre von Anteilnahme, Solidarität, Mitgefühl oder ähnlichen Emotionen auf die Zuschauenden. Am Fernseher wirkt die Musik zudem in Kombination mit der Bildführung intensivierend[65] und vermag zuweilen die Intention der Aussage zu übersteigern.

Im gemeinsamen Singen steckt jedenfalls ein wichtiges Potential (Solidarität, Gemeinschaftsbildung, gemeinsame Intention erleben), das die Atmosphäre eines Gottesdienstes nachhaltig prägen kann. Die Gemeinde allerdings muss kontinuierlich entsprechend gefördert werden. Sonst droht der Gesang zum peinlich wirkenden Element zu werden, wo kaum mehr jemand den Mut hat, sich singend vor anderen zu exponieren. Im hier beobachteten Gottesdienst hatte der Gesang der Gemeinde kaum eine intensivierende Wirkung auf die gesamte Feier. Überraschend fad klang der Gesang, solange die Gemeinde nicht vom Chor hörbar unterstützt wurde.

Die später gesungenen Liedstrophen wurden von der Feedbackgruppe kritisiert, nicht weil dadurch die Melodie mehrfach gesungen wurde, sondern weil der Gesang unverständlich war und karg klang.

Die Gesangskultur einer Kirchgemeinde ist auch bei anwesendem Fernsehen keine andere als die an gewöhnlichen Sonntagen. Wie die Gemeinde singt, wie sie betet und wie sie zuhört, nehmen die Zuschauenden am Bildschirm rasch wahr. Das gilt im schlechten wie im guten Fall: Je mehr in der Kirche gesungen, je intensiver gebetet und zugehört wird, umso mehr springt der Funke über auf die anderen Teilnehmenden in der Gemeinde und infolgedessen auch auf die Zuschauenden. Die Menschen in der Kirche feiern also nicht einfach für sich, sondern alle sind als Einzelne gleichsam Multiplikatoren für die Mitfeiernden im

Raum und am Bildschirm. Das gilt besonders auch für Kirchgemeinden, in denen der Gottesdienst über eine Tonleitung in Spitäler und Heime übertragen wird. Auf diese Multiplikatorenfunktion ist die Gemeinde zu sensibilisieren. Wenn die Gemeinde engagiert singt, entsteht ein Dialog zwischen Gebet, Lesung, Predigt, Musik und Gesang. Da kann sich ein Dialog entwickeln, durch den sich die gesamte Atmosphäre im Gottesdienst verdichten kann.

5.3.1 Sprechmotette – Szenische Elemente im Gottesdienst

Eine ganz andere Art von Dialog wird in der Sprechmotette mit den Jugendlichen gezeigt. Die Teenager haben überrascht durch ihr Auftreten, durch den aktuellen Inhalt, die Sprache und durch ihren in Standarddeutsch gehaltenen Vortrag. In verblüffender Selbstverständlichkeit beteiligen sich die Jugendlichen am Gottesdienst und äussern sich auf einem sprecherisch hohen Niveau. Der Inhalt indessen besticht nicht im gleichen Mass. Dafür sind ihre Voten zu allgemein gehalten, fügen sich ihre Äusserungen zum Teil rein assoziativ aneinander und klingen so teilweise beinahe beliebig. Da bekommt man nicht eigentlich Neues zu hören mit der Bemerkung: «Seelischer Schmerz lässt nicht so schnell nach und geht nicht spurlos an einem vorbei. Nicht jedem steht er ins Gesicht geschrieben, manche verbergen ihr verletztes Herz lieber.» Die grosse Leistung der Sequenz ist jedoch die Dramaturgie, das Zusammenwirken von verschiedenen Elementen: die Bibelzitate – es sind die gleichen Textpassagen wie in der Lesung –, die Aussagen der Jugendlichen zu den Stichwörtern *Schmerz, Gewalt, Spott, Hohn, Schweigen*, das wiederkehrende «Ecce homo», die Qualität des Redens, die von Jugendlichen und Obdachlosen gezeigten Fotos, das Gemälde des Schmerzensmannes, die zum Nachdenken anregende Orgelmusik sowie schliesslich die Bildführung mit den teils symbolischen Bildern. Dieses Ensemble ist für die Hörenden und Zuschauenden beeindruckend. Da wirken insgesamt acht Komponenten mit, die der Inszenierung das Gepräge geben. In der Querstruktur betrachtet, stimmen die Stilmittel miteinander überein. Jugendliche (Vertreter einer jungen Kultur) stehen vor einem zeitgenössischen Gemälde und zeigen Fotografien, reden in ihrer eigenen Sprache mit und schildern ihre Erfahrungen. Dazu ergänzend zitieren sie aus der Bibel (alte Tradition). Daraufhin setzt die Orgel mit einem ersten Zwischenspiel ein. Gespielt wird moderne Musikliteratur, was einen interessanten Spannungsbogen zu den bislang gespielten Beiträgen zieht. Die späteren Zwischenspiele nähern sich bezüglich des Musikstils zunehmend dem zuvor gesungenen Gemeindelied. In der Querstruktur betrachtet begegnen sich so traditionelle und moderne Elemente, musikalisch als Entwicklung von der Moderne hin zum Barock, bei den gesprochenen Beiträgen in der Verbindung von biblischen Zitaten und den Äusserungen der Jugendlichen.

Durch die sich wiederholenden Szenen erhält die gesamte Sequenz einen eigenen Rhythmus, auf den sich die Zuschauenden leicht einlassen können. Es ist eine zwölfteilige Längsstruktur: Bibelzitat – «Ecce homo!» – Porträt 1 zeigen – Votum Jugendlicher – «Da seht den Menschen!» – Porträt 2 zeigen – Votum Jugendlicher – «Ecce homo!» – Porträt 1 hinter Glas – «Da, seht den Menschen!» – Porträt 2 hinter Glas – Orgelzwischenspiel. Diese Szene wird weitere vier Mal zu den oben erwähnten Stichwörtern wiederholt.

Zwei Vorbehalte sind hier anzubringen. Erstens: Die Jugendlichen treten zwar im Gottesdienst auf, aber sie sind nicht die Zielgruppe dieses Gottesdienstes. Die in der Feier bislang verwendete Sprache ist nicht die ihre. Sie also können nicht gemeint sein mit dem Gottesdienst. Wo aber ist ihr Platz in dieser Feier? Sind sie lediglich Zulieferer von interessanten Gedanken? Dass sie als Zielgruppe leider nicht gemeint seien, obwohl man dies offenbar erwartete, kritisiert ein Mitglied der Feedbackgruppe zu Recht. Dadurch gerät diese Sequenz trotz ihres Gewichts in der Liturgie in eine überraschende Abseitsposition. Nur gerade in der Predigt wird auf den Beitrag der Jugendlichen eingegangen, und die Abendmahlsfeier wird von ihnen mitgestaltet. Aber ansonsten bleiben sie im Gottesdienst isoliert.

Und daraus abgeleitet ist weiter zu fragen, wem die geäusserten Gedanken der Jugendlichen gelten. Wen haben sie sich als Zielgruppe gedacht, an wen richtet sich ihre Botschaft, dass sie sich mit Obdachlosen und Ohnmächtigen identifizieren? Diese Frage bleibt ungeklärt, was mitunter ein Schlüssel dazu ist, warum die Äusserungen der Jugendlichen teilweise als recht beliebig wahrgenommen wurden. Niemand redet mit jemand anderem, ohne sich auf das Gegenüber einzulassen. Wenn es aber kein (gedachtes) Gegenüber gibt, wenn niemand damit gemeint ist, bleiben nur Allgemeinplätze übrig, an denen sich infolgedessen auch kaum jemand zu reiben braucht.

Daran schliesst die zweite Einschränkung: Es fehlt ein eigentlicher Kulminationspunkt. Keine der Aussagen hebt sich in besonderer Weise von den anderen ab. Selbst das überraschende Votum über das verletzende Schweigen vermag die Dynamik nicht zu steigern oder den Inhalt zu verdichten.

Entsprechend den obigen Überlegungen zur Selbstähnlichkeit wäre es aber möglich, die fünfte Szene leicht zu verändern und so die Aufmerksamkeit bei den Hörenden zu steigern. Beim Thema «Schweigen» wäre es zum Beispiel auf einfache Art möglich, genau das zu tun, wovon die Jugendlichen sprechen, nämlich zu schweigen. Im Duktus betrachtet hiesse dies:

Verlauf Gottesdienst	Mögliche Optimierung	Analyse & mögl. Wirkung
A: Und Pilatus sagt zu der Menge: Ecce homo! Da, seht den Menschen!	A: Und Pilatus sagt zu der Menge: Ecce homo! Da, seht den Menschen!	Wiedererkennbarer Einstieg mit Bibelzitat
B: Ecce homo!	B: Ecce homo!	
K zeigt Porträt 9	K zeigt Porträt 9	
B: Schweigen kann viele Gründe haben: sich ohnmächtig fühlen, sich nicht wehren können, ratlos sein. Wenn einer schweigt, weiss man nicht, was er denkt. Man kann sich mit Schweigen auch schützen und sich verstecken.	B: schweigt, blickt in der gleichen Art wie in den Szenen zuvor in die Gemeinde. Dann: Schweigen kann viele Gründe haben: Ich fühle mich ohnmächtig schweigt, ich kann mich nicht wehren, schweigt, ich bin ratlos. Was immer auch der Grund für mein Schweigen sein mag: Sie können nicht wissen, warum ich es tu: schweigen. Schweigt.	Schweigen kann leicht inszeniert werden. Im Schweigen vollzieht sich hier geradezu die Redeabsicht. B schweigt, also kann er im persönlichen Reden in der Ich-form seinem eigenen Schweigen ein persönliches Reden anfügen. Mit «ich» und «Sie» kann er das Gemeinte im Reden verdichten. Dasselbe kann für den folgenden Moment gelten.
C: Da, seht den Menschen!	C: Steht da, wendet sich ohne Worte zum Bild, wie er das in den Szenen zuvor getan hat.	
L zeigt Porträt 10	L zeigt Porträt 10	
C: Wer sich nicht verstanden fühlt, redet nicht gern. Wer Angst hat, schweigt lieber. Man kann aber auch trotzig schweigen. Schweigen zum Widerstand leisten.	C: schweigt	Die hier folgenden Momente können so nicht mehr verdichten. Sie wirken assoziativ und bringen keine Pointe hervor. Eine Alternative dazu wäre, hier zu schweigen.
B: Ecce homo!	B: Ecce homo!	
K trägt Porträt 9 hinter Glas	K trägt Porträt 9 hinter Glas	
C: Da, seht den Menschen!	C: Da, seht den Menschen!	
L trägt Porträt 10 hinter Glas	L trägt Porträt 10 hinter Glas	
Orgelspiel	Orgelspiel	

Für zahlreiche am Gottesdienst Teilnehmende, für einige Mitglieder der Feedbackgruppe und für eine ansehnliche Zahl der Zuschauenden bildet die Sprechmotette gleichwohl den Höhepunkt des Gottesdienstes. Das bestätigt auch die Anzahl der zugeschalteten Personen. Die Einschaltkurve von SF[66] zeigt folgenden Verlauf: Während die TV-Stationen ORF, RTL, RTL2 und PRO 7 allesamt während dieser Sequenz rund zwanzigtausend Zuschauende verlieren, schalten sich gleichzeitig eine gleiche Anzahl beim Kanal des Schweizer Fernsehens ein.

Wenn man bedenkt, dass die erwähnten privaten Sender vorwiegend junge Zuschauende an sich binden, dann lässt dies folgende Interpretation zu: Während der Sequenz der Jugendlichen haben sich Jugendliche zugeschaltet. Sie haben dies getan, obwohl sie nicht zur Zielgruppe gehören, sondern weil sie sich vermutlich in der Sequenz mit den jungen Protagonisten identifiziert haben. Dass sich die jungen Zuschauenden diesen Teil angeschaut haben, kann auch damit zu tun haben, dass die Konfirmanden nicht in kirchlich konformen Kleidern, sondern in ihrem eigenen Alltagsoutfit aufgetreten sind. Das bedeutet wiederum: Visuelle Elemente wirken besonders stark,[67] sei es am Bildschirm oder im Handlungsraum des Gottesdienstes.

Aufgrund der zahlreichen Echos kann man diese Sequenz als den Höhepunkt im Gottesdienst bezeichnen. Das heisst allerdings auch: Bezogen auf die gesamte Dramaturgie war diese Sequenz zu früh angesetzt und als Einzelsequenz isoliert. Der Gottesdienst dauerte zu diesem Zeitpunkt gerade mal zwanzig Minuten, so dass – später im Gottesdienst – ein weiteres Element (z. B. die Fürbitten) als Spannungsbogen diesen Teil hätte aufnehmen müssen. Wären die Beiträge der Jugendlichen zum Ende hin nochmals aufgenommen worden, so hätte sich eine Steigerung ergeben, wodurch im Rückblick die Voten der Jugendlichen noch intensiver gewirkt hätten. Man hätte z. B. nochmals kurz eine Fotografie zum Gemälde tragen oder sonst wie ein Wiedererkennungsmoment schaffen können. Dann wäre die Sprechmotette schön platziert gewesen. Eine Spannung wäre aufgebaut worden, die sich im gemeinsam gefeierten Abendmahl als Höhepunkt entladen hätte. So aber kommt der Beitrag der Jugendlichen zu früh. Diese Fehlplatzierung schränkt nicht die Leistung der Sequenz ein, sondern macht deutlich, wie wichtig eine wohlüberlegte, sich zuspitzende Dramaturgie ist. Die Pointe gehört nach hinten, das gilt für einen einzelnen Satz, für eine Sequenz wie der hier betrachteten und ebenso für den gesamten Gottesdienst.

Eine weitere Lösung hätte sein können: Die Jugendlichen geben eine Gesamtsicht dessen ab, was in der Predigt zuvor in einem einzelnen Aspekt aufgezeigt und verdeutlich worden wäre. Die Jugendlichen hätten gewissermassen die Aktualisierung davon verkörpert, was zuvor in Reflexionen bereits angedacht gewesen wäre.

Szenische Elemente wie die hier vorgestellte Sprechmotette sind hilfreiche Teile für einen Gottesdienst. Wo immer sie in der Liturgie platziert werden, müssen sie auf ihre inhaltliche und formale Funktion hin überprüft werden und entsprechend platziert und gestaltet werden. Nur um Abwechslung herbeizubemühen oder um zeitgemäss zu wirken, wären solche Elemente nicht gerechtfertigt.

5.3.2 Chorischer Gesang – Exklusivität oder Integration

Die gesanglichen Beiträge des Chors überzeugen im Gottesdienst durch ihre musikalische Qualität. Die Solisten sind professionelle Musiker, der Chor ist mit ambitionierten Laien besetzt und die Dirigentin hat langjährige Erfahrung. Gleichwohl bricht der Gottesdienst durch diese Darbietungen bezüglich der Dramaturgie auseinander. Oder sind es die zuvor aufgetretenen Jugendlichen, die das Auseinanderbrechen auslösen? Jedenfalls passen die beiden Sequenzen nur schlecht zueinander. Während die vorangegangene Sequenz auf modernem Outfit, moderner Malerei und Fotografie sowie auf aktuellen Gedankengängen basiert, tritt daraufhin ein Chor auf, der einerseits ganz in schwarz gekleidet singt und nur schon dadurch eine traditionelle Note setzt. Zudem trägt er eine frühbarocke, gregorianisch anmutende Komposition vor. Die ruhige Komposition wird musikalisch professionell vorgetragen, hinterlässt aber durch die konzertante Art den Eindruck, der Gesang würde nicht zum Gottesdienst gehören. Zudem fehlen bildlich, stilistisch oder inhaltlich (lateinisch und daher für die Leute nicht zu verstehen) mögliche Bezüge zu den vorangegangenen Sequenzen. Dadurch wirkt dieser Teil wie ein fremdes Produkt. Der Kirchenraum bildet das einzige verbindende Element zum bisherigen Gottesdienst. Ansonsten, so auch die Kritik aus der Feedbackgruppe, wirkt der Chor im Gottesdienst nicht verortet. Das ist schade, weil das «Miserere», das angeflehte Erbarmen, sehr schön in den Kontext passen würde. So bleiben die beiden Teile (Sprechmotette und Chorgesang) isoliert.

Wann immer in Gottesdiensten chorische Beiträge erklingen, liegen die Chance, die Feier zu bereichern, und das Risiko, die Feier zu-

zudecken, nahe beieinander. In den Ambitionen von professionellen Musikern steckt die Chance, den Gottesdienst zu einer dichten und qualitativ anspruchsvollen Feier werden zu lassen. Die gleichen Ambitionen bergen allerdings auch das Risiko in sich, dass Menschen konzertant auftreten wollen und das eigene Repertoire mehr gewichten als sie die Funktion ihrer musikalischen Beiträge im Gottesdienst bedenken. Geradezu widersinnig wird es dann, wenn sich Musizierende weder am inhaltlichen Geschehen beteiligen, noch den Inhalt des Gottesdienstes in Bezug zu ihren Beiträgen setzen.

Wo chorischer Gesang und Liturgie nicht miteinander verzahnt sind, wo die Frage, wozu welche Komposition mit welchem Inhalt und zu welchem Zweck beigetragen werden soll, nicht zugunsten des Gottesdienstes und dessen Ziel beantwortet wird, da verdichten sich Wort und Musik, Bewegung und Raum zu einem besonderen Ganzen. Ein Gottesdienst in solcher Konstellation ist immer auch das Resultat eines Teams und das Spiegelbild davon, wie mit gemeinsamem Ziel vor Augen zusammengearbeitet wird.

Exkurs 2: Übergänge
Übergänge sind in der rhetorischen Kommunikation wesentliche Elemente für die Rede.[68] Sie gehören zum Gerüst einer Stichwortskizze und gelten gewissermassen als Angelpunkte einer Ansprache.[69] Ihre kleinste Einheit sind die Gelenkwörter, welche die einzelnen Gedanken miteinander verbinden sollen. Eine Stufe höher sind es die den Höhepunkten folgenden Äusserungen am Schluss einer Szene. Sie haben die Funktion, zu einer weiteren Szene zu führen. Letztlich sind es also jene Momente, welche die Wirkung einer Pointe auffangen und den Gottesdienst weiterführen. Sie bestimmen nachhaltig den Rhythmus des Gottesdienstes; sie können ihn beschleunigen, verlangsamen oder für einen Augenblick sogar zum Stillstand bringen.

Die hier im Gottesdienst dem Gesang folgende unverständliche, weil unbeabsichtigte Pause macht, bezüglich der liturgischen Dramaturgie, auf genau diesen Punkt aufmerksam. Übergänge wirken in jedem Fall, negativ als peinliche Stille und unerklärliche Pause, positiv als den Rhythmus verändernde Schnittpunkte im Gottesdienst. Manchmal werden für die Gottesdienste Sequenzen oder Szenen einzeln geprobt. Dabei konzentriert man sich zu sehr auf dieses liturgische Element und achtet zu wenig darauf, welche Elemente auf diese bestimmte Szene hingeführt haben und in welche nachfolgende Szene des Gottesdienstes die fragliche Szene mündet. Vergleicht man diesbezüglich den Gottesdienst mit dem Film, so läuft es darauf hinaus, dass die Regie beim Schneiden nicht berücksichtigt, welche Szene der eben bearbeiteten folgt. Manche Szene erhält erst durch den Übergang in die folgende ihre volle Bedeutung. Mit klug arrangierten Übergängen kann Spannung erzeugt werden. Übergänge sind jene Teile im Gottesdienst, an denen sich entscheiden kann, wohin die Feier führen soll. An diesen Punkten werden Aussagen miteinander verknüpft, in neue Zusammenhänge gestellt und zu Impulsen für die weitere Feier entwickelt.

5.3.3 Predigt – Reden, auf dass es andere verstehen

«Liebe Gemeinde, ‹Miserere mei, | deus› – ‹hab Erbarmen | mit mir {,} Gott›. | Die Musik und die Klagen über das Elend sind erklungen, | und die Misere der Menschen | ist es auch *(Stimme tief)*. Haben Sie sie gehört? *(Stimme hoch)* Ja, *(Stimme hoch)* | dann möchte ich jetzt hier verweilen. | Lasst uns jetzt genauer hinhören {.} Mehr noch: | Lasst uns hinhören auf das Erbarmen {,} darauf, | was das Elend der Menschen | trägt.» | *(Stimme tief)*.

Inhaltlich stimmt der Übergang vom Gesang zur Predigt sehr schön. Der Pfarrer übernimmt den Text und leitet zu seinen eigenen Gedanken über. Ob dann das lateinische Miserere und die französische Misère der Menschen so genau das Gleiche meinen, wie sie klanglich vorgeben, wäre dann eine andere Frage. Als Spannungsmoment wäre eine solche Gegenüberstellung interessant und könnte auf überraschende Art das Erbarmen Gottes und die Krisenlage der Menschen in einen Bezug bringen. Darum soll es aber hier nicht gehen. In diesem ersten Teil der Predigt fällt auf, wie dem Pfarrer sprecherisch der Einstieg misslingt. Die sprechrhythmischen Signaturen verdeutlichen dies. Nicht nur irritiert der unverständliche und sinnverzerrende Sprechrhythmus, sondern auch die teilweise übermässige Tonhöhe und die gepresst klingende Stimme. Das erschwert das Hörverstehen. Dieses geschieht im einmaligen Hörvorgang.[70] Wirkt eine Stimme zu hoch, zu tief, der Sprechrhythmus zu rasch oder zu hektisch, der Redefluss stockend oder atemlos, so behindert dies den Verstehensprozess auf drastische Weise. Unweigerlich beginnen Hörende mehr auf den Vorgang zu achten als auf den Inhalt: Ist der Pfarrer noch ganz in der Stimmung des zuvor vorgetragenen Liedes verfangen? Spielt ihm die Nervosität einen Streich?

Als Hörende geht man in Widerstand oder entwickelt empathische Gefühle für den irritierenden Redner. Das wiederum erschwert das Zuhören, weil Energie gebunden wird, die sich aber nicht mehr auf den Sprechakt, respektive auf den Hörakt und den Inhalt der Rede konzentriert. Nach dem Ingress ist der Pfarrer offensichtlich wieder bei seiner Aufgabe. Von da an stimmen der Sprechrhythmus und die inhaltlichen Sinneinheiten weitgehend überein.

Diese Situation zeigt, dass die liturgische Person sich nicht einfach von der Atmosphäre einer Szene ergreifen lassen soll. Das gilt vor allem dann, wenn sie in einer späteren Szene reden oder handeln muss.

Bei der erwähnten Stelle im Gottesdienst besteht die Aufgabe des Pfarrers darin, mit der einsetzenden Predigt die Hörenden aus der meditativen Musik heraus- und an die Predigt heranzuführen. Dazu muss er sich zuvor ausserhalb der eigenen Ergriffenheit halten und sich in die notwendige Sprechhaltung hineindenken.[71] Die Rolle, als wer man während eines Gottesdienstes spricht, ist nicht immer die gleiche. Da lösen die Rollen einander ab zu trösten, einzuladen, aufzurufen, hinzuführen usw. An dieser Stelle nun, dem Beginn der Predigt, spricht der Pfarrer als einer, der aus dem Gesang und dessen Atmosphäre herausführt. Daraufhin spricht er als einer, der ‹auf das Leiden hinschaut›, wie er selbst es erklärt. Er schaut gewissermassen stellvertretend für andere hin auf das Leiden der Welt. Und diese beiden Rollen des «Herausführers» und des «Hinschauers» muss er verknüpfen, damit die Hörenden im Gottesdienst diesen Übergang mitvollziehen.

Predigende müssen sich ob jeder Sequenz klar werden, welche inhaltliche und formale Funktion diese hat und dementsprechend, als wer sie sprechen. Sie müssen gewissermassen den Übergang *vorvollziehen*, damit ihn die Hörenden *nachvollziehen* können. Nur so können sie die Gemeinde von einem liturgischen Teil zum nächsten leiten.

Damit die Predigt von den Hörenden gut verstanden werden kann, ist es notwendig, wenn sie sprachlich präzis gehalten wird. Im vorliegenden Gottesdienst soll dies anhand der Einleitung beobachtet werden:

«Doch der Reihe nach: *(Bildschnitt auf die Jugendlichen)* Die Konfirmanden haben vom Elend gehört, als sie den Männern in der

‹Herberge zur Heimat› beggegnet waren. Die Jugendlichen waren Gäste, und Gastgeber waren für einmal die Bewohner. Sie erzählten den jungen Menschen aus ihrem Leben. Gäste und Bewohner kamen sich näher, so nahe, dass die jungen Menschen nicht nur zuhörten, sondern neue Züge sahen in den zerfurchten Gesichtern. Die Jugendlichen erahnten darin etwas vom gezeichneten Elend.

Der Einstieg in diese Passage ist leicht verständlich. Jugendliche und Obdachlose begegnen sich. Dann aber entsteht inhaltlich eine eigenartige Gabelung. «Die Jugendlichen waren Gäste, und Gastgeber waren für einmal die Bewohner.» Es mag stimmen, dass Obdachlose für gewöhnlich keine Gastgeber sind, aber Jugendliche sind es meist auch nicht. Hier wird einerseits ein unechter Gegensatz zwischen Obdachlosen und Jugendlichen konstruiert. Zudem werden zwei Aussagen sprachlich ungewollt miteinander verschmolzen. Erste Aussage ist: Die Jugendlichen waren als Gäste bei den Obdachlosen. Zweite Aussage ist: Obdachlose sind (vielleicht zum ersten Mal in ihrem Leben) Gastgeber. Aber einen Zusammenhang zwischen den beiden Gruppen gibt es bezüglich des Gastgeberseins nicht.

Predigten führen gewöhnlich vom Allgemeinen zum Besonderen oder umgekehrt; sie führen vom Konkreten zum Abstrakten oder umgekehrt. Das führt manchmal dazu, dass man sich auf unterschiedlichen Sprachebenen bewegt. Zuweilen ist aber der Grund nicht ersichtlich, warum es die unterschiedlichen Sprachebenen benötigt oder wozu man diese wechselt. Oft scheint dieser Wechsel willkürlich oder sogar unbeabsichtigt. Ein Beispiel dazu: «Sie [die Obdachlosen] erzählten den jungen Menschen aus ihrem Leben. Gäste und Bewohner kamen sich näher, so nahe, dass die jungen Menschen nicht nur zuhörten, sondern neue Züge sahen in den zerfurchten Gesichtern.» Unvermittelt wird von der konkreten Ebene auf eine bildliche gewechselt. *Erzählen* ist auf der konkreten Ebene, *sich näherkommen* ist auf der bildliche Ebene, *zuhören* ist auf der konkreten Ebene, *neue Züge sehen* wiederum auf der bildlichen, *in den zerfurchten Gesichtern* wiederum auf der konkreten Ebene. Das erschwert das Hörverstehen, weil es keine Hilfestellungen dafür gibt, wie die Rede sich entwickeln wird. Eine Lösung dazu kann sein, die Sprachebenen klar zu trennen, etwa so: «Die Alten erzählten den Jungen aus ihrem Leben. Diese hörten zu und erfuhren, was die Alten erlebt hatten.

Das machte die Jungen betroffen. Dadurch sahen sie nicht mehr nur die verwahrlosten Menschen vor sich. Da war noch mehr: Die Jugendlichen erhielten Respekt vor den Alten.»

Sprachlich und sprecherisch gibt es auch andere Lösungen, auch elegantere. Jedenfalls gilt zu klären, was inhaltlich auf welcher Sprachebene geschieht, welche Rollen den Personen zugewiesen sind. Und es ist zu beachten, dass die gesprochene Sprache anders funktioniert als die geschriebene. Hörende haben kein Blatt vor sich, auf dem sie mit den Augen mehrere Zeilen gleichzeitig erfassen im Text zurückspringen und eine Passage nochmals lesen können.

In der Predigt hiess es weiter: «Da, seht nun diese Menschen! Auf dem Weg zu Karfreitag, auf dem sich die Konfirmanden und die Bewohner der Herberge immer wieder trafen, assen sie miteinander und redeten über Gott und die Welt.» Der Ausdruck «Da, seht nun diese Menschen!» lehnt sich an das zuvor mehrfach ausgesprochene Wort über Jesus an. Jetzt aber wird es auf die Jugendlichen und die Obdachlosen übertragen. Diese Analogie ist ihrem Inhalt nach verständlich. Aber es wird nicht erläutert, warum sie gemacht wird. Und beim Hören bleibt keine Zeit, diesbezüglich weiterzudenken, ohne den Faden zu verlieren.

Dann folgt überraschend eine Metapher, die aber nicht näher erklärt wird. Was ist mit dem «Weg zu Karfreitag» gemeint? Ist es die Fastenzeit, eine persönliche Leidenszeit oder einfach die Zeit der Vorbereitung für den Gottesdienst? Dies wird nicht geklärt und hat zur Folge, dass man als Hörende der falschen inhaltlichen Spur folgt oder aber man gleichzeitig die unterschiedlichen Varianten weiterhin denken muss. Diese Gleichzeitigkeit von verschiedenen Inhalten wirkt sich auf ein Hörverstehen erschwerend aus.

In der Feedbackgruppe wurde diese Situation mit der Kritik versehen, dass in der Predigt die Spannungsbögen «nicht immer erkennbar» gewesen seien. Lösungen, die geschilderte Situation zu klären, liegen darin, dass die verwendeten Sprachbilder aufeinander abgestimmt werden müssen, dass sie auf der Sprachebene miteinander funktionieren und einander nahtlos folgen.

In Gottesdiensten bilden die Sprache und der zuweilen historische Inhalt von biblischen Texten eine weitere Klippe. Oft wird ein kulturelles Vorwissen verlangt, das heute nicht mehr selbstverständlich vorhanden ist. Ein Beispiel: «Und die Soldaten flochten aus Dornen eine

Krone und legten sie ihm aufs Haupt. Sie warfen ihm einen Purpurmantel um, gingen auf ihn zu und sagten: Heil dir, König der Juden, und gaben ihm Schläge ins Gesicht.» Wer hier weiss, dass Könige Kronen tragen und sich in Purpur kleiden lassen, kann verstehen, dass es niederträchtiger Spott ist, mit dem die Soldaten den Gepeinigten überschütten. Wer aber nicht weiss, wie römische Könige von ihren Untertanen angerufen wurden, erkennt keine Verbindung zum spottenden: «Heil dir, König der Juden.» Und: Wer nicht weiss, mit welchem politischen Hintergrund hier ein ‹König der Juden› ausgerufen wird, kann nicht verstehen, dass in der Überlieferung Jesus die königlichen Insignien tragen *muss*. Und schliesslich: Wer die Inthronisationsriten für Könige nicht kennt, versteht nicht, dass hier genau eine solche inszeniert wird. Erst dieses Wissen lässt einen erkennen, wie schändlich für die Evangelisten die Verspottung, die Geisselung und schliesslich die Hinrichtung Jesu war. Hier ist die klassische Hermeneutik gefragt und eine Arbeit der Übersetzung in heutige Lebenswelten. Die kulturellen Gemeinsamkeiten schwinden. Kirchlicher und theologischer Sprachgebrauch können für den Gottesdienst heute nicht mehr einfach vorausgesetzt werden. Eine genaue Auslegung ist nur ein Teil dazu. Eine präzise Sprache ist ein zweiter, und leicht verstehbare Bilder und Metaphern sind ein dritter Teil. Dass aber auch so geredet wird, dass es die Leute beim einmaligen Hören verstehen können, ist für den Gottesdienst nicht mehr wegzudenken.

Der hier folgende Abschnitt gibt einen Hinweis für eine gelungene liturgische Dramaturgie.

> «Gewiss, Bilder vom Gekreuzigten gibt es zuhauf. Und dabei weiss doch niemand, wie dieser Mensch wirklich ausgesehen hat. Aber tief in uns drin hat sich ein Bild, eine Vorstellung des gekreuzigten Menschen geformt. Dieses innere Bild wurde auch zur Vorlage für die Mutter eines Konfirmanden. Sie malte auf Glas, wie der gekreuzigte Mensch ihr Herz bewegte. Schieben sich nun Bilder ineinander, dann geht eine eigenartige Kraft von diesem Bild des Gekreuzigten aus. Schauen wir nochmals hin.»

Der Prediger hat kurze Sätze gewählt, Wiederholungen eingebaut und immer wieder die Abschnitte auf eine kleine Pointe hin zugespitzt. Das begünstigt für ihn das Sprechdenken. Das begünstigt für die Hörenden ein nachvollziehbares Hörverstehen. Vom Duktus der Predigt her möchte der Pfarrer die Leute dafür gewinnen, sich auf das Bild des Gekreuzigten einzulassen. Dafür wählt er den gedanklichen Weg über die Vielfalt von Jesusbildern, über die Bilder, die sich die Hörenden selbst von Jesus machen, bis hin zum gemalten Bild einer Frau, die ein solches, ihr eigenes, inneres Bild zur Vorlage für das Gemälde gemacht hat. Da nimmt der Prediger die Hörenden mit und leitet sie schrittweise zum angestrebten Punkt.

Schade dabei ist allerdings auch hier, dass der Pfarrer bei der Aufforderung, nochmals hinzuschauen, keinen Hinweis dazu gibt, in welcher Art dieses Hinschauen geschehen soll, konkret oder bildlich. Das Gemälde steht sowohl als gemaltes Bild als auch bildhaft für die bereits thematisierten Aspekte Schmerz, Spott und so weiter. So ist für die Hörenden unklar, ob der Prediger mit dem Hinschauen die Betrachtung des Bildes meint oder das Nachdenken über die verschiedenen Aspekte der Karfreitagsthematik. Durch diese inhaltliche Gabelung wird von den Hörenden wiederum erwartet, gleichzeitig auf zwei Ebenen weiterzudenken: ein schwieriges Unterfangen.

Interessant sind die Feedbacks zur Predigt auch, weil sie einen grossen Respekt vor dem Prediger widerspiegeln: «Predigt zum Teil von zu hohem Gehalt; nicht alles verstanden», «Predigt auf zu hohem Niveau», «zu viele verschiedene intellektuelle Inhalte». Die Feedbackgebenden stellen eher ihr eigenes Hörvermögen in Frage als die Qualität der Predigt. Mit anderen Worten: Wenn Hörende beim Zuhören den Faden verlieren, dann führen sie das nicht auf die Leistung des Predigers zurück, sondern eher auf das eigene Unvermögen, zuhören zu können oder der verlangten, denkerischen Leistung nicht gewachsen zu sein. Die Predigt insgesamt wird indessen als gut beurteilt, dies vor allem wegen der aktuellen Bezüge, und der Pfarrer wird als sympathisch und als grossartiger Mensch wahrgenommen.

Nach der Predigt folgt ein Orgelspiel, welches mit ähnlichen Bildschnitten wie die Predigt versehen wird. Die Wiederholung von einprägsamen Bildausschnitten lässt die Zuschauenden nochmals den Gedanken der Predigt nachhängen. Eine gelungene Verknüpfung von Predigt und Zwischenspiel. Zudem sind in verschiedenen Einstellungen der Organist, die Orgelpfeifen und wiederum die Chorfenster zu sehen, was für Zuschauenden wie ein geistiger Gang durch die Kirche wirkt.

5.3.4 Fürbitten – Auf Du und Du mit Gott

Anschliessend spricht die Pfarrerin ein Gebet: «Zur Fürbitte bleiben wir sitzen. Ich lade sie ein, mit mir zu beten ...» Wenn die Pfarrerin sagt, «bleiben *wir* sitzen», so stimmen diese Worte insofern mit der Handlung nicht überein, als sie selbst stehen bleibt. Sprachlich schliesst sie sich mit dem *wir* in die Gemeinde ein. Das ist an sich sympathisch. Doch im Folgesatz stellt sie sich sogleich wieder *vor* die Gemeinde, wenn sie die Gemeinde einlädt, mit ihr zu beten. Als wer sie spricht, beziehungsweise in welcher Funktion sie sich versteht, ist dadurch unklar, als Mitglied der Gemeinde oder als Vorbeterin. Letztlich aber ist sie Vorbeterin, denn sie ist es, die zu reden beginnt:

> «Ewiger, gnädiger Gott, im Vertrauen auf deine grosse Barmherzigkeit und Treue bringen wir unsere Fürbitten mit Danken vor dich ...»

Wenngleich die Attribute für Gott theologisch richtig sind, fehlt ihnen in diesem Gottesdienst die Verbindung; weder war vom «ewigen» noch vom «gnädigen» Gott die Rede. Gott kann man beinahe ungezählt viele Eigenschaften zusprechen, also auch solche, die in den Kontext von Macht und Ohnmacht, von Schweigen, Gewalt, Schmerz, Schuld und Spott passen würden. So wirken die gewählten Wörter fremd und exklusiv (ausschliessend); das heisst: Leute, die sich von ‹gnädig› kein Bild machen können, können Gott nur als ‹kirchlich› und ‹unfassbar› verstehen. Das gilt für die Begriffe ‹Barmherzigkeit› und ‹Treue› ebenso. Diese wurden nie hergeleitet. Wenn Gottesdienste im öffentlichen Raum gefeiert werden, dann können kirchliche oder kircheninterne Begriffe sehr wohl gebraucht werden, doch müssen sie sprachlich – den Leuten auf den Mund schauend – erklärt werden. Das gilt auch für jene Gottesdienste, in denen zu rechnen ist, dass auch kirchlich nicht Beheimatete anwesend sind (Taufgottesdienste, Konfirmationen, Hochzeitsfeiern, Abdankungen, Gottesdienste mit Gruppen und deren Angehörigen, wie eben auch diesem hier verhandelten Gottesdienst).

Einen Text kann man immer wieder lesen, bis man ihn versteht. Wer Texte verfasst, die nur gehört werden können, muss so formulieren, dass das Gehörte mit nur einmaligem Hören verstanden werden kann. Reden beim Schreiben – verbal schreiben – konkret schreiben, das sind Lösungsansätze dazu.

«An dem Leiden und Sterben deines Sohnes Jesu Christi erkennen wir deine masslose Liebe ...» Da sind mindestens vier Aussagen in den Halbsatz hineingepfercht worden, nämlich: Jesus hat gelitten, er ist qualvoll gestorben, Jesus ist Gottes Sohn und: Gott liebt uns. Da wird zu viel Inhalt aufs Mal angeboten. Da müssten die einzelnen Aussagen in mehrere Teile gegliedert werden. Gliedern meint nichts anderes, als die Äusserungen argumentatorisch aneinanderzureihen, gleichgültig in welchem Verhältnis die einzelnen Äusserungen zueinander stehen.[72] Selbst ein Gebet enthält nicht eine zufällige Aneinanderreihung von intuitiv gesetzten Äusserungen, sondern ist letztlich ein Gespräch der Glaubenden mit einem Gegenüber, mit Gott. Ein solches Gespräch muss eben geführt werden, wenn die betende liturgische Person die anderen Anwesenden dazu einlädt, mit ihr mitzubeten.

«Wir denken an die Menschen, die wir verletzt haben mit Worten und mit Taten, die wir im Stich gelassen haben, als sie auf uns zählten, die wir übersehen und überhört haben, als sie uns brauchten. Gib uns den Mut, sie um Verzeihung zu bitten. Kyrie eleison!»

In diesem Teil des Gebetes hat die Beterin eine konkrete Sprache gewählt, was das Verstehen und das Mitbeten sofort begünstigt. Sie formuliert verbal (statt nominal), kurz (statt verschachtelt), konkret (statt abstrakt). Was sich zwischen Menschen abspielen kann, wird mit wenigen Worten deutlich. Schade ist lediglich, dass sie unnötig Doppelungen gebraucht. Warum muss sie sagen: «die wir verletzt haben mit Worten *und* mit Taten»? Genügt nicht zu sagen, dass Menschen andere verletzt haben? Oder wenn *Worte* und *Taten* so wichtig sind, dann wären dies zwei verschiedene Aussagen, die voneinander zu trennen wären, denn in der Folge bleibt sie im Wesentlichen bei bildlichen Formulierungen, zu denen das Verletzen mit Worten gut passen würde. Im Weiteren verwendet die Pfarrerin die Doppelung von *übersehen* und *überhören*. Abgesehen vom Wechsel des Wahrnehmungssystems ‹Auge› hin zu ‹Ohr›, bringt diese Doppelung nichts. Solche semantische Reime, also Anhäufungen von Synonymen, ohne dass deren Eigenwerte wirken können, füllen nur die Aussagen, den Inhalt aber bereichern sie nicht wirklich. Zudem baut die Pfarrerin auch hier den Satz so auf, dass die Konstruktion über drei Nebensätze hinwegführt. Weit einfacher könnte sie die Hauptaussagen in Hauptsätze gliedern. Dann wäre auch leichter zu erkennen, wo Redundanzen entstünden.

> «Wir denken auch an jene, die uns etwas Schlimmes zugefügt haben. Hilf uns, das Herz gegen sie nicht zu verhärten, mach uns bereit, auf sie zuzugehen und ihnen *die Hand zur Versöhnung zu reichen*. Kyrie eleison. Wir *brauchen deine Hilfe*, Gott, um frei zu werden *zum Lieben und zum Leben*. Wir *brauchen deine Barmherzigkeit*, um *zu neuen Anfängen zu finden*, um zueinander zu finden, zu uns selber zu finden und zu dir. Amen.»

Auffallend sind in dieser Passage die substantivischen (kursiv markierten) Konstruktionen. Es scheint, als ob den Substantiven etwas Unaussprechliches anhaftet, das der mystifizierenden Dimension deutschkirchlicher Sprache besser entspricht. Oder anders herum: Wer so spricht, vertraut den Substantiven mehr als den Verben. Wer nominal spricht, abstrahiert das, was gemeint ist. Was allerdings gemeint ist, wirkt durch die Substantive statisch, unklar und distanziert. Zudem wirken die Begriffe dadurch leicht wie leere Phrasen. Wie viel fassbarer wäre ein Gebet, wenn eine einfache, konkrete und direkte Sprache zu hören ist, wie die Pfarrerin das oben gezeigt hat. Wer betet, tritt ja in eine Form von Zwiegespräch mit Gott. Wer betet, tritt gewissermassen in die Nähe Gottes. Mit Gott auf Du und Du. Das klingt nach einer vertraulichen Situation. Dafür braucht es keine besondere Sprache, keine Phrasen und keine Abstrakta, sondern eine, die entsprechend nah und vertraut klingt. Und es braucht vor allem eine Art zu reden, die nicht «abgelesen wirkt», sondern genau diese Nähe vermittelt. Gegen vorbereitete Gebete ist nichts einzuwenden. Im Gegenteil: Wer vorbetet, soll auch vorbereitet sein. Aber ein vorbereitetes Gebet soll im Vorgang des Betens nochmals gebetet werden. Sprechdenken ist beim Beten wesentlich. Wer sich hier selbst zitiert, wirkt unglaubwürdig, und die Gedanken wirken aufgesetzt. Das gilt auch für jene Betenden, die, währenddem sie beten, wiederholt in die Gemeinde blicken, als ob sie den Kontakt zur Gemeinde bräuchten. Beten ist ein vertrauliches Gespräch. Unter vier Augen gilt der Blick aber nur dem, der einem gegenüber ist. Im Fall des Gebetes ist es Gott. Daher wirkt es störend, wenn liturgische Personen beim Beten in die

Gemeinde schauen, als ob Gott in den Bänken sässe. Vor allem wenn als *wir* gebetet wird, ist der Blick in die Gemeinde unverständlich. Da braucht es andere Zeichen: Geschlossene oder nach unten gerichtete Augen, erhobene oder gefaltete Hände, Zeichen jedenfalls, die als Gebetshaltung zu erkennen sind. Dadurch werden auch die am Gottesdienst Teilnehmenden in das Geschehen des Zwiegesprächs mit Gott einbezogen und beginnen selbst damit, wozu sie eingeladen sind, nämlich zu beten.

5.3.5 Abendmahl, Unser Vater, Segen und Schluss – Feiern

Die Abendmahlsfeier ist sehr schlicht verlaufen. Die Jugendlichen, die als Helfende eingesetzt sind, durchbrechen das eher konventionelle Bild wie zuvor das Gemälde und der Obdachlose. Mit ihm zusammen helfen sie den Pfarrpersonen, Brot und Wein in die Reihen zu bringen. Während des Abendmahls zeigen die Kameras die feiernde Gemeinde, zum Teil mit Nahaufnahmen, zum Teil mit Verbindungen zum Chor, welcher den zweiten Teil des Miserere singt. Eindrücklich ist hier zu beobachten, wie sich in der Abendmahlsfeier unterschiedliche ‹Lebenswelten› begegnen: Moderne (Jugendliche), Tradition (liturgische Texte) und Fremdsprache (lateinischer Gesang). Dieser Teil wirkt wie eine Synthese, die gewissermassen alle Akteure am gleichen Tisch zusammenkommen lässt: die Jugendlichen, der Obdachlose und die Liturgen mit Kelchen und Brot am Tisch, der Chor, der im Hintergrund zu singen beginnt. Das Abendmahl verbindet unterschiedliche Menschen und unterschiedliche Lebenswelten.

Das Unser Vater wird von der Regie lediglich mit einer Totalen des Kirchenraums begleitet, eine Bildvariante, die berücksichtigt, dass beim Beten Menschen in ihrer Intimsphäre nicht gestört werden sollen. Ich halte diese Bildeinstellung für angemessen. Es folgen der Hinweis auf das Zuschauertelefon und dann das Sendungswort und der Segen. Das Sendungswort hat die Funktion einer geistigen Wegzehrung, währenddem der Segen die Menschen unter den Schutz Gottes stellt. Es sind zugleich die letzten Worte der Pfarrperson an die Gemeinde und wirken daher auch aus als Worte des Abschieds. Es geht deshalb auch darum, dass die Segensworte zwar nicht «auswendig» gelernt werden müssen, aber es soll zu spüren sein, dass die sprechende Person es so meint, wie sie es sagt: «Der Herr segne dich und behüte dich.» Dieser Wunsch, diese Bitte muss von «innen» her klingen, ihn muss man «inwendig» können.[73] Es entspricht der Umarmung von Freunden beim Abschied. Und da kann nicht genug an Wärme, Empathie und Authentizität zum Ausdruck kommen.[74]

6 Konsequenzen

Ein Gottesdienst lebt vom Dialog, sei er zwischen den liturgisch Verantwortlichen und den am Gottesdienst Teilnehmenden, zwischen den Teilnehmenden untereinander, zwischen Mensch und Gott, Gott und Mensch oder zwischen Gott und der Gemeinde.[75] Was immer diesem Dialog, diesem Gespräch dient, fördert ein gemeinsam empfundenes Feiern. Das setzt allerdings voraus, dass der Gottesdienst in Sprache, Handlung und Intention von den Beteiligten *gewollt* wird. Doch wie ist das möglich, wenn jede am Gottesdienst teilnehmende Person ihre je eigene Geschichte mitbringt und persönliche Erwartungen mit dem Gottesdienst verknüpft?[76] So betrachtet kann der Gottesdienst ja «individuell» und in je unterschiedlicher Weise erlebt, verstanden und entsprechend aufgenommen werden.

Gemeinsam verstandenes, dialogisches Feiern wird – daraus folgernd – dann gefördert, wenn die Teilnehmenden in das Geschehen hineingenommen werden und ihnen Angebote unterbreitet werden, mitzudenken, mitzusingen, mitzufeiern, mitzubeten. Oder aus der Sicht der Teilnehmenden formuliert: Für die Teilnehmenden ist es wichtig, dass sie im Gottesdienst vorkommen. Was sie zu hören bekommen, soll mit ihrer Lebenswelt verknüpft sein. Wovon sie singen, soll sie – auf welche Weise auch immer – betreffen. Ob sie dabei dem, was sie zu hören bekommen, zustimmen oder widersprechen, ist eine andere Frage.

Der inszenierte Gottesdienst jedenfalls ist daher nicht einfach «schlechter oder besser inszeniert». Weit mehr geht es um die Frage, inwiefern der Gottesdienst an den Teilnehmenden vorbei gestaltet ist oder eben sich auf diese bezieht. Inszeniert bedeutet dann, dass der Gottesdienst Angebote enthält, die das gemeinsame Wollen (Verstehen wollen, Handeln wollen, sich auf das Thema und die vermittelte Botschaft einlassen wollen) begünstigen. Die Teilnehmenden sollen *in die Szene* hineingenommen werden,[77] in das Geschehen, von dem der Gottesdienst spricht und das er vergegenwärtigt.

Dafür braucht es im Gottesdienst erstens eine von allen gemeinsam gesprochene und gehörte «*Sprache*». *Sprache* im Gottesdienst deshalb, weil ohne Stimme und Hören, ohne Mimik und Gestik, ohne gelesene, bedachte, gesungene oder gehörte Worte nicht verstanden werden kann. Es wäre möglicherweise ein leeres Sitzen und Meditieren.

Zweitens braucht es eine allen verständliche «*Handlung*»[78], weil ohne Rituale und vertraute Zeichen, ohne Singen und Beten, ohne Fürbitte und Stille, ohne eine gemeinte Gemeinde der *Ort zum Feiern* fehlt. Es wäre möglicherweise eine auf niemanden ausgerichtete und nicht verortete Zusammenkunft.[79]

Und es braucht drittens eine durch alle mitvollziehbare «*Intention*», auf die sich die Teilnehmenden (auch über die Feier hinaus) einlassen, weil ohne Gedächtnis und Vergegenwärtigung von Christi Sterben und Auferstehen, ohne Sendung und Segen, der Grund für den Gottesdienst nicht gelegt ist. Es wäre möglicherweise eine gute oder schlechte Unterhaltung

In jedem Fall aber ist der Gottesdienst dann eine gelungene Inszenierung, wenn die gemeinsame Basis von *Sprache, Handlung und Intention* zu spüren ist, die Teilnehmenden in den Gottesdienst ‹hineingenommen› werden und aus dem Gottesdienst als veränderte Menschen ‹hervorgehen›.[80]

Gleichwohl muss man einschränkend festhalten, dass man kaum alle Teilnehmenden erreichen kann. Denn die Teilnahme am Gottesdienst ist auch eine Frage der Ästhetik, des Geschmacks und des persönlichen Stils. Wenngleich in einem Gottesdienst Menschen von der Sache her angesprochen werden, so kann es sein, dass ihnen die Art und Weise nicht entspricht und der Gottesdienst nicht nach ihrem Geschmack ist.[81] So wie es bei TV-Sendungen oft eine Frage des Geschmacks ist, ob sie gefallen oder nicht, so stellt sich auf ähnliche Weise diese Frage auch im Religiösen.

In welchem Ton wird gesprochen, wie distinguiert oder wie grobschlächtig wird argumentiert, wie fromm oder wie säkular wird geredet und gesungen? Das sind auch Fragen des Stils. Und entsprechend kann für einzelne Teilnehmende ein Gottesdienst auch zur Herausforderung oder gar zur Zumutung werden. Es gibt in Gottesdiensten Grenzen, die man zuweilen zu überschreiten nicht bereit ist. EBERTZ nennt diese Grenzen Ekelschranken. Gottesdienste sollen einem auch gefallen. Tun sie dies nicht, so bleibt man den Gottesdiensten fern oder – bei Gottesdiensten im Fernsehen – man wechselt den Sender.

Dabei geht es nicht bloss um oberflächliches Wegzappen, denn es geht nicht einfach um Unterhaltung, sondern um die geistige Erbauung.[82] Erbaulich aber ist, was gefällt, was den eigenen Geschmack trifft und was einen aufbaut, bestärkt und zum Handeln motiviert. Das bedeutet: Der Gottesdienst hat Inhalte anzubieten, die die Teilnehmenden in ihren Lebenswelten finden können. Gottesdienste dürfen nie zu boulevardesken Events verkommen. Denn sowohl kirchlich engagierte wie auch kirchlich nicht verwurzelte Menschen erwarten einen Inhalt zur Erbauung und zur Orientierung. «Gemeinplätze», «Binsenwahrheiten» und «theologisches Gesülze»[83] stossen nur ab. Man kann hier durchaus auch von «Irrelevanzschranken» sprechen, von jenen Grenzen also, die man zu übersteigen nicht bereit ist, wenn zu simpel und dümmlich dahergeredet wird. Wer am Gehörten partizipieren will, sucht nach Herausforderndem und nach Gedanken, die betroffen machen. Wer am Feiern partizipieren möchte, erwartet eine Atmosphäre, eine Gemeinschaft und eine Gestaltung des Gottesdienstes, die tröstet, beglückt oder ermutigt. Und das ist auch eine Frage des persönlichen Geschmacks, des eigenen religiösen Empfindens und der eigenen religiösen Geschichte.

Die Liturgie hat sich daher gewichtig auf die Hörenden, auf die Partizipierenden auszurichten. Für den reformierten Gottesdienst bedeutet dies für die liturgischen Teile, dass man sie aus der Perspektive der Gottesdienstbesuchenden denken kann.

Was man bislang benannt als: 1. Sammlung, 2. Lob & Anbetung, 3. Lesung & Predigt, 4. Fürbitten, 5. Sendung & Segen, kann man aus dem Blickwinkel der am Gottesdienst Teilnehmenden wie folgt bezeichnen: 1. Ankommen & begegnen, 2. Sich ausrichten & Gott loben, 3. Aufnehmen, reflektieren & bekräftigen, 4. Teilen & verbunden sein, 5. Gesegnet & gesandt werden.[84] Nur schon durch die Umkehrung der Blickrichtung ergeben sich neue Anforderungen an die liturgische Gestaltung.

Stichwortartig werden im Folgenden die fünf liturgischen Teile nach ihren Funktionen umrissen. Daraus soll erkennbar werden, welche Aufgaben eine liturgische Dramaturgie zu leisten hat. Die Stichwörter sind aus den Echos abgeleitet und geben in gewissem Mass auch die Bedürfnisse von Partizipierenden wieder.

6.1 Liturgische Teile und ihre Funktionen

Ankommen und begegnen (Sammlung) heisst:

- auf Tuchfühlung gehen mit dem Ort, an dem gefeiert wird,
- eine Schwelle vom Alltag hin zur Feier überschreiten,
- sich auf Menschen im Raum sowie auf Gott einlassen,
- den Raum durchschreiten, auch in Gedanken,
- begrüsst und angesprochen werden,
- einen Wechsel vollziehen vom Alltag zum Feiern,
- wissen, woran man ist und was einen erwarten mag,
- sich entscheiden können, zu bleiben oder zu gehen,
- sich auf ein Thema einlassen und dieses gedanklich einordnen.

Sich ausrichten und Gott loben (Lob & Klage) heisst:

- die angebotenen Gedankengänge für sich fokussieren,
- den Inhalt bündeln und autobiografisch verorten,
- mit anderen in Loben (oder Klagen) einstimmen,
- sich auf die Atmosphäre im Raum einlassen,
- sich auf ein Gespräch mit Gott einlassen,
- sich biblische Texte anhören und Zusammenhänge erkennen,
- im Singen auf Angesprochenes reagieren können.

Aufnehmen, reflektieren und bekräftigen (Lesung & Predigt) heisst:

- gehörte Argumente bedenken,
- die Dramaturgie einer Predigt erkennen und sich leiten lassen,
- das Allgemeine vom Besonderen unterscheiden können,
- vom Negativen zum Positiven geführt werden,
- von der Ursache zur Wirkung argumentativ mitdenken,
- zustimmen oder ablehnen,
- ermutigt, aufgebaut, angeregt werden,
- angesprochen werden oder erkennen, wer womit gemeint wird,
- Ansichten hören und sich eine eigene Meinung bilden.

Teilen und verbunden sein (Fürbitten) heisst:

- wahrnehmen, dass die Gemeinde grösser ist als die Summe der Anwesenden,

- die eigenen Fragen relativ sehen zu den Fragen von anderen,
- spüren, dass die letzte Verantwortung einem entzogen ist,
- erkennen, dass der Gottesdienst Menschen verbindet, auch über Distanz,
- erfahren, dass das gemeinsame Beten einen in den Grundfragen des Lebens stärkt.

Gesegnet und gesandt werden (Sendung & Segen) heisst:
- befähigt werden, wieder aufzubrechen,
- einen Gruss mit auf den ‹Weg› erhalten,
- jemandem noch sagen können, was eben geschehen ist,
- sich unter den Schutz Gottes stellen lassen.

Obige Stichwörter sind weder abschliessend aufgelistet, noch in einer linearen Logik dargestellt. Es sind mögliche Kriterien, die sich auf Gottesdienste anwenden lassen. Ein Gottesdienst, der bei den Teilnehmenden ankommen sollte, muss immer wieder neu auf seine inhaltliche und formale Funktion überprüft werden. Das gilt für jeden liturgischen Teil, jede Sequenz, jede Szene und für jeden liturgischen Moment. So kann der Gottesdienst als Gesamtwerk vieler Beteiligter dialogisch gestaltet werden.

6.2 Gottesdienst mitten im Alltag

Mit «Liturgie» war ursprünglich der Dienst am Gemeinwesen gemeint. Sie war vergesellschaftlicht als Dienst am Volk, wenngleich mit anderem Hintergrund. Mit ihr war der Dienst gemeint, den ein Reicher an der Gemeinschaft zu leisten hatte. In christlicher Frühzeit wurde die Liturgie in der Ostkirche als festgelegte Ordnung des Kultes verstanden. Zugleich ist sie die göttliche Wirklichkeit in der symbolischen Handlung. Im Westen wurde der Begriff erst vom 16. Jh. an verwendet, zuerst für die Feier der Eucharistie, später (ab 19. Jh.) für den Gottesdienst allgemein. Heute ist sie je nach Kirche sehr unterschiedlich ausgestaltet, wodurch sie auch zu Zeichen konfessioneller Erkennbarkeit geworden sind; so vielfältig sind sie gewachsen in den orthodoxen, katholischen, evangelischen, reformierten und jüngeren Kirchen, verknüpft mit regionalen, kulturellen Eigenheiten. Sicher aber ist, dass die Liturgie nicht ein konstruiertes Gebilde ist, sondern, in welcher Form auch immer, aus dem gesellschaftlichen Alltag heraus entstanden sein muss. Daher ist zu fragen, worin eine Analogie zur Liturgie zu finden ist, die ähnlich im Alltag verankert und über kulturelle Grenzen vergleichbar ist.

Seit alters allen Kulturen gemeinsam ist das Gespräch, sei es jenes auf dem Markt, vor dem Haus, bei der Arbeit, unterwegs. Das Gespräch ist wohl die genuine Form mündlicher Kommunikation zwischen zwei oder mehreren Personen.[85] So macht es Sinn, kurz nochmals die Struktur eines Alltagsgesprächs näher anzuschauen.[86] Man begrüsst sich am Anfang, freut sich über das Wiedersehen und erkundigt sich nach dem Ergehen des anderen. Dann klärt man den Grund des Zusammentreffens, selbst wenn es der Zufall ist, einigt sich auf die zu besprechenden Punkte oder lässt sich auf die einander vertrauten Themen ein und stimmt die einzelnen ‹Probleme› aufeinander ab. Man synchronisiert sich miteinander. Dann bespricht man ein Problem, erörtert die Umfeldergebnisse, analysiert mögliche Varianten und findet zum Schluss jenen Punkt, der, vielleicht überraschend, beiden Partnern entspricht. Anschliessend überlegt man sich, wer von der Sache erfahren soll, wer wann was zu erledigen hat und wie die anderen Schlüsselpersonen davon erfahren sollen, was man eben gemeinsam besprochen hat. Mag sein, dass es da auch nichts gibt, das man weiterführen muss. Dann ist auch dies zu klären. Zu guter Letzt verabschiedet man sich, nicht ohne sich alles Gute zu wünschen, ein ‹Pfüetzi›[87] oder einen anderen Gruss anzufügen und verlässt den Ort der Begegnung.

Natürlich verlaufen Alltagsgespräche nicht so zielorientiert. Da werden zuweilen einzelne Phasen wiederholt oder übersprungen; man verweilt oder wechselt unvermittelt das Thema. Aber im Wesentlichen verlaufen die Gespräche in solchen, rituell überlieferten ‹Liturgien›. Und da stimmen Alltagsgespräch und gottesdienstliche Liturgie in ihrem Wesen überein bis hin zum einander segnenden ‹Pfüetzi›. Wenn die liturgisch Verantwortlichen einen solchen Zusammenhang erkennen, dass jedes Gespräch mit seiner je eigenen Liturgie zu einem Gottesdienst werden kann, und dass umgekehrt jeder Gottesdienst letztlich auf einem Gespräch[88] basiert, dann wird es möglich, dass Gottesdienste einerseits Verbindungen zwischen Gott und den sich versammelnden Menschen schaffen und andererseits Menschen durch ihren Alltag miteinander verknüpfen. Das ist Gespräch im Dienst füreinander; das ist Gespräch als Dienst von Gott an den Menschen; das ist Gespräch als Dienst der Menschen gegenüber Gott. Und wo immer im Alltag Menschen miteinander und mit Gott sprechen, entsteht Liturgie, gemeinsam verstandene Liturgie.[89] Dann ist es möglich, dass die partizipierende Gemeinde versteht, was sie erlebt, sei es als verstandenes Wort, als gehörte Musik, als gesehene Handlung oder als erbauliche Atmosphäre.[90] So kann die Gemeinde mitdenken, mitreden, mitsingen, mithören und mitfeiern.[91] Liturgische Dramaturgie ist allerdings nicht das Endprodukt eines gelingenden Gottesdienstes. Liturgische Dramaturgie ist nicht Selbstzweck, dank derer der Gottesdienst gelungen ist, sondern lediglich ein Werkzeug dafür, dass der Gottesdienst zu dem werden kann, was er seinem Wesen nach bereits ist: ein Gottes-Dienst.[92]

Anmerkungen

[1] MEYER-BLANCK, 17: «‹Inszenierung› im Alltagssprachgebrauch dürfte damit zusammenhängen, dass uns in der gegenwärtigen Medienkultur besonders die Frage nach dem Verhältnis von Wirklichkeit und *dargestellter* Wirklichkeit beschäftigt. […] Wer von ‹Inszenierung› spricht, hat demnach eine besondere Aufmerksamkeit für das Verhältnis von Wirklichkeit und dargestellter Wirklichkeit.»

[2] Die Christen der Antike haben vom Theater, das nicht nur der Unterhaltung diente, sondern ebenso Kultstätte wie Ort der inszenierten Lebensdramen war, viel übernommen. Die Verkündigung von Leben, Tod und Auferstehung Christi war zugleich eine Verkündigung von Geschichten. Der orthodoxe Kirchenraum verweist heute noch auf diese verwandte Struktur von Theater und Gottesdienst. Die zentrale Bilderwand (Ikonostase) ist als ‹Szene› eines Amphitheaters erkennbar. Aus dieser Tradition heraus entstanden die Mysterien- und Krippenspiele. Nach und nach wurde die Bühne aus dem Kirchenschiff nach draussen verlegt. Auf den Plätzen vor der Kirche ging es bereits im Mittelalter nicht mehr um das *theatrum ecclesiae*, auch wenn es weiterhin von religiösem Inhalt geprägt war. In der reformatorisch geprägten Zeit wurde dann die Verbindung von Gottesdienst und Theater auf die rein musikalische Darstellung konzentriert, wie z. B. die bachschen Oratorien dies eindrücklich zeigen. Vgl. auch unten 3.2; auch KABEL, 180; MEYER-BLANCK, 19; KUNZ, 260.

[3] Vgl. MEYER-BLANCK: «Die Gemeinde erinnert sich an Gottes Taten; die Gemeinde erinnert Gott an sein bisheriges Handeln; die Gemeinde erinnert das heilige Geschehen als Gegenwärtig-Setzen.» (82); auch KUNZ, 343ff.

Die katholische Messe ist daraufhin ausgelegt, mit der Feier der Kommunion und dem Spenden der konsekrierten Gaben von Brot und Wein die Menschen gestärkt in die Welt zu senden (*missio*). Das in der reformierten Tradition (bis auf die Festtage) fehlende *Teilen* von Brot und Wein findet eine Analogie im *Teilen* der Bitten. *Teilen* als Phänomen der liturgischen Dramaturgie bildet in dieser Hinsicht den gemeinsamen ökumenischen Nenner. Das muss eine Wirkung haben auf den entsprechenden liturgischen Teil. KUNZ: «Gottesdienst ist *immer* eine Inszenierung, weil Menschen, die einander etwas mitteilen, sich nicht nicht präsentieren können.» (349f.)

4 Vgl. GEISSNER, Zeichen im Gottesdienst, 24ff.
5 Aufgrund der gemeinsam durchgeführten mündlichen Analysen mit GEISSNER sind in dieser Untersuchung etliche Werkzeuge aus der rhetorischen Kommunikation ohne Quellenangaben eingeflochten. Ich verweise diesbezüglich auf GEISSNERs Literatur im Anhang.
6 Es sind dies namentlich die Veranstaltungen von SLEMBEK, zu «Phonetik und Intonation», zu «Medienanalyse» und «Diskursanalyse».
7 Dazu eingehend KUNZ, «Gottesdienst evangelisch reformiert».
8 Vgl. dazu auch GESANGBUCH der Evangelisch-reformierten Kirchen der deutschsprachigen Schweiz, 235ff.
9 Da ist die Rede von «intentionaler Teilnahme» der Zuschauenden. Sie werden trotz örtlicher Distanz und gewohnter Umgebung in die Intention von Feier und Glaubensaussagen hineingenommen und sind dadurch am Gottesdienst Partizipierende. Vgl. auch SANDERS, 929ff.
10 GEISSNER, Partizipation, 75: «Wer mit anderen etwas zur gemeinsamen Sache machen will, muss sich mit ihnen verständigen. Damit Menschen sich verständigen können, müssen sie nicht nur teilnehmen im Sinne von dabei sein, sondern auch Teil (von sich her-)geben und Teil (von den anderen an-)nehmen; dies gilt nicht nur materiell, sondern auch personell, also auch aneinander teilnehmen und sich einander teilgeben.»
11 Vgl. GEISSNER, Schreiben fürs Hören, 193ff.
12 Workshop SLEMBEK, «Medienanalyse» (am Beispiel «Wort zum Sonntag»).
13 GEISSNER seit 1975, z. B. in: «mündlich – schriftlich», 174ff. Das Situationsmodell lässt sich wie folgt zusammenfassen: «Wer spricht was, wo und wann, wie (sprecherisch und sprachlich), warum und wozu, auf welche Weise (direkt oder medial), mit oder zu wem, bzw. für wen?» Und umgekehrt für Hörende: «Wer versteht was, wo und wann, wie (sprecherisch und sprachlich), warum und wozu, auf welche Weise (direkt oder medial), mit oder von wem?» Zitiert aus GEISSNER, Entwicklung der Gesprächsfähigkeit, 200.
14 Vgl. GEISSNER, Zeichen im Gottesdienst, 24ff, mit den Begriffen ‹Syntagma› und ‹Paradigma›.

15 Vgl. KUNZ, 453ff.
16 Gottesdienst-Übertragungen in Hörfunk und Fernsehen, 15: Es ist zu «fragen, welche Feierform zu welchem Anlass für welche Zielgruppe die angemessene Feier ist. Wer zuhört und zusieht, soll Trost und Ermutigung für sein Leben und seinen Glauben finden. Es soll die Sehnsucht geweckt werden, auch zu dieser Gemeinschaft zu gehören, in der Gott lebendig ist, der es mit den Menschen gut meint.»
17 Im kirchlichen Umfeld gibt es bereits sogenannte Zielgruppengottesdienste. Damit ist allerdings etwas anderes gemeint. Es geht dort um Feiern für Geschäftsleute, für Mütter oder Väter und deren Kleinkinder, für Menschen in besonderen Lebenslagen, für Familien von Täuflingen usw. Hier dagegen geht es um das Verhältnis der Zielgruppe zum gewählten Thema.
18 OSKAMP, 21.
19 Vgl. auch OSKAMP, 31.
20 Vgl. auch SLEMBEK zu Zielgruppenfragen für «Wort zum Sonntag».
21 GEISSNER, Gesprächsführung, 18.
22 Vgl. KUNZ, 293.
23 Ebd., vgl. LITURGIE, Bd. I, 19.
24 Vgl. auch KABEL, 192.
25 EHRENSPERGER (6) sieht im Gottesdienst einen Wegcharakter angelegt, KUNZ (298) greift diesen Aspekt mit dem Begriff «liturgische Wegstrecke» auf. «Einen Weg in der Liturgie ausmachen heisst, der Spur des Evangeliums zu folgen und so dem Gottesdienst eine Sinnstruktur zu geben» (306f).
26 Vgl. GEISSNER, Zeichen im Gottesdienst, 24, der in ähnlichem Zusammenhang den Begriff Syntagma verwendet.
27 OSKAMP, 24; 42: «Die Predigt ist ein Teil der Liturgie und lebt aus ihr. Innerhalb eines Gottesdienstes ist die Predigt eingebunden in Singen und Beten [...]. Die gegenseitige Zuordnung und Abhängigkeit von Predigt und Liturgie kommt auch dadurch zum Ausdruck, dass Worte, Bilder, Zeichen der Liturgie in der Predigt Resonanz finden und umgekehrt. Dadurch ergänzen und verstärken sich Predigt und Liturgie gegenseitig. Der Gottesdienst ist daher wie ein Resonanzboden, der den Inhalt der Verkündigung prägt und ihm Wirkung verschafft.» Vgl. auch HÄRNTER, 34.
28 Vgl. GEISSNER, Kommunikationspädagogik, 173, zum Fünfsatz. Jeder Fünfsatz endet mit einem abschliessenden Gedanken, der gleichsam als Höhepunkt zum nächsten Höhepunkt führt, zum nächsten Fünfsatz; DERS., «Argumentieren», 109.
29 Vgl. KUNZ, 297.
30 Vgl. dazu GRÖTZINGER: «Jeder Gottesdienst weist über sich hinaus. Jeder

Gottesdienst ist immer mehr als das, was sich sonntags zwischen zehn und elf Uhr in einer bestimmten Kirche abspielt. Das heisst: Jeder Gottesdienst hat ein überschiessendes Moment, ihm wohnt eine bestimmte Transparenz inne. Deshalb können wir sinnvollerweise auch von DEM christlichen Gottesdienst sprechen und nicht nur von den diversen Gottesdiensten.» (101).

31 Bei einer Abdankungsfeier (als Kasualie) ist die Frage nach der Zielgruppe insofern meist geklärt, als der Gottesdienst den Hinterbliebenen gilt und diese trösten soll. Einen solchen Kasus gibt es für jeden Gottesdienst. Und daraus lässt sich leicht auch ein Genus ableiten, also die Art der Feier und der darin gewählten Stilmittel. Ableitend aus der Sprachlehre macht es durchaus Sinn, sich auch entsprechend die Frage nach dem Tempus, also dem aktuellen Zeitpunkt der Feier zu stellen (vgl. EHRENSPERGER, Gottesdienst, 72ff).

32 Ich verweise hier auf die von SLEMBEK referierte Stichwortzettelmethode. Danach gehören Gelenkwörter zu den zentralen Stichwörtern. Auf die übergeordnete Struktur eines Gottesdienstes übertragen bedeutet dies: Die Gelenke sind massgebend für eine verständliche Struktur eines Gottesdienstes. Diese Elemente sind mit den Cuts im Film vergleichbar. Ein gelungener Schnitt lässt zwei aufeinander folgende Szenen erst durch den Kontext und durch den gewählten Übergang in ihrer Bedeutung erkennen. Vgl. GEISSNER, Schreiben fürs Hören, 200, auch OSKAMP, 54.

33 Dieser Prozess ist allerdings nicht auf den Denkvorgang beschränkt. Sprechdenken ist «nichts Unsinnliches, denn durch die leibhafte Komponente ‹Sprechen› wird die kognitive Operation ‹Denken› versinnlicht, ebenso wie die leibhafte Komponente ‹Hören› den Verarbeitungsprozess im ‹Verstehen› nicht nur an Wissen, sondern auch an Erleben anschliessen kann.» (GEISSNER, Kommunikationspädagogik, 147).

34 Wie sehr gewöhnlicher Alltag trotz häufig beschworener Freiheit eben doch ritualisiert oder in kulturelle Vorgaben eingebunden ist, beschreibt SLEMBEK in ihrem Aufsatz zur Gedankenfreiheit.

35 Vgl. GRÖTZINGER, 84ff.

36 Dies entspricht dem alten aristotelischen Dramenaufbau.

37 Vgl. GEISSNER, Argumentieren, 101f.

38 Vgl. GEISSNER, in: Gesprächsführung, 181ff.

39 GEISSNER, Gesprächsführung, 183.

40 Vgl. GESANGBUCH, Nr. 150.

41 Vgl. hierzu GEISSNERs Kommunikationssituation in: Kommunikationspädagogik, 26.

42 GEISSNER, zum Beispiel in: Kommunikationspädagogik, 171ff; das ist zu-

gleich bei Cicero und Quintilian der Aufbau von Reden, selbst des einzelnen Arguments.
43 GRÖTZINGER: «Nach welcher Analogie aus dem weiten Feld der Kunst lässt sich der Gottesdienst begreifen? [...] Es ist ein Unterschied, ob ich den Gottesdienst analog einem Happening begreife oder gar als sinnliches Bacchanale, oder ob ich im Gottesdienst religiöse Sonderformen der herrscherlichen Verehrungsfeste der römischen Kaiserzeit wiederfinde. Für den Gottesdienst in der Postmoderne ist die Analogie zum Theater, die in der Struktur des Gottesdienstes eingezeichnet ist, von besonderer Bedeutung. Von dieser Analogie her lassen sich wesentliche Elemente des Gottesdienstes sowohl in seinem Verständnis wie in seiner praktischen Vorbereitung und Durchführung erschliessen.» (98).
44 GEISSNER entwickelte für kurze Reden aus dem Fünfsatz den «Fünf-mal-Fünfsatz», den 25-Satz. Z. B. in Kommunikationspädagogik, 173f, und «Argumentieren», 109.
45 Nach MANDELBROT seit 1980.
46 Ein Wiedereinstieg kommt vor allem den (zappenden) TV-Zuschauenden zugute, welche oft zwischen verschiedenen Sendungen hin- und herschalten.
47 Vgl. GRÖTZINGER, 98; GEISSNER, Gesprächsführung: «Üblich ist, dass ein Mensch mit anderen spricht. ‹Mit-einander-sprechen› ist die umständliche, aber genaue Bezeichnung des lebenswichtigen Vorgangs, den die Griechen – unabhängig von der Zahl der Sprechenden – Dialog genannt haben, der im Deutschen – ebenfalls unabhängig von der Zahl der Sprechenden – Gespräch heisst.» (7).
48 Vgl. GEISSNER, Die Predigt und die rhetorische Kommunikation im Gottesdienst, 1977.
49 Nach SLEMBEK, «Medienanalyse» (am Beispiel des «Wort zum Sonntag»).
50 GEISSNER, zum Beispiel in: mündlich: schriftlich, 174.
51 Diesen Katalog habe ich als Arbeitswerkzeug für Kirchgemeinden auf Pfarrsuche entwickelt. Gemeinden, die eine geeignete Pfarrperson für den gemeindlichen Dienst suchen, wollten – nach einheitlichen Kriterien – die Gottesdienst-fachliche Kompetenz von Bewerbern beurteilen können. Der Katalog ist in Gruppenarbeit mit verschiedenen kirchlichen Kommissionen nach deren Bedürfnissen überarbeitet worden und hat sich als Werkzeug für die Beobachtung von Gottesdiensten bewährt.
52 Das Schweizer Fernsehen misst alle dreissig Sekunden die Einschaltquoten. Daraus ist tendenziell die Akzeptanz einer Sequenz erkennbar. Nicht so sehr die absolute Zahl als weit mehr die zu- oder abnehmende Bewegung der zugeschalteten Personen ist für die Frage der Akzeptanz von Bedeutung.

53 Geografisch waren fast alle Kantone vertreten, auch solche mit mehrheitlich katholischer Bevölkerung. Einzelne Anrufende haben sich als Katholiken bezeichnet. Die Alterstruktur war erwartungsgemäss im Mittel beim Alter von 65 Jahren, so, wie die Einschaltquote von SF auch denselben Altersdurchschnitt angab. Es riefen mehr Frauen an als Männer.

54 Durch die mediale Vermittlung trifft ein Fernsehgottesdienst bei den Zuschauenden auf weit unterschiedlichere Lebenswelten als in Gottesdiensten einer Gemeinde. Die zunehmend individuelle Beurteilung der Gesellschaft und die persönliche Lebensgestaltung sind heute weit weniger an Institutionen oder Autoritäten gebunden. Die optionale Gesellschaft, also der Umstand, dass man sich beinahe jederzeit für oder gegen etwas entscheiden kann und dies später gleichwohl widerrufen kann, hat auch auf das kirchliche Leben eine prägende Wirkung. Kirche ist nicht mehr einfach eine monopole Grösse für religiöse Sinndeutung. Sie muss um die Gunst der Teilnehmenden werben und diese immer wieder neu gewinnen. Das gilt für die Gemeinde vor Ort; das gilt noch viel mehr für die Gottesdienste am Bildschirm (vgl. auch EBERTZ UND GEISSNER, Beraten, 107).

55 Einschränkend sind hier nicht jene Formate gemeint, die in jüngerer Zeit vor allem auf den privaten Sendern gezeigt werden. Diese Sendungen, in der Ausgestaltung einem öffentlichen Schaukasten gleich, verfolgen in mehr oder weniger anständiger Manier das Ziel, dass sich Protagonisten ähnlich den römischen Gladiatoren vor Publikum angreifen, sich der Lächerlichkeit preisgeben und in einer Scheinbarkeit von Frieden und Freude sich wieder trennen. Die Leistung der TV-Exponenten ist in diesen Sendungen nicht nur gering, sondern überschreitet zuweilen jegliche mit ethischen Werten versehene Ekelschranke. Die hier gemeinten Sendungen belassen jeweils eine persönliche Intimsphäre und vermeiden, Personen an den Pranger zu stellen oder sie gar zu beleidigen.

56 Seit etwa 2002 arbeitet SF (Publisuisse) mit den Sinus-Milieus, einer Systematik demografischer Beschreibung von zehn Zuschauergruppen. Dabei wird berücksichtigt, in welchen Lebenswelten sich die Leute bewegen und welche Sendungen sie sich am Bildschirm anschauen. Die Methodik, die in erster Linie dem Marketing dient, gibt Hinweise auf die Zuschauergruppen, auch auf die, die mit Gottesdiensten erreicht werden. Diese sind überraschenderweise verwandt mit jenen der Talkshows und ähnlichen unterhaltenden Sendungen (Daten via Internet unter www.publisuisse.ch).

57 «|» bedeutet: dem Sinn entgegengesetzte Sprechpause, «{,}»: vorgesehene Sprechpausen, die im Sprechvorgang unvorgesehen übergangen wurden. Hinweise auf die Stimmhöhe beziehen sich auf vorausgegangene Äusserungen.

58 Vgl. GEISSNER, Entwicklung der Gesprächsfähigkeit, 203.
59 In reformierten Gottesdiensten am Fernsehen wird die Distanz zwischen Zuschauenden und in der Kirche Anwesenden zu überbrücken versucht. Wenn Abendmahl gefeiert wird, so laden die liturgisch Verantwortlichen auch die Zuschauenden zu Hause ein, sich selbst ein Stück Brot und etwas zu trinken zu holen, um so mit der Gemeinde zusammen zu feiern. Das überwältigend positive Echo darauf (auch von zahlreichen Katholiken) bestätigt, dass selbst über die mediale Distanz eine Form von «Gemeindezugehörigkeit» entstehen kann. In zahlreichen reformierten Gemeinden werden seit Jahrzehnten die Gottesdienste via Kabel (früher Telefonrundspruch) in nahe gelegene Kliniken und Heime übertragen. Auch da kennt man das Mitfeiern über Distanz. Die Einladung, über die mediale Distanz mitzufeiern, wurde hier so nicht ausgesprochen.
60 Vgl. GEISSNER, Gottesdienst, 103; DERS, Partizipation, 76 (nach MUCK). Mit Hodologie wird ein Konzept beschrieben, nach dem die Wege in einem Raum beobachtet werden können. Solche Beobachtungen werden auch angewendet, um die von Kirchenbesuchern bevorzugten Gänge durch den Kirchenraum zu beschreiben und – im ökonomischen Kontext – das Kundenverhalten in Einkaufszentren zu untersuchen, um entsprechend die Produkte zu platzieren. Mit dem Konzept der Hodologie kann die Wirkung von Räumen an sich und von Wegen durch diese Räume gezielt untersucht und für besondere Anlässe genutzt werden.
61 Vgl. KUNZ, 19.
62 Diesbezüglich wäre es interessant zu untersuchen, inwieweit die Kirchen die Arkankultur gefördert haben, mit welcher sie nur Eingeweihte zu bestimmten Ritualen zugelassen haben. Die Kirchen heute versuchen diesbezüglich einen umgekehrten Weg zu gehen, indem sie sich nicht abschotten, sondern durch neue Angebote neue Ansprechgruppen anwerben. Ob dabei sowohl damals wie heute auch wirtschaftliche Überlegungen dahinter verborgen sind, wäre eine weitere Untersuchung wert.
63 GEISSNER, Sprache der Kirche – Kirchensprache.
64 Vgl. KUNZ, 284.
65 In diesem Zusammenhang ist in der Fernseh-Arbeit auch von mystagogischer Regie die Rede. Damit ist eine Bild- und Tonregie gemeint, welche die Intentionen des Gottesdienstes gezielt unterstützt.
66 Quelle: Schweizer Fernsehen.
67 SLEMBEK spricht von 70 % visueller, 20 % auditiver und 10 % inhaltlicher Wirkung (Workshop zu «Wort zum Sonntag»).
68 Vgl. SLEMBEK in Zusammenhang mit Redeplanung.

69 Vgl. GEISSNER, z. B. in: Schreiben fürs Hören, 199ff.
70 So GEISSNER, 2004.
71 Vgl. GEISSNER, Gesprächsführung, 26.
72 Vgl. GEISSNER, Kommunikationspädagogik, 171f. Die einzelnen Aussageschritte können unterschiedlich miteinander verbunden sein: aneinandergereiht, diametral, alternierend, optional usw.
73 GEISSNER, Schreiben fürs Hören, 195; 197. Vgl. auch im Französischen: apprendre par cœur.
74 Vgl. auch KABEL, 156.
75 Vgl. GEISSNER, Partizipation: «Das sich Einlassen in ein Gespräch verlangt noch intensivere Willensleistungen, sofern jetzt die Alltagsroutinen als unzureichend überwunden werden müssen, damit ein ‹wechselseitiger, absichtlicher und verantwortbarer› Prozess der ‹gemeinsam machenden Teilhabe und Teilgabe› geschieht. [...] Miteinandersprechen bedeutet immer ein Übersetzen aus der eigenen Lebens-, Denk- und Sprachwelt in die der anderen, selbst innerhalb der ‹eigenen› Sprache.» (78f).
76 Vgl. GEISSNER, Hörmuster, 33.
77 Hinneinnehmen kann nur als Angebot für die Hörenden verstanden werden. Niemand muss müssen. Vgl. GEISSNER, Gesprächsführung, 21.
78 SLEMBEK, Gedankenfreiheit: «Verständigung kann folglich nur gelingen, wenn die Gedanken ausgesprochen werden. Ohne Verständigung ist zwar konditioniertes Verhalten, nicht aber gemeinsames Handeln möglich.» (137); KUNZ: «Liturgie gründet auf dem und zielt auf den *verstehenden* Mitvollzug der versammelten Gemeinde.» (308); auch SANDERS, 932.
79 Vgl. KUNZ, 282.
80 Bereits bei EHRENSPERGER: «Es liegt völlig fern, in der Liturgie eine Art Heilsweg abzubilden [...]. Trotzdem beschreibet die Gemeindeversammlung in ihrer Liturgie einen logisch aufgebauten Weg: Er ist ausgedrückt im natürlichen Zusammentreten (Sammlung), schreitet fort zur Anbetung, Predigt und Fürbitte, und er endet in der Sendung als dem Wieder-Auseinandertreten der Gemeinde unter Gottes Segen.» (39).
81 EBERTZ: «Wie in vielen anderen Lebensbereichen wird auch in der Welt des Religiösen immer wichtiger, dass Erlebnisbedürfnisse befriedigt werden (wenn auch nur kurzfristig). Die Kategorien des Schönen und Angenehmen stehen im Vordergrund. Dabei gibt es eine grössere Zahl von ästhetischen Orientierungsmustern (‹Stil›), die sich v. a. nach Bildung und Generationszugehörigkeit unterscheiden. (Die Kirchengemeinden zeigen sich in dieser Hinsicht in der Regel bestimmten Stilen zugehörig, wodurch alle anderen ‹Geschmacksgruppen›, z. B. der Jugendlichen und der Intellektuellen, unge-

wollt, aber faktisch ausgeschlossen werden.)» (2).
82 EHRENSPERGER, «Die seelsorgerlich-therapeutische Funktion des Gottesdienstes», 2: «Die liturgischen Stilformen müssen nicht nur inhaltlich, sondern auch sprachästhetisch angemessen und erbaulich (d. h. aufbauend, weiterführend, mutmachend, motivierend) sein.»
83 Zitate aus Feedbacks.
84 In Anlehnung an KUNZ, 328 und 355 (nach ENZNER-PROBST).
85 Vgl. GEISSNER, Entwicklung der Gesprächsfähigkeit, 202.
86 Vgl. GEISSNER, Gesprächsführung, 183.
87 Eigentlich: «Gott möge dich behüten.»
88 DEUTSCHSCHWEIZERISCHE LITURGIEKOMMISSION, «Christliche Existenz verlangt persönliche Verantwortung, Mitdenken, kritisches Zeugnis. Der Gottesdienst ist informativ, lehrhaft, kommunikativ, dialogisch, nicht apodiktisch.» Vgl. auch GEISSNER, Schreiben fürs Hören, 203.
89 GEISSNER, Partizipation: «Es führt kein Weg von Fachsprache zu Fachsprache, sondern nur einer durch die allgemeine Grundsprache. Jede Explikation von Begriffen, jede Erläuterung von Definitionen muss notwendigerweise auf Grundsprachliches zurückgreifen.» (79).
90 KUNZ: «Liturgie ist nicht eine Handlung *an der* Gemeinde, sie ist bewusste Handlung *der betenden* Gemeinde, und sie ist nicht Sache eines Einzelnen, sondern volle, bewusste und tätige Darstellung des gemeinsamen Glaubens der Gemeinde. Daher ist die Beteiligung der betenden und hörenden Gemeinde ein Kriterium der liturgischen Gestaltungsaufgabe.» (309).
91 GEISSNER, Gesprächsführung, 24: «Beziehungen zueinander haben nicht ‹Sender› und ‹Empfänger›, sondern Sprechende, die zugleich Hörende, Hörende, die zugleich Sprechende sind. Sie sprechen miteinander, äussern ‹sich› und zugleich sich über ‹etwas›.»
92 Vgl. GEISSNER Kirchensprache, 424ff.

Literatur

BARTHEL, H. (Hrsg.): Zum Wissenschaftsverständnis der Sprechwissenschaft, München 2003.

BECK, U.: Das Zeitalter des «eigenen Lebens», in: Aus Politik und Zeitgeschichte B29/2001, 3–6.

DEHM, U. / STORLL, D. / BEESKE, S.: TV-Erlebnistypen und ihre Charakteristika. Das heterogene Fernsehpublikum und seine Erlebnisweisen, in: Media Perspektiven 5/2004, Frankfurt 2004, 217–225.

EBERTZ, M. N.: Transformationen. Prozesse der Auflösung und Neugestaltung in der Welt des Religiösen – ein religionssoziologischer Versuch, Kurzfassung in Thesen und Stichworten, Vortrag am 6. Mai 2000 im Tagungszentrum Hohenheim im Rahmen der Tagung «Heilshoffnungen – Heilsversprechen – Heilserfahrungen. Der Markt der Esoterik heute», Stuttgart 2000. (Quelle: Internet, 9.7. 2004, www.akademie-rs.de/dates/000505_esoterik.htm).

EHRENSPERGER, A.: Gottesdienst, Visionen Erfahrungen Schmerzstellen, Zürich 1988.

DERS.: Lebendiger Gottesdienst, Zürich 2003.

ENGEMANN, W.: Semiotische Homiletik, Tübingen 1993.

FRAUND, M. / GOETZMANN, J. (Hrsg.): Wie sag ich's am Radio? Handbuch für die Kirchliche Hörfunkarbeit, Frankfurt 1989.

GEEST, H., VAN DER: Du hast mich angesprochen. Die Wirkung von Gottesdienst und Predigt, Zürich 1978.

GEISSNER, H. K.: Über Hörmuster; in: GUTENBERG, N. (Hrsg.): Hören und Beurteilen, Frankfurt a. M. 1984, 13–56.

DERS.: mündlich: schriftlich. Sprechwissenschaftliche Analysen «freigesprochener» und «vorgelesener» Berichte, Frankfurt a. M. 1988.

DERS.: Kommunikation & Partizipation, Impulsreferat, Karlsruhe 1994.

DERS.: Kommunikationspädagogik, St. Ingbert 2000.

DERS.: «Argumentieren» auf dem Weg «Vom Gespräch zur Rede», in: KÖHLER, K. / SKORUPINSKI, C. (Hrsg.): Wissenschaft macht Schule. Sprechwissenschaft im Spiegel von 10 Jahren Sommerschule der DGSS, St. Ingbert 2004.

DERS.: Beraten oder Raten? – Aspekte einer dialogischen Ethik, in: BERG, R. u. a. (Hrsg.): Interdisziplinäre Sorge um Kommunikationsstörungen, München/Basel 2002, 105–112.

DERS.: Entwicklung der Gesprächsfähigkeit, in: BRÜNNER, G. / FIEHLER, R. (Hrsg.): Angewandte Diskursforschung, Radolfzell 2002, 197ff.

DERS.: Schreiben fürs Hören, in: Muttersprache Nr. 3/2003, 193–207.

GEISSNER, H. K. / SLEMBEK, E. u. a.: Gesprächsführung – Führungsgespräche. St. Ingbert, ^{4}2004.

GESANGBUCH der Evangelisch-reformierten Kirchen der deutschsprachigen Schweiz, Basel / Zürich 1998.

GRÖTZINGER, A.: Die Kirche – ist sie noch zu retten?, Gütersloh 1998.

HÄRTNER, A. / ESCHMANN, H.: Predigen lernen, Stuttgart 2001.
KABEL, T.: Liturgische Präsenz, Gütersloh 2003.
KOLLER, E.: Religion im Fernsehen, Einsiedeln 1978.
KUNZ, R.: Gottesdienst evangelisch reformiert, Zürich 2001.
LEMKE, S. (Hrsg.): Sprechwissenschaftler/in und Sprecherzieher/in, Eignung und Qualifikation, München 2001.
LITURGIEKOMMISSION (Hrsg.): Im Auftrag der Liturgiekonferenz der Evangelisch-reformierten Kirchen in der deutschsprachigen Schweiz: Bd. I: Gottesdienstordnungen (1972).
MANDELBROT, B.: Die fraktale Geometrie der Natur, Basel 1991.
MEIER U.: Kirchsprech – der Jargon eines Milieus, in: Reformierte Presse Nr. 22, Zürich, 30. Mai 2003, 7–9.
MEYER-BLANCK, M.: Inszenierung des Evangeliums, Göttingen 1997.
ODENTHAL, A.: Liturgie als Ritual, Stuttgart 2002.
OSKAMP, P. / GEEL, R.: Gut predigen, ein Grundkurs, Gütersloh 2001.
SCHILSON, A. / HAKE, J. (Hrsg.): Drama Gottesdienst, Zwischen Inszenierung und Kult, Stuttgart 1998.
SCHIWY, G. / GEISSNER, H. K. / LINDNER, H. / VOLP, R. u. a.: Zeichen im Gottesdienst, München 1976.
SEKRETARIAT DER DEUTSCHEN BISCHOFSKONFERENZ (Hrsg.): Gottesdienst-Übertragungen in Hörfunk und Fernsehen, Trier / Salzburg /Luzern 2002.
SLEMBEK, E. / GEISSNER H. K.: Feedback. Das Selbstbild im Spiegel der Fremdbilder, St. Ingbert, 2. erw. A. 2001.
STEIGER, H.: Lehrbuch der Vortragstechnik, Frauenfeld 1994.
WACHTEL, H.: Schreiben fürs Hören, Konstanz 1997.
WENZ, H.: Körpersprache im Gottesdienst, Leipzig 1998.
WÖLLENSTEIN, H. (Hrsg.): Werkbuch Liturgische Präsenz nach Thomas Kabel, Gütersloh 2002.
ZEITLER H. / PAGON, D.: Fraktale Geometrie, Wiesbaden 2000.

Eine frühere Version dieser Arbeit wurde im August 2005 als schriftlicher Teil des Examens im postgradualen Studiengang Sprecherziehung an der Universität Koblenz-Landau, Campus Landau, (betreut von Prof. Hellmut K. Geissner) angenommen.

Ein herzlicher Dank gilt zudem Frau Denise Suhner, Zürich. Sie hat in intensiver Arbeit die Rückmeldungen der Feedbackgruppe systematisch zusammengestellt.

Ralph KUNZ

Wir alle spielen Theater

Der christliche Gottesdienst als religiöse Inszenierung

Was haben Gottesdienst und Kasperlitheater gemeinsam? Auf den ersten Blick wenig. Im Kasperlitheater geht es um eine Holzpuppe mit roter Zipfelmütze, die in einem Spiel auftritt. Kinder warten sehnlichst, bis das Eingangssignet «Tratratrulala» ertönt. Auf die immergleiche Frage ihres Helden: «Sind er alli daa?», geben sie die immergleiche Antwort: «Jaaa!». Und wenn der böse Räuber auftritt und die blondgezopfte Margrit in den Keller sperrt, wissen die Kleinen schon, dass der Kasperli einen Ausweg finden wird. Er wird dem Räuber ein Schnippchen schlagen und die Margrit befreien. Und am Schluss steht fest: Noch einmal gut gegangen! Das hat wenig mit Gottesdienst zu tun. Oder etwa doch?

Anders herum betrachtet: Wer im Gottesdienst sitzt, wird in der Liturgie an das Geschehen auf der kleinen Bühne erinnert. In der Kirche wird ebenfalls ein Stück aufgeführt, ein Stück allerdings, in dem Gott eine Rolle spielt. Davon handelt die Predigt. Wenn sie gut ist, erzeugt sie Spannung, raubt aber den Gläubigen niemals die Gewissheit, dass das Böse überwunden wird und die Verlorenen zuletzt gerettet werden. Am Schluss steht fest: Es ist noch einmal gut gegangen, wir sind noch einmal davongekommen! Auch der rituelle Rahmen von Gottesdienst und Kasperlitheater weisen Ähnlichkeiten auf. Die Glocken singen zum Eingang ihr «Tratratrulala», der Priester spricht sein immergleiches «Friede sei mit euch» und die Gemeinde antwortet «und mit Deinem Geiste».

Der Vergleich zwischen dem christlichen Ritus und dem Puppenspiel für Kinder mag auf den ersten Blick befremden. Sieht man aber von der konkreten Spielsituation ab, lassen sich beim zweiten Hinsehen gemeinsame Züge entdecken. Liturgie ist eine Handlung, die in einem bestimmten Raum zu einer bestimmten Zeit von Akteuren ausgeübt und von anderen bezeugt wird. Damit erfüllt der Gottesdienst die minimalen Bedingungen einer theatralischen Inszenierung. Ein Vergleich, der auf einer solchen Minimaldefinition basiert und *Liturgie als religiöse Inszenierung* thematisiert, fügt dem Gottesdienst nichts hinzu, was diesem fremd wäre. Das Ritual in der Kirche ist die Inszenierung eines Dramas, das Sonntag für Sonntag mit einer bestimmten Rollenverteilung gespielt wird. Dass diese Form einen theatralischen Rahmen hat, liegt nahe. Religion, die nicht aufgeführt wird, führt zu nichts. Dabei hat der Gottesdienst den Zweck und die Aufgabe, dem inneren Erleben eine äussere Form zu geben.

Dass beim Vergleich zwischen Schauspiel und Gottesdienst gleichwohl eine Irritation entsteht, hat mit dem Stück zu tun, das interpretiert wird. Irritierend ist weniger die Tatsache, dass das Evangelium ein spannendes und unterhaltsames Drama ist. Das Evangelium, das grösste Drama aller Zeiten,[1] erinnert zwar zuweilen an eine Komödie – Was beinahe tragisch endet, entpuppt sich am Ostermorgen als Triumph! –, aber es gibt daran nichts Lächerliches oder Spassiges. Es geht um Heilsgeschichte. Aufgeführt wird ein geistliches Spiel, in dem der Tod nicht verdrängt und darum das Leben schlechthin ernst genommen wird. Wenn vom österlichen Sieg des Lebens über den Tod gesprochen wird, muss auch von der seltsamen Doppelrolle Gottes die Rede sein. Gott weckt Jesus von den Toten auf. Der Gerettete wird zum Retter. Weil die Geschichte des geretteten Retters erzählt wird, kann die Hauptrolle im gottesdienstlichen Spiel nicht durch einen Schauspieler verkörpert werden. Auf Gott wird gedeutet, Spuren seiner Präsenz werden besungen, bezeugt und interpretiert im Lichte des Evangeliums. Gott ist *Geist*, Gott lässt sich nicht aufführen, die Gottheit ist durch ihre Namen präsent. Weil Gottes Geistkraft zwar gegenwärtig, aber weder hörbar noch sichtbar ist, verlangt sie nach einer Repräsentation, die an ihr rettendes Eingreifen erinnern und dadurch das Heilige vermitteln hilft.

Durch dieses Paradox entsteht die typische Irritation der religiösen Inszenierung. Der Gottesdienst bietet ein eigenartiges Schauspiel zwischen Kunst und Religion.[2] Eine schlechte Rhetorik oder ein dilettantisches Orgelspiel kann die Gegenwart des Geistes stören. Die Präsentierung des Heiligen will gelernt, aber nicht «nur» präsentiert sein, sonst diente sie nicht Gott! Echtheit und Glaubwürdigkeit der gottesdienstlichen Inszenierung stehen auf dem Spiel, wenn jemand merkt: Die machen ja bloss Theater! Merkwürdig ist das liturgische Spiel, weil das, was repräsentiert wird, eine grosse Bedeutung dafür hat, wie es repräsentiert wird. Die Bühne des Heiligen bleibt zugleich mehrschichtig. Denn die Rollen der *Zeugen* des Schauspiels sind nicht von vornherein ausgemacht. Ist die Gemeinde auf die Rolle des Zuschauens fixiert? Darf, wer den Gottesdienst *besucht*, sich nicht in Szene setzen? Gehören die «allgemeinen Priester» nicht zum Ensemble?

Dass Religion inszeniert werden muss, ist unbestritten. Dennoch haftet religiösen Inszenierungen in der jüdisch-christlichen Tradition etwas Zwiespältiges an. Im Gottesdienst geht es nicht um irgendeine Show, um Gag und Effekte, sondern darum, die Wahrheit aufzuführen. Wenn Religiöses inszeniert wird, muss das Spiel wahrhaftig sein. Beim Vergleich von Gottesdienst und Theater zeigen sich also irritierende Ähnlichkeiten und Unähnlichkeiten. Spannungen werden erkennbar. Wer Liturgie und Theater interpretiert, muss sich die Frage gefallen lassen, ob ein dilettantischer Auftritt der Sache schadet. Liturgische und dramaturgische Leitung fragt als Spezialistin für die Selbstinszenierung, welche Formen und Inhalte der professionellen Repräsentation das Spiel stören könnten.

1 Alles bloss gespielt?

Eine solche gegenseitige Befragung ist heute besonders sinnvoll. Unter den kulturellen Rahmenbedingungen der Mediengesellschaft muss nämlich die Nachhaltigkeit des Inszenierten zum Thema werden. Der Verdacht, dass «alles nur Show» ist, die Frage, ob echt ist, was gezeigt wird, betrifft längstens nicht nur den Gottesdienst. Inszenierungen sind umstritten, weil der Kontakt zwischen dem, was gezeigt wird und dem, was tatsächlich Sache ist, dank ausgefeilter medialer Technik immer schneller und besser aufgelöst werden kann. Alles, was inszeniert ist, muss auf Echtheit geprüft werden, weil die professionelle Imagepflege sich zu einer erfolgreichen Industrie entwickelt hat. Wie wichtig beispielsweise die Werbemanager in der öffentlichen Kommunikation geworden sind, fällt am meisten auf, wenn sie ihr Spiel übertreiben.

Der Begriff der «Überinszenierung» markiert eine Grenzüberschreitung, die immer wieder Thema wird in der Mediengesellschaft. Er beschreibt den Zustand übersteigerter Medialisierung. Wie lange schauen Zuschauende hin, wenn sie – notabene durch die Medien! – gleichzeitig erfahren, dass eine Story überinszeniert ist? Die Frage nach deren Interesse stellt sich, weil Inszenierungen – und das heisst eben auch die Inszenierungen der Inszenierungen – auf einem Markt stattfinden. Sie stellt sich auch, weil viele sich in Szene setzen wollen, aber nicht alle gesehen werden. Nur das, was in der Gesellschaft des Spektakels interessiert, kommt zur Aufführung. Deshalb muss unterschieden werden zwischen einer allgemeinen Theatralisierung, die das gesamte gesellschaftliche Leben durchdringt,[3] und dem Spektakel der medialen Öffentlichkeit, im Rahmen derer dieses Leben auf die Bühne gebracht und damit mehr Zuschauende durch Sensationssteigerung gewonnen werden sollen.

Letzteres lässt berechtigt fragen, ob man sich wieder auf das Authentische zurückbesinnen soll, denn die Medialisierung hat einen anthropologischen Bezugspunkt, wodurch die Frage nach Echtheit unausweichlich wird. Der amerikanische Soziologe Erving GOFFMAN bezeichnete das Feld der alltäglichen Interaktionen als eine Bühne, auf der Menschen sich selbst darstellen.[4] GOFFMANs Theater-Metapher wurde kritisch geprüft und inzwischen durch den offeneren Begriff der Inszenierung abgelöst.[5] Der Grundgedanke ist derselbe: Wer öffentlich auftritt und eine Rolle übernimmt, muss das Spiel der Selbstdarstellung beherrschen. Aber es gelingt nicht immer. Wem es zu gut gelingt, wer sich überinszeniert, dem traut man nicht über den Weg. Es gibt gute und schlechte Vorstellungen, es gibt Lüge und Wahrheit, Entstellungen und Verstellungen. Die naive Forderung nach Authentizität würde das Zwiespältige, das sich in jedem menschlichen Selbstdarstellungsversuch zeigt, allerdings überdecken. Zudem wird auch dieser Wunsch nach Echtem und Ungeschminkten in Enthüllungs- und Entblössungsshows schon lange wieder vermarktet.

Weil wir alle immer in irgendwelchen Rollen stecken, verbietet sich eine pauschale Verurteilung der Kategorie Inszenierung. Theatralisches findet eben nicht nur in der Medienöffentlichkeit statt. Machen wir uns nichts vor: Nicht *dass* gespielt wird, sondern *wie* und *was* wir uns eigentlich vorspielen, ist die Frage. Damit sind zugleich Fixpunkte der Gegenwartskultur genannt, die für die Thematisierung religiöser Inszenierung von Belang sind.[6] Der Erfolg von medialen Inszenierungen hängt wesentlich davon ab, in welcher Form sie zur Darstellung kommen. Grundbedingung für den Erfolg ist das Publikumsinteresse. Im Kampf um die Aufmerksamkeit scheint der Aspekt der Unterhaltung zunehmend wichtig zu werden, aber ein Urteil ist damit noch nicht gefällt.[7] Denn die Frage, ob das, was gezeigt wird, wahrheitsgemäss oder verlogen ist, lässt sich durch den Unterhaltungswert einer Inszenierung nicht beantworten.[8] Die Frage, was in welchem Kontext mit welchen

Mitteln öffentlich inszeniert werden soll, wird weder mit einer pauschalen Kritik noch mit einer pauschalen Gutheissung der Medialisierung beantwortet. Die Medialisierung ist der Rahmen und nicht das Mass gelungener Inszenierungen. Dieser Umstand erfordert für religiöse Inszenierungen neue Erfolgsfaktoren.

2 Gottesdienst – Lehre und Show

Die Zahlen jener, die den sonntäglichen Gottesdienst besuchen, sind ernüchternd. Wer Religion öffentlich darstellt, weiss, dass die Quote der Zuschauenden nicht das Mass aller Dinge sein kann. Die kirchlichen Repräsentanten trösten sich mit der Erkenntnis, dass Erfolg nicht mit Wahrheit gleichzusetzen ist. Denn das ist ja ihr Anspruch: Sie wollen ein wahrhaftiges Spiel aufführen. Gerade deshalb irritiert es, wenn gewisse Anbieter auf dem religiösen Markt mit ihrer Darbietung desselben Stoffs mehr Erfolg erzielen. Auf dem Platz Zürich ist dies seit einiger Zeit der Fall. Die Multimediagottesdienste der ICF (International Christian Fellowship) sprechen mit einem populären Inszenierungsstil ein jüngeres Publikum an. Liegt es also an der Form? Wird hier christliche Religion lediglich publikums- und marktgerecht aufgeführt?

Mats STAUB ist der Sache aus theaterwissenschaftlicher Perspektive nachgegangen und hat einen konventionellen Predigtgottesdienst mit einem ICF-Multimediagottesdienst hinsichtlich der Verwendung theatraler Vorgänge verglichen.[9] STAUB legt seiner Untersuchung einen allgemeinen Begriff der Theatralität zugrunde.[10] Dies erlaubt ihm, sich den beiden religiösen Inszenierungen beobachtend und beschreibend zu nähern. Im Gottesdienst, als theatrale Interaktion verstanden, gibt es auffallende, von anderen wahrgenommene Personen, die bedeutsame körperliche Verhaltensweisen zeigen.[11] STAUB beschreibt den Veranstaltungsraum, die Schwellenphase des Rituals, das heisst das Geschehen im Zeitraum vor Beginn des Gottesdienstes und die Grundstruktur des Gottesdienstes. Mit dem distanzierten Blick eines Beobachters sieht STAUB Bewegungen und Interaktionen, welche die religiösen Zuschauenden nicht wahrnehmen. So erhält auch der scheinbar vertraute Predigtgottesdienst durch die Beobachtung von aussen neue Konturen. Wie verhalten sich beispielsweise die Gottesdienstbesuchenden in der Schwellenphase des Rituals?

Im traditionellen Fraumünstergottesdienst scheint der Raum dämpfend auf seine Besucher zu wirken. «Wer den Kirchenraum betreten hat, bewegt sich möglichst unauffällig und geräuschlos, verfällt ins Flüstern. Wer sich kennt, nickt sich meist bloss zu; wer zu zweit gekommen ist, verständigt sich mit Handzeichen über die Platzwahl; wer die letzten freien Plätze auf einer Bank ansteuert, erkundigt sich bei den bereits Sitzenden meist nur mit einer fragenden Geste bei den Banknachbarn, ob die Plätze noch frei seien, und wer sich gesetzt hat, sitzt möglichst ruhig – und wartet.»[12] Wie anders präsentiert sich doch der Anfang eines ICF-Spektakels. Der Gottesdienst findet in einem Bürohaus, der alten Börse, statt. «Im Treppenhaus hört man musikunterlegtes Stimmengewirr und im ersten Stock angekommen, sieht man ein grosses Gedränge. In einem überfüllten Foyer wird überall begrüsst und geschwatzt – ‹Hoi, wie war die Party gestern?› –, hier fallen sich junge Männer mit gebleichten Haaren unter lautem Hallo um den Hals, dort werden Küsschen oder Handynummern ausgetauscht.»[13] STAUBs Untersuchung bietet eine Fülle von Beobachtungen, die für die Analyse unterschiedlicher Stile religiöser Inszenierungen wertvolle Hinweise liefern. Am körperlichen Ausdrucksverhalten des Pfarrers lässt sich zum Beispiel vieles über die Grundstruktur des Rituals ablesen. Während sich das Ausdrucksverhalten im Predigtgottesdienst auf die gestische Unterstützung der Sprechakte reduziert,[14] bewegen sich Prediger, Musiker und Moderatoren im Multimediagottesdienst frei auf der ganzen Bühne.

Die reformierte Predigtliturgie kennt in der Regel eine einzige (meistens in Talar gekleidete) Hauptperson, die sich während des Gottesdienstes zweckgerichtet und unauffällig bewegt. Der dramaturgische Höhepunkt des Rituals ist ja die Predigt, die Rede, in der eine Bibelstelle unter Einbezug aktueller Probleme ausgelegt wird. Nach STAUB ist es das Anliegen der predigenden Person, «die Vielfalt der biblischen Zeugnisse zu Gehör zu bringen und über ihre oftmals widersprüchlichen Aussagen nachzudenken»[15]. Das säkulare Vorbild dieser Inszenierung ist die Vorlesung, der wichtigste Akteur ist der Lehrer. Im Multimediagottesdienst steht hingegen ein ganzes Team von bis zu zwanzig Akteuren auf der Bühne. Begrüssung, Gebet, Videoclip, Anbetung, Theater, Predigt, Interview und Sologesang sind Elemente einer religiösen Show. Die einzelnen Akte haben eine ganz unterschiedliche Erlebnisintensität, richten sich aber alle nach einem Thema, das den Zuschauendeb bereits aus dem Internet oder einem Flyer bekannt sein kann. Säkulare Vorbilder dieser Inszenierung sind Talkshow und Popkonzert. Die Moderatoren führen durch das Geschehen und preisen die jeweils nächsten Akte an. Das permanente Anpreisen ist ein auffälliges Merkmal der ICF-Gottesdienste. «Dabei unterscheiden sich die Ankündigungen und Kommentare in Wortwahl und Begeisterungsgrad kaum voneinander und vermitteln durchwegs dieselbe Botschaft: Es wird super, es ist gewaltig, es war krass.»[16] Die Begeisterung auf der Bühne und die lockere Atmosphäre unter den Zuschauenden lassen leicht vergessen, dass es um eine ernste Angelegenheit, um Rettung geht. Das drohende Verderben blitzt auf, bleibt aber im Hintergrund. An sich Bedrohliches wird harmlos und unbedrohlich dargestellt.[17] Während also in der Predigt im Fraumünster durch Erörterung widersprüchlicher Aussagen die Komplexität der Botschaft erhöht wird, versucht der Prediger im ICF die Widersprüche zu zähmen und aufkommende Ängste durch gute Laune in Schach zu halten. Komplexität wird auf eine einfache Problemlösungsstrategie reduziert. Die Bibel erscheint nicht als Buch, wird aber als Beleg für die Wahrheit der Lösung zitiert und in homöopathischer Dosis auf die Leinwand projiziert.

STAUB zieht ein Fazit aus dem Vergleich der beiden Gottesdienste, das die eingangs vermerkte Irritation der religiösen Inszenierung wie folgt auf den Punkt bringt: «Die Gegenüberstellung von Fraumünster und ICF führt somit zu dem bemerkenswerten Befund, dass beide Gottesdienste eine paradoxe Konstruktion von Inhalt und Form aufweisen: Im Fraumünster wird mit einer rigiden Form ein ‹offener› Inhalt zu vermitteln versucht – im ICF mit einer ‹offenen› Form ein rigider Inhalt.»[18] Sowohl die traditionelle als auch die populäre Vermittlung religiöser Inhalte zielen auf ein Publikum, das sich in einem bestimmten Erlebnismilieu bewegt.[19] Der theaterwissenschaftliche Blick auf zwei verschieden inszenierte Gottesdienste macht auf Unterschiede aufmerksam, die *innerhalb* der rituellen Kultur des gegenwärtigen Christentums bestehen. Es sind nicht nur stilistische Differenzen, wie STAUB glaubhaft zeigen kann. Der unterschiedliche Umgang mit theatralischen Elementen steht in einem engen Zusammenhang mit der jeweils vermittelten Botschaft!

3   Die Verkörperung der Wahrheit in Liturgie und Theater

Dass ein Zusammenhang zwischen Aufführungspraxis und Inhalt besteht, ist freilich keine neue Erkenntnis. Schon die protestantische Gottesdienstreform basiert auf der prophetischen Kultkritik, die gegen die reine Schaufrömmigkeit opponierte. Ihr Credo: Was im Gottesdienst inszeniert wird, hat nur dann Bestand, wenn es Gedenken an den wahren Gottesdienst ist. Daher findet das kulturelle Gedächtnis im protestantischen Ritus vornehmlich im Modus des Wortes statt. Alles, was gezeigt wird, muss dem Wort Gottes dienen und verständlich sein. Die Reformatoren, zuvorderst Zwingli, waren überzeugt davon, dass dem Missverständlichen von religiöser Inszenierung am nachhaltigsten durch Erläuterung und Erklärung der Schrift begegnet werden könne. Unter anderen Vorzeichen hat diese Sicht der Liturgie seit dem Zweiten Vatikanischen Konzil auch im katholischen Ritus an Gewicht gewonnen. Die Krise des Wortgottesdienstes in der Gegenwartskultur hat freilich Zweifel an der Bevorzugung des Verbalen aufkommen lassen. Die Frontstellung gegen das Theater und gegen die säkulare Kulturszene[20] ist längst einem – zwar kritischen, aber doch ernsthaften – Interesse gewichen.[21] Für Fachleute der Liturgik ist das Gespräch mit Fachleuten aus der Medien- und Theaterwissenschaft aufschlussreich geworden. Das spiegelt sich auch in der liturgiewissenschaftlichen Fachdiskussion der letzten Jahre wider.

Eine eindrückliche Studie hat Marcus A. FRIEDRICH[22] vorgelegt. Er zeigt, wie fruchtbar die Rezeption von Schauspieltheorie für die Liturgiewissenschaft und -praxis ist. FRIEDRICH hat drei paradigmatische schauspielästhetische Modelle ausgewählt und als Grundlage pastoralästhetischer Überlegungen vorgestellt. Für die Gottesdienstspezialisten liegt der Wert von FRIEDRICHs Buch in der gerafften Darstellung der schöpferischen Schauspielästhetik von Konstantin STANISLAWSKI, der Theorie des epischen Theaters von Bertolt BRECHT und der spirituellen Schauspielästhetik von Jerzy GROTOWSKI. Die gründliche Beschäftigung mit den Theoretikern des Schauspiels entlarvt gemäss FRIEDRICH jene falsche Alternative von echt und künstlich, die den Diskurs über religiöse Inszenierung untergründig beherrscht. Unechtheit im Ausdruck ist nicht gleichzusetzen mit fehlendem Schauspielhandwerk. Und umgekehrt führt professionelles Auftreten auf einer Bühne nicht zwingend zum Verlust der Authentizität.

Besonders eindrücklich wird dies in der Schauspielästhetik von STANISLAWSKI, in der die Kunst des Erlebens Kernpunkt sowohl der schauspielerischen Wahrnehmung als auch der Verkörperung ist.[23] STANISLAWSKI wendet sich mit der Betonung des Erlebens gegen die Kunst der Vorführung, gegen Handwerkelei, die durch eingeübte Gesten und eingefrorene Kunstgriffe ein Blendwerk betreibt. Wer gut spielt, führt nichts vor, sondern nimmt wahr. Das Ideal ist eine möglichst natürliche, unverkrampfte und intuitive Übernahme der Rolle. Die Kunst des Erlebens impliziert dabei einen inneren schöpferischen Kontakt zu Partnern, Objekten und zu sich selbst, wodurch das geistige Leben der Person, in deren Rolle man schlüpft, verkörpert wird. Wer spielt, soll am Ende nicht sich in der Rolle, sondern die Rolle in sich fühlen.[24] STANISLAWSKI unterscheidet Spielende, die sich in der Kunst lieben und diese Liebe vom Publikum bestätigt wissen wollen, von den echten «Künstlern des Erlebens», die die Kunst in sich lieben.[25] In der Ästhetik STANISLAWSKIs taucht die Irritation der religiösen Inszenierung als ein theatralisches Problem auf. Es geht dabei um die Wahrhaftigkeit der szenischen Verkörperung.[26] «Ohne diese Wahrhaftigkeit, ohne den Glauben an das, was auf der Bühne geschieht, werden alle logischen und folgerichtigen physischen Handlungen konventionell, das heisst, sie erzeugen eine Lüge, der man nicht glauben kann.»[27]

Einen anderen Weg geht BRECHT mit seinem epischen Theater. Auch ihn beschäftigt die Wahrhaftigkeit des Schauspiels. Im Unterschied zu Stanislawski schlägt Brecht ein Verfahren vor, das er Verfremdung nennt. Der Sinn dieser Technik ist es, dass die Protagonisten während des darzustellenden Vorgangs wie Zuschauende in einer kritischen Haltung bleiben.[28] Nicht Erleben und Einfühlen, Begeistern und Glauben, sondern die Distanz der Spielenden zu ihrer Rolle ist Gewähr für ein ehrliches Spiel. Wer spielt, benimmt sich als ein Demonstrant. «Es tritt nur einer auf und zeigt etwas in aller Öffentlichkeit, auch das Zeigen»,[29] lautet das ästhetische Grundprinzip der epischen Handlung.

Der dritte schauspielästhetische Ansatz von GROTOWSKI wendet sich gegen STANISLAWSKIs Idealisierung des schöpferischen Befindens und gegen BRECHTs Pädagogisierung des Theaters. Weder die glaubwürdige Verwandlung noch die Reflexion des Schauspielers über seinen gesellschaftlichen Auftrag bringen wahrhaftes Leben auf die Bühne. GROTOWSKI fordert für den Schauspielerberuf eine *via negativa*. Die Spielenden sollen zu heiligen Zuschauenden werden, befähigt zu einer sinnlich-spirituellen Erkenntnis dessen, was im verkörpernden Handeln mit und an ihnen geschieht.[30] Die vollkommene Selbstdurchdringung ist das Ziel, aber um dieses Ergebnis zu erreichen, darf man paradoxerweise nicht danach streben.[31] Theater soll armes Theater werden, ohne Schnörkel, ohne Requisiten. Die Schauspielkunst fügt nichts hinzu. Inszenieren funktioniert wie Bildhauen und Schnitzen. Auf dem Weg der Eliminierung dringt die Künstlerin zur vorbestimmten Form vor. Unter der oberflächlichen Scheinidentität des maskierten Menschen wird durch das schauspielerische Handeln menschliches Wesen sichtbar.

4 Aller Augen warten auf dich Herre ...

Die kurzen Zusammenfassungen der Arbeiten von STAUB und FRIEDRICH zeigen auf, wie spannend und vielschichtig die Diskussion über religiöse Inszenierung ist. Die Frage nach der Bedeutung der Repräsentation für das Repräsentierte ist weder im säkularen noch im religiösen Bereich von der Rolle der Repräsentanten ablösbar. In der Aufschlüsselung, für die verschiedenen Rollen geeignete Kategorien zur Verfügung zu stellen, liegt der Gewinn der schauspielästhetischen Analyse von religiösen Inszenierungen. STAUBs Untersuchungen regen an, *weiter* zu fragen und Querverbindungen zu den ästhetischen Aspekten der globalen kulturellen Megatrends herzustellen. Was unterscheidet die Liturgie eines Gottesdienstes von anderen Liturgien, die in der sogenannten «Inszenierungsgesellschaft»[32] mit ihrem «Trend zum Event»[33] produziert werden? Es lohnt sich auch, tiefer zu gehen und nach den Wurzeln der eigenen Gottesdiensttradition zu fragen. Ist der reformierte Predigtgottesdienst – um auf die eingespielten Kategorien anzuspielen – nicht eine Kreuzung von epischen, spirituellen und ästhetischen Aspekten? Der Auftritt des Predigers eine pädagogische Demonstration und das reformierte Abendmahl ein armseliges Theater?[34] Den Anspruch der ICF-Liturgie könnte man wiederum als einen Versuch deuten, Glauben in einer Show sichtbar und erlebbar zu machen.

Es kann sein, dass viele Zeitgenossen – mit den Worten Kurt MARTIs gesagt – der «Wortbeterei müde» und deshalb «äugig» geworden sind.[35] Für die Fernsehgeneration haben populär inszenierte Gottesdienste gegenüber der wortlastigen Gottesdiensttradition zweifellos einen Attraktivitätsbonus. Andrerseits fühlen sich viele Menschen von der Bilderflut überschwemmt. Ihre Sehnsucht nach den lieblichen Wohnungen des Herrn (Ps 84,2) wird durch Videoclips nicht gestillt. Gottesdienst findet heute in einem kulturellen Kontext statt, der unterschiedliche Ziele von religiöser Inszenierung verfolgt. Unabhängig davon, in welcher kulturellen Nische gefeiert wird: Zum Markenzeichen des christlichen Gottesdienstes gehört, den Zwang zur menschlichen Selbstdarstellung heilvoll und spielerisch zu unterbrechen. Eine solche Feier zu inszenieren, ist hohe Kunst.

Anmerkungen

1 Vgl. SAYERS, D. L.: Das grösste Drama aller Zeiten, Zürich 1982.
2 Vgl. hierzu SCHILSON, A., HAKE, J.: Drama «Gottesdienst»: zwischen Inszenierung und Kult, Stuttgart 1998.
3 Vgl. LEHMANN, H.-Th.: Postdramatisches Theater, Frankfurt 1999, 466.
4 GOFFMAN, E: Wir alle spielen Theater. Die Selbstdarstellung im Alltag, München 1969.
5 Vgl. SOEFFNER, H.-G.: Die Auslegung des Alltags – der Alltag der Auslegung. Zur wissenssoziologischen Konzeption einer sozialwissenschaftlichen Hermeneutik I, Frankfurt 1989, 142.
6 Im Blick ist dabei auch, was Günther Thomas «Medienreligion» nennt. Vgl. dazu: THOMAS, G.: Medienreligion. Religionssoziologische Perspektiven und theologische Deutungen, in: SZAGUN, A.-K. (Hrsg.): Jugendkultur – Medienkultur, (Rostocker Theologische Studien Bd. 9), Münster 2002, 83–114.
7 Gegen POSTMAN, N.: Wir amüsieren uns zu Tode. Urteilsbildung im Zeitalter der Unterhaltungsindustrie, Frankfurt 1988.
8 Vgl. SCHROETER-WITTKE, H.: Unterhaltung. Praktisch-theologische Exkursionen zum homiletischen und kulturellen Bibelgebrauch im 19. und 20. Jahrhundert anhand der Figur Elia, Frankfurt a. M. 2000.
9 STAUB, M.: Prediger und Showmaster Gottes, in: KOTTE, A. (Hrsg.): Theater der Nähe. Welttheater, Freie Bühne, Cornichon, Showmaster Gottes: Beiträge zur Theatergeschichte der Schweiz, (Theatrum Helveticum 9), Zürich 2002, 427–550.
10 Vgl. KOTTE, A.: Theatralität: Ein Begriff sucht seinen Gegenstand, in: AHRENDS, G. (Hrsg.): Forum modernes Theater, Tübingen, 2/1998, 117.
11 Vgl. STAUB (vgl. Anm. 9), 441.
12 A. a. O., 449.
13 A. a. O., 473.

14 Vgl. a. a. O., 461.
15 A. a. O., 470.
16 A. a. O., 481.
17 Vgl. a. a. O., 540.
18 A. a. O., 533.
19 Vgl. SCHULZE, G.: Die Erlebnisgesellschaft. Kultursoziologie der Gegenwart, Frankfurt 1992.
20 Vgl. ALBRECHT, H.: Die Religion der Massenmedien, Stuttgart 1993.
21 Vgl. EURICH, Claus: Mythos Multimedia. Über die Macht der neuen Technik, München 1998.
22 Hierzu FRIEDRICH, M. A.: Liturgische Körper. Der Beitrag von Schauspieltheorien und -techniken für die Pastoralästhetik, Stuttgart 2001.
23 Vgl. a. a. O., 52–117.
24 Vgl. a. a. O., 86.
25 Vgl. a. a. O., 75.
26 Vgl. a. a. O., 99.
27 FRIEDRICH (vgl. Anm. 22) zitiert: STANISLAWSKI, K.: Die Arbeit des Schauspielers an sich selbst (Teil I), Berlin / Frankfurt 1996, 160.
28 Vgl. a. a. O., 156.
29 FRIEDRICH (vgl. Anm. 22) zitiert aus der grossen Berliner und Frankfurter Gesamtausgabe von HECHT, W. et al. (Hrsg.), Frankfurt 1988, 649.
30 Vgl. FRIEDRICH (vgl. Anm. 22), 212.
31 Vgl. a. a. O., 216.
32 WILLEMS, H. / JURGA, M. (Hrsg.): Inszenierungsgesellschaft. Ein einführendes Handbuch, Opladen 1998.
33 KEMPER, P. (Hrsg.): Der Trend zum Event, Frankfurt 2001.
34 Dazu KUNZ, R.: Eucharistie neu entdeckt – Zur Wirkungsgeschichte der reformierten Abendmahlstheologie, in: DERS.: Der neue Gottesdienst. Plädoyer für den liturgischen Wildwuchs, Zürich 2006, 57–74.
35 MARTI, K.: Namenszug mit Mond, Zürich / Frauenfeld 1996, 237.

Stark überarbeitete Fassung des Artikels «Der christliche Gottesdienst als religiöse Inszenierung» in: Medienheft, Dossier 18, «Inszenierung des Religiösen», Oktober 2002 (www.medienheft.ch).

Alfred EHRENSPERGER

Liturgie als Weg

Vorbemerkungen

Mit der Überschrift dieses Beitrages mögen die Lesenden zunächst liturgisch gestaltete Sonderformen christlicher Spiritualität assoziieren, wie z. B. Wallfahrten, Bittgänge oder Prozessionen. Ich behandle hier das Thema konfessionsübergreifend und beschränke mich im Folgenden vorwiegend auf die Gottesdienstformen der Messe und des evangelisch-reformierten Predigt- bzw. Abendmahlsgottesdienstes. Dabei sollen nicht nur Bewegungsvorgänge *innerhalb* der Liturgie in ihrem Sinngehalt dargestellt, sondern die Gottesdienstformen als Ganze in ihrem Wegcharakter charakterisiert werden: Die Liturgien der genannten Gottesdienstformen werden als «Wege» begriffen. Dass diese Dimension von gottesdienstlichen Feiern nur *eine* unter vielen anderen Aspekten des Liturgieverständnisses sein kann, versteht sich von selbst. Die Weg-Metapher kann und soll aber einerseits denen helfen, die für die Vorbereitung und Gestaltung eines Gottesdienstes verantwortlich sind; andererseits ist das Begreifen der Liturgie als ein Weg auch eine Verständnishilfe für alle, die am Gottesdienst aktiv teilnehmen und in ihm die ihnen zukommende liturgische «Rolle» ausführen. Das Bild von der Liturgie als einem Weg, den man miteinander begeht, sagt mehr aus als die gewohnten Ausdrücke wie z. B. «Aufbau», «Ordnung», «Verlauf» oder «Inszenierung»; es macht die äussere und innere Dynamik, die zum Geheimnischarakter eines christlichen Gottesdienstes hinführt, deutlich.

1 «Weg» als vieldeutige Metapher

1.1 Zum Begriff «Weg»

Unser ganzes Leben ist gekennzeichnet von Wegen aller Art. Jeder Mensch hat seinen ihm eigenen Lebensweg zu gehen. Christen und auch Angehörige anderer Religionsgemeinschaften haben ihren Glaubensweg.

Völker, Nationalitäten, Regionen, Sprachgruppen, Kirchen und Gemeinschaften gehen in ihrer Geschichte einen Weg mit seinen Höhen und Tiefen, Gefahren, Bewährungen und Beglückungen, Siegen und Niederlagen, Traditionen und Erneuerungen, in der Geborgenheit gewachsener und geschaffener Ordnungen oder chaotischen Verwirrungen, Ruhe und Aufbrüchen.[1] Die germanischen Sprachwurzeln für den Weg-Begriff weisen zunächst auf einen Vorgang hin: fahren, ziehen, sich bewegen. Erst in einer späteren Entwicklungsstufe wurde dann die begangene oder noch bevorstehende Strecke mit dem Substantiv «Weg» bezeichnet. Der Begriff schliesst häufig auch den dynamischen Charakter eines Geschehens und einer Bewegung mit ein.[2]

1.2 Wegerfahrungen

Zum Spannendsten auf unseren vielfältigen Wegen gehören Erfahrungen mit uns selber und mit den Personen, die uns begleiten, mit unserem zwischenmenschlichen Verhalten, mit unserer Umwelt; dazu gehören Neuentdeckungen, «Aha»-Erlebnisse, Begegnungen, Ruhe und innere Einkehr. Vieles davon findet sich auch in unseren Gottesdiensten: Erfahrung mit heiligen Räumen, an Gräbern und Gedenkstätten, auf Wallfahrten, Begegnungen mit biblischen Aussagen, die in uns weiter wirken, Auslegungen und Riten, Lieder und Liturgietexte, bekannte und unbekannte Menschen, die denselben Weg der Liturgie mit uns gehen, ergreifende, innerlich aufrichtende und tröstende Gebete und Rituale, eine eindrücklich-feierliche Atmosphäre.

Es gibt Wege, die wir letztlich allein bewältigen müssen: das eigene Sterben, eine schwere Erkrankung, einen Heilungsprozess, Folgen von Fehlentscheidungen, Verarbeiten von Geschehnissen. Auf anderen Wegen können wir begleitet werden: durch stabile Freundschaften und Lebenspartnerschaften, durch Vorbilder, durch Menschen aus Seelsorge und Beratung. Gerade Gottesdienste bieten in dieser Hinsicht einen geeigneten Ort für seelisch-geistliche Begleitung.

Breit und gut ausgebaut, sicher und klar bezeichnet können Wege sein, aber auch steil, eng und gefährlich. Es gibt Phasen des munteren Voranschreitens, innerer oder äusserer Bewegung, aber auch Phasen des Verweilens, Ausruhens, der Betrachtung, Besinnung und Vertiefung. Der liturgische Weg geschieht in Handlungen, Anweisungen (Rubriken) oder Bewegungen: etwa die Liedgestaltung, Wechselgesänge oder Bewegungsvorgänge, Sprechtexte, Veränderungen des Standortes der Liturgen, Gang zum Ambo oder auf die Kanzel, Einzug des Klerus in den Altarbereich, Decken des Abendmahlstisches im evangelischen Abendmahlsgottesdienst, Gabendarbringung usw.

1.3 «Weg» in religionsgeschichtlicher und in antik-philosophischer Sicht

Im akkadischen Bereich bezeichnet der Begriff für «Weg» oder «Pfad» häufig das Handeln von Göttern und Menschen: Hier ist der Begriff stark ethisiert und auf das rechte Verhalten (auch der Götter!) bezogen. In seinem rituellen Handeln legt der Mensch Rechenschaft ab über seinen Lebenswandel.[3] Im antiken Ägypten ist der «Weg des Lebens» eine verbreitete Metapher für Unterweisungsliteratur.[4] Oft bezieht sich im Altertum das Bild vom Weg auch auf den himmlischen Bereich, z. B. auf die Wanderung der Sonne am Himmel.[5] Die jüdische Halakha ist der Weg zur normativen, handlungsanweisenden Auslegung der Schriften.[6] Verbreitet ist die Weg-Metapher in der altgriechischen Literatur, z. B. als Metapher zum Aufbau einer Rede, als Bild einer existentiellen Entscheidung – dargestellt als Weggabelung –, manchmal als Gabelung, die über Erfolg oder Versagen entscheidet, oder als bildhafte Beschreibung des Prozesses in der Forschung und Wahrheitsfindung. Bei Hesiod (um 700 v. Chr.) führt ein breiter, bequemer Weg zu niedrigem, sozialem Status, der steile und mühsame hingegen zu Anerkennung und Erkenntnis. Hesiod scheint überhaupt als einer der ersten Dichterphilosophen des Westens die Weg-Metapher als Symbol menschlichen Handelns eingeführt zu haben.[7] Plato berichtet, dass sein Lehrer Sokrates die Scheinmeinungen seiner Gesprächspartner in seinen Dialogen Schritt für Schritt zu entlarven pflegte. Dies ergab ein etappenweises Voranschreiten auf dem Weg zur Erkenntnis der Wahrheit.[8]

1.4 Der hebräische Begriff «däräk»

Israels Religion war eine ausgesprochene Weg-Religion: Gott geht einen Weg mit seinem Volk. Damit sind nicht nur äussere Vorgänge, wie z. B. die Wüstenwanderung zwischen dem Auszug aus Ägypten und der verheissenen Landnahme oder die Rückkehr aus dem babylonischen Exil, gemeint. Der Weg Gottes mit seinem Bundesvolk erstreckt sich von einer grundlegenden Verheissung bis zur messianischen Erfüllung.[9] In der biblisch-alttestamentlichen Überlieferung findet sich der Weg-Begriff «däräk» ausserordentlich oft (706-mal). Grundmodell ist das Heilsereignis der Führung Gottes ins verheissene Land, Höhepunkt die Gottesbegegnung am Sinai. Dieses befreienden Aufbruchs wird besonders im Pessachkult gedacht. Die Ereignisse der Geschichte Israels werden nicht nur als Einzelereignisse, sondern als aufeinander folgende, durch Gottes Bund mit dem Volk verknüpfte Wegabschnitte geschildert. In zahlreichen allegorischen Deutungen der Messe, besonders im Frühmittelalter,[10] wird diese Metapher auf die Teile einer Messliturgie übertragen.[11] Man hat auch festgestellt, dass die bildhafte Verwendung von «Weg» im Hebräischen stärker ausgebildet ist als in der Umwelt Israels. Hier wird die Weg-Metapher häufig verstanden als Lebenswandel, wie er Gottes Weisheit und Weisungen (Tora) entspricht.[12]

1.5 Zur Kultkritik der biblischen Propheten

Die Kultkritik der Propheten im alten Israel beginnt mit der Einsicht, dass das Volk in seinen Gottesdiensten weder Gottes Wegen folgt, noch die damit verbundenen Wagnisse unter seiner Führung auf sich nimmt: Die Menschen kreisten nicht nur um das goldene Kalb als dem Symbol eigenmächtiger Gottverherrlichung, sondern um sich selber, ihre Nöte, Sorgen, Ängste und Bedürfnisse. Der Horizont der gottgewirkten Geschichte ging zeitweise verloren, und Propheten wie Amos, Hosea, Elia, Jesaja oder Jeremia mussten ihn im Namen und Auftrag Gottes erst wieder bewusst machen.[13] Die Propheten erinnerten stets an den *ganzen* Horizont des Waltens Gottes.[14] Ihr anamnetisches Reden und Handeln im Gedenken an Gottes vollzogene Heilstaten (Schöpfung, Exodus), ihr mahnendes Wort zum Verhalten des Volkes oder einzelner seiner Repräsentanten in der Gegenwart und ihre Erinnerung an die Verheissungen, die Gott erst noch erfüllen wird, entspricht der anamnetischen Dimension,[15] die in jedem Gottesdienst zur Sprache kommt und sich besonders im eucharistischen Geschehen verdichtet. Es lohnt sich, gründlich nachzudenken, welche Faktoren uns beeinflussen, von diesem urbiblischen und zielbewussten, liturgischen Weg abzukommen. Sind es Anbiederungen an momentane Bedürfnisse? Werden Gottesdienste unsorgfältig vorbereitet? Geht es um Anbiederung an einen oberflächlich, auch ästhetisch fragwürdigen Zeitgeschmack? Oder suchen die Kirchen unbedacht in Gewohntem Zuflucht, ohne die Traditionen auf deren kulturelle Verwurzelung zu überprüfen?

1.6 Der griechische Begriff «hodos»

In der Septuaginta findet sich der Begriff «hodos» (Weg) etwa 880-mal. An ca. 600 Stellen entspricht er dem hebräischen «däräk», besonders häufig in den Büchern Psalter, Proverbien, Jesaja, Jeremia und Ezechiel. «Hodos» wird in der Regel nicht als ein festgelegtes Wegstück verstanden, sondern bezeichnet einen Wandel («wandeln»), ein Verhalten, ein Unterwegssein, eine Lebensweise, gelegentlich eine ethische Bewertung[16]. Als Richtungsbezeichnung umschreibt «hodos» im Neuen Testament eine «Theologie derer, die unterwegs sind», besonders im Sprachgebrauch der Apostelgeschichte.[17] Gelegentlich schimmert auch eine Abgrenzung der Jesusbewegung von den Johannesjüngern durch, welche sich selber als «der Weg» oder als «der rechte Weg» bezeichneten.[18] Von seinen späteren Anhängern wurde Johannes der Täufer vom Wegbereiter des Messias (so noch bei den Synoptikern) zum Weg selbst erklärt. In der nachbiblischen Annäherung der Johannessekte an die Mandäer lebte der Weg als Metapher für Glauben und Leben weiter.[19] Bei den Essenern und verwandten Bewegungen, auch im Bereich der judenchristlichen Apokalyptik, hat «hodos» im Sinne von Wegbereitung und Richtungsbenennung in der Regel eine endzeitliche Bedeutung.[20] Jedenfalls fehlt mit wenigen Ausnahmen im Neuen Testament der Begriff «hodos» als geografische oder topografische Bezeichnung. Die Vorstellung eines breiten Weges, der ins Verderben führt, und eines schmalen, beschwerlichen Weges, der zum (eschatologisch verstandenen) Heil führt, taucht in Mt 7,12–14 auf und wird dann in der Didache Kp. 1–6 thematisiert und ethisiert.[21] In Joh 14,6 ist Jesus selber, in dem, was er sagt und tut, «der Weg und die Wahrheit und das Leben». Er ist Voraussetzung für die Zusammengehörigkeit seiner Jüngerschaft; er ist der Weg zum göttlichen Vater, weil er die Vollmacht hat, die Seinen ins Haus des Vaters mitzunehmen.[22] Liturgie in der Versammlung der christlichen Gemeinde widerspiegelt diesen Weg zu Gott durch Christi Gegenwart in der Kraft des Heiligen Geistes.[23]

2 Die Übertragung der Weg-Metapher auf die Liturgie

2.1 Liturgische Reflexionen zu den Begriffen «däräk» und «hodos»

Verschiedene liturgische Folgerungen, die sich vom Verständnis der Begriffe «däräk» und «hodos» her ergeben, wurden schon angedeutet und können in folgenden Punkten zusammengefasst werden:

1. Menschenwege und Gotteswege sind nicht identisch: «Das Herz des Menschen plant seinen Weg, aber der Herr lenkt seinen Schritt.» (Spr 16,9). Oder: «Denn meine Gedanken sind nicht eure Gedanken, und eure Wege sind nicht meine Wege, Spruch des Herrn, denn so hoch der Himmel über der Erde ist, so viel höher sind meine Wege als eure Wege und meine Gedanken als eure Gedanken.» (Jes 55,8f). Diese Worte sind gewissermassen mahnende Vorzeichen für die Vorbereitung und Gestaltung einer Liturgiefeier.

2. Der Wegcharakter einer jeden Liturgie bedingt eine sorgfältige Vorbereitung unter Beachtung einer sinnvollen Verknüpfung der liturgischen Elemente, aus den Herzen und Erwartungen der Teilnehmenden und aus der spürbaren Erfahrung von Gottes Gegenwart in Wort, Riten und Gemeinde. Gott ist durch unsere Gebete der zuverlässige Wegbegleiter unserer Gottesdienste.

3. In jeder Liturgie streben wir einen auf Heil, Tröstung, Erbauung und Ermahnung ausgerichteten Weg an, der eine seelsorgerliche Bestimmung hat und nicht ohne innere Beteiligung der Gemeinde (*participatio actuosa*), ihre Kommunikationsbereitschaft, und durch vorgegebene Traditionswege möglich wird. Nur ein Beispiel: Persönliches, individuelles Beten kann auf Dauer nicht ohne die stetige Nahrung durch die liturgische Weggemeinschaft lebendig bleiben.

4. Der gottesdienstliche Weg hat eine eigene Dynamik: Bewegung und Ruhe, Vorwärtsschreiten und besinnliches Betrachten, innere Andacht und Mitgehen auf der hier und jetzt vollzogenen, gemeinsamen Liturgiefeier, Anmarschwege und Höhepunkte gehören dazu. Diese Eigendynamik ist bestimmt von der Raum-Atmosphäre, von der stillen und persönlichen Zurüstung, von den verschiedenen Rollenwahrnehmungen im liturgischen Vollzug (Priesterdienst, Ministrantendienst, Lektorendienst und Kirchenmusikdienst).

5. Der Weg der Liturgie mit ihrem jeweiligen dramatischen Charakter hat in der katholischen Messe wie im evangelisch-reformierten

Abendmahlsgottesdienst seine unvertauschbare Eigenständigkeit.[24] Voraussetzung ist jedenfalls das Wissen und die Verantwortung für den thematisch-theologischen Schwerpunkt (Paschamysterium, Predigttext, Kirchenjahreszeit, aktuelle Ereignisse in Gemeinde und Gesellschaft usw.).

6. Gottesdienste sind in einer Pfarrei und Gemeinde keine punktuellen Veranstaltungen. Sie haben immer auch vorangehende und nachfolgende Liturgiefeiern, stehen in einem Kontext zum übrigen pastoralen Geschehen und sind Glieder in einer Kette innerhalb des Kirchenjahrzyklus, den man als Weg durchs Jahr der Kirche verstehen kann. Liturgische Elemente, wie in der Messe das Proprium und das Ordinarium, im evangelischen Gottesdienst die thematischen Vorgaben und Predigttexte, prägen Weg und Ziel einer Liturgie.

7. Anamnetische und epikletische Elemente zeigen die beiden Wegrichtungen an: eine horizontale, zeitliche und eine vertikale Linie zwischen dem Geheimnis der göttlichen Gegenwart und den versammelten Menschen (anabatische und katabatische Vorgänge).

8. Wie schon in der jüdischen Synagoge die Lesungen, das Achtzehnbittengebet und das Bekenntnis («Sch'ma Israel»), sind auch im christlichen Gottesdienst bestimmte Wegstücke aus der Tradition gemeinsam (Unser Vater, biblische Perikopen oder Bahnlesungen bzw. «lectio continua» und ein breites, ökumenisches Liedgut); andere Elemente sind konfessionell geprägt (z. B. Akklamationen, Responsorien, Darbringung der Opfergaben und Konsekration): sozusagen Wegmarken auf dem Weg einer Liturgie.

2.2 Ein Leitbild: Der Weg der Jünger nach Emmaus (Lk 24)

Für den Wegcharakter einer Liturgie scheint mir die Geschichte vom Weg der Jünger nach Emmaus ein gleichnishaftes Leitbild darzustellen:

Die beiden Jünger sind bedrückt und ratlos; sie haben die Erfahrung vom Tode Jesu nicht bewältigt. Sie sind angesichts seiner Ankündigungen vom kommenden Gottesreich und der Erlösung Israels enttäuscht. Viele am Gottesdienst Teilnehmende kommen mit ihren Belastungen und Erwartungen so zum Gottesdienst.

Ein Unbekannter begegnet ihnen. Er geht ein Stück des Weges mit ihnen und kommt dabei mit ihnen (als der Fragende!) über das Geschehene ins Gespräch. Sie erkennen ihn nicht, weil sie mit sich selbst beschäftigt sind. Sie staunen und hören ihm zu. Viele Kirchgänger folgen dem Wortgottesdienst, vielleicht als Fragende, vielleicht ohne die nötige Konzentration, vielleicht aber auch als Hörende.

Im Gespräch mit dem unbekannten Wanderer spüren die Jünger ihr Versagen: Sie lassen sich belehren und nehmen nach damaliger Sitte schliesslich den Unbekannten in ihr Haus, «denn es will Abend werden, und der Tag hat sich geneigt». Kirche soll für alle ein gastliches Haus sein, wo man einander und in der Mahlgemeinschaft Gott begegnen möchte. Durch die Auslegung des Fremden wird ihnen warm zumute. Das ist die Grundhaltung des Betens: Die Offenheit, Gott (im Gast, als noch nicht Durchschaubarem, aber Gegenwärtigem) zu begegnen.

Er lässt sich von ihnen einladen. Im Brechen des Brotes durch den Gast selber, nicht die Gastgeber, wie gewöhnlich, gehen ihnen die Augen auf: *Er* ist es, den sie suchten. Seine Gegenwart hat ihre Herzen und ihre Sinne geöffnet; aber er bleibt auch in diesem rituellen Handeln Geheimnis. Er entschwindet ihnen als sichtbare Gestalt, nachdem sie ihn erkannt haben.

So, wie die beiden Jünger, erkennen die Menschen den auferstandenen Christus und werden dadurch seine Zeugen, dass er ihnen das Brot bricht. Ihr Alltag hat sich durch diesen Weg verändert. Die geheimnisvolle Begegnung mit dem Gekreuzigten und Auferstandenen schafft nicht nur eine Wandlung in den Mahlgaben, im Dankgebet (Eucharistia), sondern auch in ihnen selber. Sie werden seine Zeugen und verkündigen weiter, was sie erlebt haben: ein biblisches Grundmodell für den Wegcharakter einer christlichen Liturgie.[25]

2.3 Ebenen und Phasen des liturgischen Wegcharakters

Das Gesangbuch der Evangelisch-reformierten Kirchen der deutschsprachigen Schweiz ist geradezu als Weg angelegt. Dieser beginnt beim biblischen Gottesdienst (Rahmen), führt zum heutigen Gemeindegottesdienst mit liturgischen Grundgerüsten,[26] beschreibt den Fortgang des Kirchenjahres und den Verlauf der Jahreszeiten, nimmt die kurzen Etappen des Tages auf (Tagzeitenliturgien) und weitet sich schliesslich aus in den Lebenskreis und das Weltgeschehen mit dem visionären Ausblick auf das kommende Reich Gottes. Dabei sind besonders in den Liedern Nr. 216–354 zahlreiche Stücke aus dem Eucharistieteil der Messe aufgenommen worden. Die einzelnen Gerüststrukturen in den Nr. 150–153 für bestimmte Gottesdiensttypen beschreiben nicht textlich ausgeführte liturgische Wegstücke, wie dies in bisherigen Agenden und herkömmlichen Liturgieformularen geschieht. Sie deuten nur stichwortartig die Hauptwegphasen an: Sammlung (Introitus), Lob (Anbetung Gottes), Verkündigung (Lesungen, Lieder und Predigt), Fürbitten (auch mit Abkündigungen), Abendmahlselemente, Segen und Sendung. Jeder Gottesdienst ist ja auch Teil der Geschichte und der jeweiligen Situation. Dies kommt zum Ausdruck in seiner Sprachgestalt, seinen Riten, seinen Verkündigungsschwerpunkten und Themen, seinen Traditionselementen sowie in den Trägern der Liturgie.

2.4 Verschiedene Teilstücke eines liturgischen Weges

Wie auf jedem Weg und bei jeder Wanderung, gibt es auch auf dem Weg eines Gottesdienstes verschiedenartige Phasen: Dazu gehört Gewohntes, Wiederholbares, das uns wie von selbst geläufig ist (z. B. der priesterliche Gruss mit der Antwort des Volkes), es gibt besondere Erlebnisakzente und Erwartungen, manchmal auch Missratenes, Langweiliges, Enttäuschungen, andererseits besondere Höhepunkte, Staunen erweckende Vorgänge, Bewegungen und rituell-feierliche Momente in Musik, Rede, Stille, Gebeten und Handlungen. Wer Gottesdienste vorzubereiten und zu leiten hat, braucht nicht allein Routine, sondern vor allem eine eigene, spirituell glaubwürdige Haltung und Freude auf die kommende Feier. Mag er noch so sehr traditionellen Formen entsprechen, jeder Gottesdienst bleibt ein Wagnis, ein nicht von Risiken freier Weg; wir spüren, dass wir bei aller professionellen «Inszenierung» nicht alles in der Hand haben.

Wir möchten aber auf unseren Wegen – gleich ob im Leben oder in der Liturgie – zielbewusst und überzeugend handeln. Wenn man den Wegcharakter von Liturgien aufnimmt, spürt man, dass in der Teilnahme aller Beteiligten das Gelingen eines Gottesdienstes Geschenk Gottes ist. Im Gottesdienst wird uns Christus gegenwärtig, und Gottes Geist begleitet die Feier. Wir müssen liturgische Wege nicht mit allen möglichen Anziehungsmitteln, Belanglosigkeiten, Werbegags und Bedürfnisweckung «interessant» und «abwechslungsreich» gestalten wollen. Was wirklich Bestand hat, setzt sich allemal durch, wenn wir Menschen den Weg, die Wahrheit und das Leben in der Gegenwart Christi entdecken. Dass Gottes Wege menschliche Lernprozesse[27], Wachsen im Glauben fördern und Nachwirkungen über die liturgische Feier hinaus ins Leben weiterführen, ist ebenfalls Teil des liturgischen Weges. Nicht die messbare, sondern die erfüllte Zeit, ist Kriterium für das Gelingen.[28] Brücken sind besonders wichtige Wegstücke; sie verknüpfen die einzelnen Abschnitte und Elemente sinnvoll miteinander. Dies wird liturgisch z. B. deutlich in den Gesängen zwischen den Lesungen, durch Akklamationen oder auch durch Stille.[29]

2.5 Begriffe

Gottesdienste machen gelegentlich den Eindruck einer nicht sehr einsichtigen Aneinanderreihung[30] von Gebeten, Liedern, Lesungen, liturgischen Formeln, Anweisungen der liturgisch Handelnden und rituellen Handlungen. In evangelischen Gottesdiensten steht die Predigt immer noch im Zentrum. Seit den Gottesdienstreformen in den 60er Jahren hat man nicht nur unnötigen Ballast abgeworfen, sondern auch klar erkannt, dass jede liturgische Feier ihre eigene Dynamik und Aussagekraft hat, welche deutlich zum Ausdruck kommen sollte: Eine Messe muss als solche im Wort- und Eucharistieteil als universale und ordnungsgemässe Feier erkennbar sein. Ein evangelischer Predigt- oder Abendmahlsgottesdienst hat ebenfalls seine unverkennbare Grundform und ist nicht eine Präsentation origineller Einfälle oder persönlicher Kreativität der liturgisch Handelnden; auch die Tagzeitengebete entsprechen liturgisch gewachsenen, bewährten Formen. In allen diesen Beispielen gibt es genügend Freiraum für Aktuelles und Spontanes. Die Begriffe für solche Grundformen sind sehr verschieden und sollten nicht beliebig ausgewechselt werden: Im Gesangbuch der Evangelisch-reformierten Kirchen der deutschsprachigen Schweiz ist zum Beispiel die Rede vom «Gerüst» einer Liturgie; in evangelischen Agenden von «Formularen».

Die Lutheraner sprechen in Analogie zu ihrem damaligen Strukturpapier 1974 von der «Struktur» im Sinne des Aufbaus einer Liturgie sowie traditionellerweise von «Agenden».[31] Der Begriff «Verlauf» liegt eher auf der zeitlichen Horizontalen; «Ordnung» ist ein statisch-traditioneller Begriff und beinhaltet vor allem das Wiederholbare, Gleichbleibende. Ein «Konzept» erinnert vielleicht an eher neuere, unkonventionelle Formen. Eine katholische «Wort-Gottes-Feier» ist nicht dasselbe wie ein «Wortgottesdienst»[32]. Mit dem Vorschlag, Liturgie als «Weg» zu verstehen,[33] möchte ich für die Hauptgottesdienste der Konfessionen die besondere Dynamik zwischen Ruhe und Bewegung, die charakteristischen Eigenheiten der verschiedenen Liturgiephasen sowie die Notwendigkeit der sachlichen Verknüpfung der einzelnen Elemente hervorheben.[34]

3 Deutungen

3.1 Anfang und Ziel

Wege haben einen Anfang und ein Ziel. Sie können kürzer oder länger sein. In der frühen Kirche Mitte des 2. Jahrhunderts (z. B. bei Justin) scheint ein Gottesdienst mit Lesungen begonnen zu haben. Sein Weg führte über Gebete und eventuell einer Auslegung zum Ziel der Eucharistie. Was einer damaligen Versammlung voranging, wissen wir nicht. Bittgänge, Wallfahrten zu Märtyrergräbern, Formen einer Bestattung sowie Prozessionen an Heiligentagen haben zu allen Zeiten eine grosse Rolle gespielt und waren von Gesang und Akklamationen begleitete Rituale, die als Wege zurückgelegt wurden.[35] Wenn wir heute Liturgie feiern, möchten wir uns erst einmal äusserlich und innerlich sammeln und uns einstimmen lassen, bevor wir uns auf den gemeinsamen Weg der Liturgie begeben. Nicht zufällig wurde schon in der alten Kirche, z. B. bei den päpstlichen Stationsgottesdiensten in Rom, und dann ohnehin vom Frühmittelalter an, der Introitus-Teil der Messe mehr und mehr erweitert. Auch heutige Liturgien beginnen mit einem Sammlungsteil, bestehend aus Begrüssung, Orgelspiel, eventuell Altarriten des Priesters und seiner Assistenz oder (in reformierten Liturgien) mit einem Lied und themabezogenem Eingangswort. Die Weggemeinschaft soll eingestimmt werden, bevor sie Gott um sein Gehör und seine Gegenwart bittet. Gott soll sich der Weggemeinschaft «Gemeinde» barmherzig zuwenden. Erst auf Lob und Anbetung Gottes erfolgt die Aufnahme seines Wortes in Lesungen und Predigt. Das Bekenntnis des Glaubens, Gebete und die Darbringung der Opfergaben in der Messe (in der katholischen Kirche) vervollständigen die Liturgie.[36]

Ziel, Gestalt und Schwerpunkte der Eucharistie bzw. des Abendmahls mögen sich mehr oder weniger voneinander unterscheiden; ihr Wegcharakter wird aber beiderseits deutlich in der Betonung der Anamnese, der Epiklese und des eucharistischen Gebetes (Danksagung) mit den Fürbitten. Ordnung und Wegleitung durch die der Liturgie vorstehende Person (Priester, Bischof, evangelische Pfarrerperson) bilden einen verbindlichen und verbindenden Weg, auf dem all das stattfindet, was Gott uns schenkt im Gedenken an seinen Sohn, an das Heilsgeschehen und die Erfüllung seiner Verheissungen des kommenden Reiches Gottes.[37]

3.2 Erstes Beispiel: Römisch-katholische Messe

Der Wegcharakter der römischen Messe hat sich durch gewisse Änderungen der Liturgiereform im Zweiten Vatikanischen Konzil gegenüber dem vorkonziliaren Messordo des Tridentinums im 16. Jahrhundert gewiss in mancher Hinsicht verändert und verdichtet, nicht zuletzt durch eine transparentere Verknüpfung der Liturgieteile, durch eine Neugewichtung des Wortgottesdienstes. Im wesentlichen Aufbau ist die Messe aber gleich geblieben: In ihrem Wegcharakter bilden die Ordinariumsstücke des Kyrie, Gloria (je nach Kirchenjahreszeit), Credo, Sanctus/Benedictus und Agnus Dei entscheidende Brückenpfeiler. Auch inhaltlich zeigt der Weg der Messfeier gleiche oder ähnliche Teile: zum Beispiel in der Reihenfolge der Lesungen, in den Akklamationen, in Einzelheiten des rituellen Handelns, in der allgemeinen Sprachgestalt und Anpassung an teilkirchliche Gegebenheiten, in der Vermehrung der eucharistischen Hochgebete[38], in der Verdichtung der eucharistischen Anamnese auf den Höhepunkt des Pascha-Mysteriums[39] und im Entwurf heilsgeschichtlich bedeutsamer Ereignisse in Präfation und Gebeten. Mir scheint, dass es in der alten Kirche Liturgien gab, in denen der Wegcharakter besonders deutlich wird und – bibelnah – von Gottes Schöpfung, seiner Zuwendung im Inkarnationsgeschehen, von der Geschichte Israels, vom Leben, Sterben und Auferstehen Jesu und von der Erwartung der Parusie berichtet wird.[40]

3.3 Zweites Beispiel: Zürcher Reformationsgottesdienst

Zur Zeit der Reformation war der liturgische Verlauf des reformierten Predigtgottesdienstes verhältnismässig locker, und von einem Wegcharakter war zunächst wenig zu erkennen. Zahlreiche liturgische Elemente waren aus dem vorreformatorischen sakrament- und musiklosen Prädikantengottesdienst (Pronaus) übernommen worden. Mindestens bis zur Zürcher Kirchenordnung von 1534, also über Zwinglis Tod hinaus, gab es noch keine feste, einheitliche Predigtliturgie; dies ganz im Gegensatz zu Zwinglis Abendmahlsordnung von 1525 («Action oder bruch des nachtmals»), welche in Stadt und Landschaft Zürichs und seiner Umgebung noch bis 1794 mit wenigen, sprachlichen Änderungen im Gebrauch war. Der zur Zeit Heinrich Bullingers praktizierte sonntägliche Predigtgottesdienst wies dann aber einen eindeutigen und einfachen Wegcharakter auf: Nach dem Gruss begann die Liturgie gleich mit Fürbitten, auch für die weltliche Obrigkeit, und dem Unser Vater. Dieses kurze Wegstück war eine direkte Zurüstung, eine Hinführung zur Predigt. Zu ihr gehörten auch die Abkündigungen Verstorbener. Der weitere, umfangreichere Weg der Liturgie führte über die sogenannte «Offene Schuld» (Sündenbekenntnis mit Absolutionsbitte), das Apostolische Credo, die Verlesung der Zehn Gebote, dem Segen und Sendungswort («gond hin im Friden!») als «Wegzehrungen» ins Alltagsleben hinein, wo nach damaliger reformierter Überzeugung der *eigentliche* Gottesdienst in Familie, Schule, werktäglichem Leben und politischem Geschehen stattfinden sollte. Dieser liturgische Weg hatte also den Sinn, die Gemeinde zunächst auf das biblische Zeugnis hin zuzurüsten, um sie nach gehörtem Wort Gottes wieder auf den alltäglichen Lebensweg gestärkt zu entlassen. Ein Zeugnis dieser einfachen Weg-Form ist Bullingers private Agende.[41]

3.4 Drittes Beispiel: Osternachtfeiern

Besonders eindrückliche Beispiele, in denen die Liturgie als Weg gestaltet ist, sind Osternachtfeiern. Sie gehen auf die sehr alte christliche Tradition der Ostervigil zurück und werden heute in der katholischen Kirche nach bereits vorkonziliaren, römischen Erlassen von 1951 und in evangelischen Gemeinden seit den 70er Jahren mit einem ähnlichen Verlauf gefeiert. Falls die Osternachtfeiern sich auf den Raum der Kirche beschränken und an Samstagabenden oder in der Frühe des Ostermorgens stattfinden, bilden die Elemente eines Lichtritus, einer ausgewählten Reihe von Lesungen, Taufen oder Tauferinnerungsriten (auch Taufwasserweihen), das «Exsultet» (Jubelruf der Osterbotschaft) und eine Mahlfeier den liturgischen Weg. Dieser kann ohne Schwierigkeiten auch ökumenisch begangen werden, sofern er nicht als Eucharistie, sondern in Form einer Agape, einer frühchristlichen Mahlform in der Art einer «Teilete», durchgeführt wird. In diesem Falle würden am Ostermorgen der feierliche Eucharistiegottesdienst bzw. der evangelische Abendmahlsgottesdienst getrennt stattfinden.

Es wäre aber sehr wünschenswert, wenn wir die Ostervigil wieder als eine Ganznachtfeier mit Prozessionscharakter begehen könnten, wenn möglich ebenfalls ökumenisch. Eine kurze Skizzierung soll im Folgenden einen solchen Weg aufzeigen:[42] Die an der Prozession Teilnehmenden versammeln sich am Osterfeuer vor der Kirche und tragen brennende Fackeln mit sich. Der gemeinsame, nächtliche Weg führt zu verschiedenen Stationen eines Dorfes oder Stadtquartiers, wobei besonders markante Punkte zu einer kurzen Besinnung mit Stille aufgesucht werden, z. B. der Rathausplatz, ein Krankenhaus, ein Alters- und Pflegeheim, Marktplatz, Schulhaus, Friedhof usw. An jeder dieser Stationen soll ein aktuelles, vielleicht mahnendes oder an Christi Leidensweg erinnerndes Wort, eventuell ein entsprechender Bibeltext gesprochen und ein Gebet gehalten werden, auf das andächtiges Schweigen folgt. Man sucht vielleicht auch einen Ort auf, an dem ein Mensch durch Unfall oder Verbrechen aus dem Leben gerissen worden ist. Dazu werden passende Gesänge angestimmt. Jedenfalls soll dadurch deutlich werden, dass Passion und das Osterereignis wieder vermehrt und breiter gestreut ins öffentliche Bewusstsein dringen. Ein solcher Prozessionsweg kann, besonders im Andenken an eine Katastrophe, auch als ein Schweigemarsch mit Plakaten und in der Nacht lesbaren Spruchbändern durchgeführt werden und bekommt dadurch eine Art stillen Demonstrationscharakter.[43] Der Weg führt schliesslich wieder zur Kirche zurück, wobei zwischendrin auch eine «Aufwärmphase» mit Kaffee und Kuchen in einem nahegelegenen Raum (z. B. Kirchgemeindehaus, Pfarreiheim) eingefügt werden kann.

Die Feier in der Kirche ist dann eine weitere Etappe auf dem Weg der Osternachtliturgie. Ich möchte dies an einem selbst erlebten Beispiel illustrieren: Man begibt sich in die noch dunkle Kirche, in der nur beim Ambo bzw. Lesetisch eine Beleuchtung angebracht worden ist. Die Fackeln sind vorher gelöscht worden, während das Osterlicht vor der Kirche noch eine Weile weiterglüht. Alle Teilnehmenden erhalten am Eingang eine Kerze. Reihenweise werden diese Kerzen am grossen Osterlicht angezündet und so wird das schwache Licht von Mensch zu Mensch weitergegeben. Der Lichterzug begibt sich schweigend, aber begleitet von leiser Orgelmusik nach vorn, wo Ständer und Behälter voller Sand die brennenden Kerzen zu einem vereinten Lichtermeer aufnehmen. Sobald alle wieder an ihren Plätzen sitzen, beginnt ein ausgedehnter Leseteil.[44] Jeder einzelne Text bildet für sich eine kleine «Liturgie». Die Texte berichten von der biblischen Schöpfungsgeschichte, führen weiter durch Perikopen aus der Geschichte Israels (Tora), durch Abschnitte aus den Prophetenworten und gelangen dann zu Heilsereignissen und Beispielen aus den biblisch-poetischen Büchern. Zusammen entsteht ein lesetext-liturgischer Weg, der das Osterereignis vorbereitet, bzw. zu ihm hinführt. Jene Person, die durch die Liturgie führt, leitet die «Lesetextliturgie» ein; dann folgt die Lesung mit anschliessender Stille. In einem kurzen Gebet werden die gelesenen Texte verdichtet, worauf manchmal ein Gemeindelied, manchmal Orgelmusik zur nächsten «Lesetextliturgie» führt, die in derselben Weise gestaltet wird. Während dieses Leseteils ist der Kirchenraum mit Ausnahme der Kerzen noch immer nicht beleuchtet. Es folgt dann, gesprochen und gesungen, das grosse Exsultet als Osterjubel, währenddessen nach und nach die ganze Kirche ausgeleuchtet wird. Anschliessend werden Taufen nach den üblichen konfessionellen Riten vorgenommen. (Wenn keine Täuflinge da wären, würde eine Tauferinnerung (z. B. durch Zeugnisse Getaufter) bzw. eine Taufwasserweihe gefeiert werden). Auf eine Ansprache oder Osterpredigt wird verzichtet. Die Feier mündet direkt in einer Mahlfeier. (Sie erfolgt bei den Katholiken als Eucharistiegottesdienst (Messe ohne oder mit stark verkürztem Wortteil), bei den Evangelischen als Abendmahlsfeier ohne die Liturgie vor den Fürbitten.) Da die von mir erlebte Feier ökumenisch gestaltet ist, feiern die Menschen am Ziel des liturgischen Weges eine gemeinsame Agapefeier im Sinne einer «Teilete».

Noch drei Bemerkungen: Erstens: Der Anfang einer solchen Ganznachtfeier sollte nicht zu früh angesetzt werden, damit sich der ganze liturgische Weg durch die Nacht bis zum frühen Morgengrauen ausdehnen kann. Eine wirkliche Vigil ist ein nächtliches Wachen mit den Höhepunkten des Auferstehungsjubels und der abschliessenden Mahlfeier am frühen Morgen. Zweitens: Menschen, denen die ganze Teilnahme die Nacht hindurch nicht möglich ist, können irgendwo auf diesem Weg ein- oder aussteigen. Drittens scheint mir wichtig zu sein, dass der Anamnese-, Epiklese-, Gebets- und Bekenntnischarakter eines solchen Osternachtweges liturgisch deutlich bewusst gemacht werden.

3.5 Viertes Beispiel: Tagzeitenliturgien

Die Struktur einer Tagzeitenliturgie mit Psalmenteil, Hymnus, Lesung, Versikeln, Orationen, Fürbitten, Cantica und eventuell Gesängen zeigt zunächst keinen deutlichen Wegcharakter. Einen solchen stellen unsere sonntäglichen Gottesdienste augenfälliger dar. Ich möchte aber daran erinnern, dass das ausgebaute Stundengebet, wie es in Klöstern mit ihren regelmässigen Horen gelebt wird, an den Passionsweg Christi erinnert. In diesem Sinne stellt es als Mediation den Weg metaphorisch dar von der Gotteserfahrung in den Psalmen hin zum Weg Christi, seinem Leiden, Sterben und Auferstehen. In einzelnen Horen wird zudem den Stationen des Passionsweges und der Parusie gedacht. Dies hier näher auszuführen, ist schon deshalb nicht möglich, weil in den verschiedenen Ordenstraditionen und Zeitepochen die Horen sehr verschiedenartig gepflegt worden sind. Der Sinn, Liturgien als liturgische Wege zu verstehen, liegt nicht nur im Verständnis der liturgischen Vollzüge selber, sondern auch darin, dass die Gemeinden Gottesdienste in aktiver Präsenz und in innerer Teilnahme aufmerksam mitvollziehen können; nicht nur reflektierend, sondern auch im eigenen Erleben.

Anmerkungen

1. Vgl. STEPHENSON, 290.
2. Vgl. a. a. O., 289.
3. Vgl. ZEHNDER, 182ff.
4. Vgl. ASSMANN, 142. Auch das chinesische Tao hat eine ähnliche Bedeutung als der Urgrund allen Seins: Erschaffung, Entfaltung und Erhaltung sind im Wirken des Tao integriert. Die hohe Ethik und das Ziel des Taoismus soll der Mensch in seinem rituellen Handeln bewusst machen und auf dem Weg zu einer Harmonie der Gesellschaft einüben (vgl. EDER, 1986).
5. Vgl. ZEHNDER, 290.
6. Vgl. ASSMANN, 142.
7. Vgl. FLEISCHHAUER, 1.
8. Vgl. a. a. O., 7, 11–13.
9. Vgl. BIEHL, 102.
10. Z. B. Bischof Amalar zur Zeit der karolingischen Reformen. Liber Officialis (ca. 823–833), der erste Liturgiekommentar der lateinischen Kirche.

11 Z. B. BEUMER; MEYER, 239–261, bes. 256–261; STECK, W., bes. 21–55 u. 121–156.
12 Vgl. ZEHNDER, 609.
13 Vgl. KOCH, Sp. 288–312, bes. Sp. 307.
14 Vgl. VON RAD, 213–229, bes. 219.
15 Anamnese hat stets diese drei Dimensionen im Auge: den Rückblick auf geschehenes Heil, den Einblick in die Situation der Gegenwart im Urteil Gottes und ihren Ausblick auf das noch kommende Erlösungsgeschehen, das uns am Ende der Zeit bevorsteht.
16 Vgl. MICHAELIS, Sp. 42–101, bes. Sp. 47–52.
17 So z. B. Apg 9,2; 19,9 und 23; 22,4; 24,14 und 22.
18 REPO, 62.
19 A. a. O., 72–76.
20 A. a. O., 71 und 125.
21 Griechischer Text mit deutscher Übersetzung in der kritischen Ausgabe von SCHÖLLGEN, 98–117.
22 Vgl. MICHAELIS, Sp. 83.
23 Diese Formulierung ist eine bewusste Anlehnung an die verbreitete, bereits frühchristlich gebrauchte Gebetsformel: Man betet zu Gott durch Christus im Heiligen Geist; vgl. MICHAELIS, Sp. 83–85.
24 Ich lege Wert auf den Unterschied zwischen evangelischem Predigt- und Abendmahlsgottesdienst. Beide haben ihre je eigene Wegstruktur: Im Gesangbuch der Evangelisch-reformierten Kirchen der Deutschschweiz (Basel / Zürich 1998, 235–238) sind beide Wege miteinander vergleichbar: Nr. 150–152 das Gerüst des Predigtgottesdienstes, eventuell mit Taufe oder Bussteil; Nr. 153 das Gerüst des Abendmahlsgottesdienstes. Zu letzterem eingehender EHRENSPERGER, 2005, 9–41, bes. 26–31.
25 Einen Anstoss zu dieser meiner Weg-Darstellung eines Gottesdienstes (natürlich unter Weglassung vieler wichtiger Einzelheiten!) gaben mir Stephan NÖSSER und Esther REGLIN (19–21). Eine lohnende Untersuchung ergäbe wahrscheinlich, dass in zahlreichen Messerklärungen vom frühen Mittelalter bis in die jüngste Zeit der Wegcharakter einer Liturgie mindestens implizit sichtbar gemacht werden könnte.
26 Hier freilich nach dem Aufbau eines evangelisch-reformierten Predigtgottesdienstes gemäss dem Modell in Nr. 150 (vgl. Anm. 24).
27 Vgl. TRAUTWEIN, 20ff.
28 Vgl. BIEHL, 99.
29 Dazu EHRENSPERGER, 1996, 139–157; KUNZLER, 158–183.
30 Vgl. NÖSSER, S. / REGLIN, E. (vgl. Anm. 25), 13.

31 Vgl. SCHWIER, 3–104; 107–154.
32 Auch in der Ökumene ein unklarer, besser zu vermeidender Begriff.
33 In einem Aufsatz von 1966 habe ich im Kontext der damaligen Zürcher Gottesdienstreform erstmals die Wegmetapher für den Gottesdienst verwendet, die mir in der Literatur zum Gottesdienstverständnis vorher in der Literatur nirgends begegnet ist. Der Gottesdienst wird in diesem Aufsatz «als ein Weg markiert, den seine Teilnehmer miteinander gehen: Sie sammeln sich; sie beten zusammen Gott an, denken an ihre Umwelt (Fürbitte) und lassen sich wieder neu dorthin senden, wo Gott sie haben will.» (EHRENSPERGER, 1966, 122–131, bes. 124). Diese Vorstellung von der Liturgie als Weg wurde zunächst während längerer Zeit nicht aufgenommen; sie tauchte dann einige Zeit später im liturgischen Kontext hin und wieder auf.
34 Vgl. KUNZ, 302f.
35 Ein klassisches, anschauliches Bild gibt uns die tagebuchartige Beschreibung der Pilgerin Egeria ins heilige Land, besonders nach Jerusalem, wo sie um 380/84 die Passions- und Ostertage erlebte (RÖWEKAMP, 118–307).
36 Auch im evangelisch-reformierten Abendmahlsgottesdienst soll der Tisch mit den Gaben erst an dieser Stelle der Liturgie gedeckt und zubereitet werden.
37 KUNZ, 307, weist hin auf Überlegungen bei MÜLLER, 52 und 148.
38 Auch diese haben im Einzelnen ihren besonderen geschichtlichen Entwicklungsweg hinter sich.
39 Nach evangelischem Verständnis die Vergegenwärtigung des Kreuzestodes und der Auferstehung Christi im konsekratorischen Geschehen.
40 Vgl. EHRENSPERGER, 2005 (Vgl. Anm. 24), 25–35.
41 Vgl. WEISZ, 1–23.
42 Vgl. EHRENSPERGER, 1998, 46–57.
43 Vgl. STEPHENSON, 293.
44 Ich erinnere mich an etwa sechs bis acht Lesungen, vorwiegend aus dem Alten Testament.

Literatur

ASSMANN, J.: Das kulturelle Gedächtnis. Schrift, Erinnerung und politische Identität in frühen Hochkulturen, München 1997.

BEUMER, J.: Amalar von Metz und sein Zeugnis für die Gestalt der Messliturgie seiner Zeit, in: ThPh, 50. Jg., Freiburg i. Br. 1975, 416–426.

BIEHL, P.: Symbole geben zu lernen: Einführung in die Symboldidaktik anhand der Symbole Hand, Haus und Weg, Neukirchen-Vluyn 1989.
EDER, M.: Taoismus, in: LThK, 9. Bd., Freiburg i. Br. ²1986, Sp. 1294f.
DERS.: Auf dem Weg zur Teilnahme der Gemeinde im Gottesdienst. Bamberger Gebet- und Gesangbücher von 1575–1824, Diss., St. Ottilien 1993.
EHRENSPERGER, A.: Anmerkungen zur neuen Zürcher Liturgie im Vergleich zur Arbeit der deutschschweizerischen Liturgiekommission, in: SThU, 36. Jg., 1966, H. 3–4, 122–131.
DERS.: In Stille und Vertrauen liegt eure Kraft. Erfahrungen mit Schweigen und Stille im Horizont des Gottesdienstes, in: LJ, 46. Jg., 1996, H. 3, 139–157.
DERS.: Die Osternachtfeier. Aspekte ihrer Geschichte, ihrer liturgischen Elemente und ihrer zukünftigen Gestaltung in den reformierten Kirchen der deutschsprachigen Schweiz, in MuG, 52. Jg., 1998, H. 2, 46–57.
DERS.: Der evang.-reformierte Abendmahlsgottesdienst in den Kirchen der deutschsprachigen Schweiz. Sein Charakter, sein Aufbau und seine Vorbereitung, in: JLH, 44. Bd., Göttingen 2005, 9–41.
FLEISCHHAUER, Th.: Das Bild des Weges in der antiken griechischen Literatur: drei Streiflichter, in: MICHEL, P. (Hrsg.): Symbolik von Weg und Reise, Bern u. a. 1992, 1–17, bes. 1.
KOCH, K. u. a.: Däräk, in: ThWBAT, 2. Bd., Stuttgart 1977, Sp. 288–312.
KUNZ, R.: Gottesdienst evangelisch reformiert. Liturgik und Liturgie in der Kirche Zwinglis, Zürich 2001.
KUNZLER, M.: Der Verlust der Stille. Theologische Überlegungen zu einem bedrohlichen Symptom, in LJ, 52. Jg., 2002, H. 3, 158–183.
MEYER, H. B.: Benedikt von Aniane (ca. 750–821). Reform der monastischen Tagzeiten und Ausgestaltung der römisch-fränkischen Messfeier, in: KLOECKNER, M. / KRANEMANN, B. (Hrsg.): Liturgiereformen. Historische Studien zu einem bleibenden Grundzug des christlichen Gottesdienstes. Fs. für HÄUSSLING, A. A., 1. Tl., Münster i. W. 2002, 239–261.
MICHAELIS, W.: Hodos, in: ThWBNT, 5. Bd., Stuttgart 1954, 42–101.

MÜLLER, Th.: Evangelischer Gottesdienst. Liturgische Vielfalt im religiösen und gesellschaftlichen Umfeld, Stuttgart / Berlin / Köln 1993.

NOESSER, S. / REGLIN, E.: Wir feiern Gottesdienst. Entwurf einer freikirchlichen Liturgik, Wuppertal 2001.

RAD, G. VON: Die Wege Gottes in der Weltgeschichte nach dem Zeugnis der Propheten, in: STECK, O. H. (Hrsg.): Gottes Wirken in Israel. Vorträge zum Alten Testament, Neukirchen-Vluyn 1974, 213–229.

REPO, E.: Der Weg als Selbstbezeichnung des Urchristentums, Helsinki 1964.

RÖWEKAMP, G. (Hrsg.): Itinerarium Egeriae (Aetheriae), in: Fontes Christiani, 20. Bd., Freiburg i. Br. 1995.

SCHOELLGEN, G. (Hrsg.): Didache. Zwölf-Apostel-Lehre, in: Fontes Christiani, 1. Bd., Freiburg i. Br. u. a. 1991.

SCHWIER, H.: Die Erneuerung der Agende. Zur Entstehung und Konzeption des «Evangelischen Gottesdienstbuches», Hannover 2000.

STECK, W.: Der Liturgiker Amalarius. Eine quellenkritische Untersuchung zu Leben und Werk eines Theologen der Karolingerzeit, St. Ottilien 2000.

STEPHENSON, G.: Das Bild des «Weges» in der Religionsgeschichte, in: ZRGG, 45. Jg. 1993, 289–308.

TRAUTWEIN, D. (Hrsg.): Lernprozess Gottesdienst. Ein Arbeitsbuch unter besonderer Berücksichtigung der Gottesdienste in neuer Gestalt, Gelnhausen / Berlin 1972.

WEISZ, L.: Heinrich Bullingers Agenda, in: Zwingliana, 10. Bd., H. 1, 1954, 1–23.

ZEHNDER, M. Ph.: Wegmetaphorik im Alten Testament. Eine semantische Untersuchung der alttestamentlichen und altorientalischen Weg-Lexeme mit besonderer Berücksichtigung ihrer metaphorischen Verwendung, Berlin / New York 1999.

Dieser Beitrag erscheint in einer ähnlichen Version ebenfalls in der Zeitschrift «Heiliger Dienst», 60. Jg., Salzburg 2006, H. 3.

Hellmut K. GEISSNER

Hörende predigen mit

Über Sinnkonstitution in Prozessen rhetorischer Kommunikation

Die Überschrift verweist auf den beachtlichen Versuch, «theologische Grundlinien zu einer empirischen Homiletik» zu entwickeln, den Jörg ROTHERMUNDT unter dem paradox erscheinenden Titel «Der Heilige Geist und die Rhetorik» veröffentlicht hat.[1] Paradox erscheint ein solcher Ansatz noch immer, gleichermassen für Theologen wie für Rhetoriker, wenngleich die sektorale Rhetorik kirchlichen Verkündigens als Homiletik eine lange Tradition hat; das gilt für Predigttheorie, für Predigtlehre und für Predigtpraxis. Seit dem Mittelalter war sie durch Jahrhunderte die herausragende Form rhetorischer Wirklichkeit;[2] denn in den deutschen Staaten wie im obrigkeitsstaatlichen Deutschland war Predigt die einzige Form der Rede ohne Standes- oder Klassenschranken. Allerdings scheint auch das erwähnte Paradox in diese Tradition verwoben; mal dominierte die Auffassung von der Alleinwirksamkeit des Geistes, der «weht, wo er will» (vgl. Joh 3,8), mal dominierten die Ansichten ‹innerer› und ‹äusserer› Kanzelberedsamkeit.

Bereits 1525 findet sich in einer der ersten protestantischen Pastoralanweisungen bei Johann EBERLIN ein Hinweis auf die Bedeutung der Rhetorik, der durchaus augustinisch klingt, heisst es doch in «De doctrina Christiana»: «Wer aber behauptet, man dürfe den Menschen über Inhalt und Form der Rede keine Vorschrift machen, da es ja der Heilige Geist ist, der sie zu Lehrern macht: der kann gerade so gut auch sagen, man dürfe nicht beten, weil ja der Herr sagt: Euer Vater weiss, was euch fehlt, noch bevor ihr ihn darum bittet.»[3] Vermutlich ist diese Aussage kein ‹ungetauftes› Relikt im Denken eines Rhetoriklehrers, der später als Bischof von Hippo ein Lehrer der Kirche wurde.

Dem nichttheologischen Rhetoriker kommt es nicht zu, die im Glauben gründende Paradoxalstruktur verkündigenden Redens zu thematisieren. Er kann jedoch die Faktoren analysieren, von denen in Prozessen rhetorischer Kommunikation die Sinnkonstitution ermöglicht und bestimmt wird. Ob und inwieweit die Ergebnisse rhetorischer Analyse und Reflexion in der Homiletik gelten, entzieht sich seinem Urteil. Das zu entscheiden, mag Sache der Theologie bleiben, gewiss aber ist es eine der Glaubenden.

Ein Perspektivenwechsel zeigt sich an, wenn nicht *Rhetorik* als Oberbegriff gesetzt wird, sondern *rhetorische Kommunikation*. Seit Aristoteles wurde Rhetorik nahezu ausschliesslich als Rede- und Redner-Rhetorik verstanden, als die Fähigkeit eines Situationsmächtigen, in jeder Situation zu jeder Sache das ‹Glaubenerweckende› in zusammenhängender Rede angemessen zu sagen. Rhetorische Kommunikation[4] geht dagegen von einer Gesprächsrhetorik[5] aus, vom Mit-ein-ander-sprechen vergesellschafteter Subjekte, d. h. vom ursprünglichen Verständnis des κοινωνειν / *communicare*, das zusammengefasst ist in der alten Formel: ‹communicare est participare›. In diesem Prozess sind die Hörenden genauso wichtig wie die Redenden und das Geredete, weil auch sie Sprechende sind, auch im dialogischen Prozess.

Gespräch ist – als Prototyp von Kommunikation – intentionale, wechselseitige Handlung zur Verständigung. Es hat zum Ziel, etwas zur gemeinsamen Sache zu machen, bzw. etwas gemeinsam zur Sache zu machen.[6]

Geleitet von diesem handlungstheoretischen und handlungsorientierten Ansatz umfasst rhetorische Kommunikation – in Theorie, Didaktik, Methodik, Praxis und Kritik – die Prozesse von *Gespräch* (aktuell dialogische Kommunikation) und *Rede* (latent dialogische Kommunikation), alle Prozesse des Sprechens *mit* anderen (Gespräche) und des Sprechens *zu* anderen (Reden), in denen es letztlich immer um Handlungsauslösung geht.[7] Rhetorische Kommunikation umfasst also Gesprächsrhetorik und Rederhetorik.

Der zunächst und zumeist ungewohnte Terminus ‹rhetorische Kommunikation› lässt sich zum besseren Verständnis auflösen in einen Satz, der für alle gilt, die partizipieren (sowohl ‹teilgeben› als auch teilnehmen): «Wie *sage* ich was ich *meine* so, dass es andere *hören* und *verstehen*, damit sie *handeln* können?» – oder in unmittelbar dialogischen Prozessen: «... damit wir *miteinander handeln* können?» Freilich könnte die Eingängigkeit dieser Frage über die in ihr beschlossene Problematik hinwegtäuschen. Deshalb ist es sinnvoll, die in dieser formelhaften Aussage verbundenen Schritte zu vereinzeln;[8] es geht um fünf aktualiter verkettete, wenngleich abstrakt trennbare Beziehungsglieder:

meinen	:	sagen
sagen	:	hören
hören	:	verstehen
verstehen	:	einverstanden sein
einverstanden sein	:	handeln

In dieser Darstellungsform wird eher deutlich, dass nur die gemäss SCHLEIERMACHER «laxe Praxis» davon ausgehen kann, in den fünf Schritten seien die Verhältniszeichen durch Gleichheitszeichen zu ersetzen nach dem Wunschmodell: ‹Man› muss nur sagen, was man meint, Hörende nur verstehen, was sie hören, einverstanden sein mit dem, was sie, weil es ‹unmissverständlich› ist, verstanden haben; dann müssen sie schon ‹richtig› (d. h. im Sinne der Redenden) handeln; andernfalls gelten sie als ‹dumm oder böswillig›, ‹uneinsichtig oder verstockt›.

Selbst die Grundannahme, dass Verständigung möglich sei, wenn Menschen miteinander sprechen oder zueinander reden, ohne die alles Mit-ein-ander-sprechen und Zu-ein-ander-reden sinnlos wäre, bewirkt nicht automatisch Verständigung. Wenn sie gelingt, dann nur in absichtlichen, willentlichen und wechselseitigen Verständigungshandlungen. Deshalb gehe im Unterschied zur laxen, so SCHLEIERMACHER, «die strengere Praxis davon aus, dass sich Missverstehen von selbst ergibt und dass Verstehen auf jedem Punkt gewollt und gesucht werden muss».[9] Den entscheidenden Grund dafür, dass sich Missverstehen ergibt, sieht er in «der Differenz der Sprachen und Kombinationsweise» in «Redenden und Hörenden». Dass es sich dabei nicht nur um Sprache und sprachliche Kombinationsweise handelt, wird im Folgenden zu betrachten sein. An dieser Stelle sei zunächst SCHLEIERMACHERs Grundannahme zitiert: «Das Reden ist die Vermittlung für die Gemeinschaftlichkeit des Denkens, und hieraus erklärt sich die Zusammengehörigkeit von Rhetorik und Hermeneutik und ihr gemeinsames Verhältnis zur Dialektik.»[10] Dabei versteht er ‹Dialektik› als «Kunst der Gesprächsführung»,[11] als Streitgespräch. Aus diesem kommunikativen Ansatz folgert er: «Jeder Akt des Verstehens ist die Umkehrung eines ‹Aktes des Redens› und dass folglich die Hermeneutik kein anderes Ziel hat, als welches wir beim Anhören jeder gemeinen Rede haben.»[12]

Mag auch die gemeine Rede ohne Kunst sein und folglich zum Verstehen auch keiner bedürfen, ob alltägliches Verstehen oder kunstgerechte Auslegung, ob Alltagshermeneutik oder kritische Hermeneutik, sie bleiben beide abhängig von dem prototypischen Prozess von Sprechdenken und Hörverstehen, in dem überhaupt nur, sofern Verständigung gelingt, ‹etwas zur gemeinsamen Sache gemacht werden› kann.

Wenn in kommunikativen Prozessen die Intentionalität von Sprechdenken und Hörverstehen darüber entscheidet, ob Verständigung gelingt, dann heisst das zum einen, dass niemand kommunizieren muss – wie nicht-intentionale Konzepte gelegentlich behaupten,[13] zum andern, dass das Gelingen nicht allein von Sprache abhängt, von syntaktischen und semantischen Kombinationsweisen; vollziehen Sprechende und Hörende doch nicht nur Sprachliches, sondern notwendig und immer zugleich Situatives, Personales, Formatives und Leibhaftes. Sie vollziehen sprachlich (verbal), sprecherisch (paraverbal) und körperlich (nonverbal) abhängig von der jeweiligen Situation in gesellschaftlich geprägten Formen immer zugleich ‹*etwas*› und ‹*sich selbst*›.[14]

Diese Verschiedenheiten zeigen, wie ungenau, wie ‹lax› tatsächlich die Annahme einer Übereinstimmung in allen Paaren der fünfschrittigen Sequenz ist. In kommunikativen Handlungen, die jeweils in soziale Handlungen eingebettet und an sozialen Handlungen orientiert sind, mag es gelingen, die anfänglichen Verschiedenheiten zu mindern, idealiter: zu überwinden, also Übereinstimmung zu erreichen. Aus der aktuellen Situation heraus entstanden (aktualgenetisch) mag dies Gelingen vom *Wollen* abhängen, ontogenetisch jedoch auch vom *Können*, d. h. von den einsozialisierten psycho- und soziostrukturellen Prägungen. Diese Prägungen wirken einerseits als sozialisatorisch erworbene Muster, andererseits als latente oder manifeste Ängste. Jenseits routinierter Abläufe, ritualisierter Gehorsamsbindungen und zwanghafter Reaktionen bleibt folglich in allen Dimensionen, in jeder Phase der fünfschrittigen Sequenz, die Möglichkeit, Nein zu sagen.

> Niemand *muss* an jedem Ort zu jeder Zeit mit/zu
>   jedem/jeder sagen, was er/sie meint.
> Niemand *muss* zuhören, wenn jemand etwas zu ihm/ihr sagt.
> Niemand *muss* verstehen, was er/sie gehört hat.
> Niemand *muss* einverstanden sein, mit dem, was er/sie verstanden hat.

Niemand *muss* handeln, das tun, womit er/sie einverstanden ist.
Niemand kann es jederzeit und überall.

Der Fragesatz, mit dem vorher der Begriff rhetorische Kommunikation paraphrasiert wurde, ist nach diesem Gedankengang umzuformulieren: «Muss/kann der/die andere sagen, was er/sie meint, und ich verstehen, was ich höre, obwohl ich noch nicht weiss, ob ich handeln will oder kann?» Unter der Voraussetzung, dass die äussere und innere Freiheit, Nein zu sagen, gegeben ist, bedeutet das für die entwickelte fünfschrittige Sequenz der kommunikativen Dimensionen Folgendes:

meinen	⇨	(Nein):	wollen	{	Ausdrucksmuster
		nicht-sagen	können		Sprechangst
sagen	⇨	(Nein):	wollen	{	Hörmuster
		nicht-hören	können		Zuhörangst
hören	⇨	(Nein):	wollen	{	Wissens-, Erfahrungsmuster
		nicht-verstehen	können		Verunsicherungsangst
verstehen	⇨	(Nein):	wollen	{	Verhaltensmuster
		nicht-akzeptieren	können		Konsequenzangst
akzeptieren	⇨	(Nein):	wollen	{	Handlungsmuster
		nicht-handeln	können		Verantwortungsangst

Wer in Gespräch oder Rede die eigene Meinung absolut setzt, wer dogmatisiert, indoktriniert, manipuliert, übt Zwang aus; d. h. er nimmt den anderen die Freiheit, Nein zu sagen, macht sie hörig. Diese Freiheit ist aber ein Kernstück unserer – wie immer beschädigten – Identität. So verstanden ist

Meinungsfreiheit	ohne	Redefreiheit		
Redefreiheit	ohne	Zuhörfreiheit,		
Zuhörfreiheit	ohne	Verstehensfreiheit,		
Verstehensfreiheit	ohne	Handlungsfreiheit,	also	
		letztlich Unfreiheit;	aber auch	
Handlungsfreiheit	ohne	Mut zur Verantwortung.		

Mit dem Zusammenhang von Freiheit und Verantwortung reichen diese Überlegungen in den Begründungsansatz einer dialogischen Ethik.[15]

Wenn unter dem Zugriff einer doxastischen Wissenschaft bei *meinen*, bzw. Meinungsfreiheit als erstem Glied der kommunikativen Kette angesetzt wurde, dann wird eine nicht-doketische Theologie prüfen müssen, ob sich etwas ändert, wenn von *glauben*, bzw. Glaubensfreiheit ausgegangen wird.

Die Betrachtung der verschiedenen kommunikativen Dimensionen zeigt, dass alle kommunikativen Handlungen mehrdimensional sind. Lange Zeit reklamierten ästhetische Theorien Mehrdimensionalität ausschliesslich für Kunstwerke. Der jetzige Gedankengang macht jedoch deutlich, dass Mehrdimensionalität nicht länger als Definitionsmerkmal ausschliesslich ästhetischer Kommunikate und ästhetischer Kommunikationsprozesse verwendet werden kann. Auch auf diesem Gebiet hat der kommunikative Ansatz zu einem Perspektivenwechsel geführt, nämlich zur Entwicklung einer Rezeptionsästhetik, mit der sich die Einschätzung der Bedeutung von Produktionsästhetik (vor-denkend, schreibend, verfassend) und Produktästhetik (lesend, hörend, nach-denkend) verändert hat. In der Rezeptionsästhetik gewinnen Hörende und Lesende eine neue Dignität. Auf diese Weise wird in der ästhetischen Realität, der sinnlich erfahrbaren, gestalteten Wirklichkeit, allenfalls exemplarisch erfahrbar, was mitmenschliche und mitweltliche Realität immer ist, etwas prinzipiell anderes wird aber nicht erfahrbar.

Eine Konsequenz dieses veränderten Ansatzes ist die Einsicht in die Mehrdimensionalität eines Werkes und in die Vielfalt seiner Perspektiven, wenn es als «offenes Kunstwerk» verstanden wird. Umberto ECO billigt deshalb jedem eine eigene Interpretation zu: «Jede Rezeption ist eine Interpretation und eine Realisation, da bei jeder Rezeption das Werk in einer neuen Perspektive neu auflebt.»[16]

Ähnlich argumentierte allerdings Roman INGARDEN bereits 1930; er sprach von einer Vielfalt möglicher Konkretisationen: «Das literarische Werk ‹lebt›, indem es infolge immer neuer, durch Bewusstseinssubjekte entsprechend gestalteter Konkretisationen Verwandlungen unterliegt.»[17]

Insofern verwundert es ein wenig, wenn Marcel MARTIN im «Dialog zwischen Homiletik und Rezeptionsästhetik» sich ausschliesslich auf ECO bezieht und Predigt als «offenes Kunstwerk» problematisiert.[18] Wenn Predigt ‹offen› genannt werden kann, dann nicht wegen ihres – in meinem Verständnis – eher fragwürdigen ‹Kunstwerk-Charakters› als literarische Gattung; nicht wegen ihrer Literarität, sondern wegen ihrer prinzipiellen Rhetorizität.[19]

Im rezeptionsästhetischen Ansatz ist es zwar wichtig, dass Hörende und Lesende nicht länger als Konsumierende missverstanden, bzw. in dieser Rolle infantilisiert werden. Aber ihr Verständnis als Rezipierende bleibt allzu oft noch hinter ihren Möglichkeiten zurück, die darin liegen, dass sie *Ko-Produzierende* sind. Erst in dem Augenblick, in dem die *co-operatio* der Kommunizierenden ernst genommen wird – sei sie unmittelbar aktualiter, sei sie vermittelt durch Artefakte und Medien – kann entstehen, was gemeinsam intendiert ist: *Sinn.*

Für eine historische Hermeneutik ergibt sich daraus zunächst die Einsicht: Der verstandene Sinn ist nicht identisch mit der Sinnintention des Äussernden noch mit der Sinn-Apperzeption der ursprünglich gedachten Hörenden.[20] Auch ein überlieferter Text gibt den Sinn nicht einfach her, sondern er bedarf der verstehenden Aneignung, d. h. er bedarf der Verstehenden in veränderten gesellschaftlichen Situationen. «Der Sinn ist nicht *im* Text, Sinn ist eine Beziehungsgrösse.»[21] Das bedeutet schliesslich: «Sinn ist nicht, Sinn geschieht»[22] oder in einer explizierenden Formulierung: «Sinn lässt sich nur verstehen als in kommunikativen Prozessen intersubjektiv erzeugte Prozessqualität.»[23] Dies ist jedoch keine Besonderheit rhetorischer oder ästhetischer Kommunikation, denn die dialogische Prozessqualität von Sinn gilt für alle Formen mündlicher Kommunikation seien sie phatisch, rhetorisch, ästhetisch oder therapeutisch.[24]

Soll der Ausdruck ‹Sinn als Prozessqualität› mehr sein als eine Metapher, dann ist der kommunikative Prozess in all seinen Dimensionen zu berücksichtigen. Zur erwähnten Mehrdimensionalität kommt für jeden der Konstitutionsfaktoren eine hier nicht mehr beschreibbare Vielfalt an Kombinationsweisen hinzu:

- die Vielfalt räumlicher, zeitlicher und sozialer Situationen,
- die Vielfalt personaler Beziehungen und Beziehungsschwierigkeiten,
- die Vielfalt sprachlicher Ausdrucksformen in den verschiedenen Varietäten einer Sprache,

- die Vielfalt der Formen von Gespräch und Rede sowie der informativen, argumentativen, narrativen, kommentativen oder meditativen Sprechhandlungen,
- die Vielfalt sprecherischer Ausdrucksformen und komplementärer Hörmuster in den verschiedenen sozialexpressiven Repertoires.[25]

Ihre volle Komplexität erreicht diese Vielfalt in aktual-dialogischen Prozessen mündlicher Kommunikation, d. h. wenn in Gesprächen sprechdenkend und hörverstehend Sinn ‹frei› erzeugt wird. Das gilt auch für die ‹freie Rede›, die aus einem Gespräch hervorgeht und in ein Gespräch mündet und aus einer dialogischer Haltung gesprochen wird. Wie differenziert auch immer Sprechende sein mögen, wie klar und anschaulich auch immer das Gesprochene sein mag, ob und in welcher Weise Sinn gemeinsam konstituiert werden kann, hängt immer ab von der Verstehensfähigkeit und der Verstehenswilligkeit der Hörenden. Sie konstituieren ihren Sinn, ansonsten existiert er für sie nicht. Welcher Sinn konstituiert wurde, zeigt sich versinnlicht im Folgehandeln, vorausgesetzt, der konstituierte Sinn entspricht der Handlungsfähigkeit und Handlungswilligkeit der Hörenden im Rahmen ihrer Handlungsziele.

Auf die Gefahr einer unzulässigen Grenzüberschreitung hin seien die entwickelten Gedanken nun doch abschliessend zurückbezogen auf die Überschrift: «Hörende predigen mit». Wenn Hörende Sinn mitkonstituieren, dann gilt das uneingeschränkt in allen Formen der Kommunikation, also ebenso, wenn auch auf besondere Weise, in Prozessen rhetorischer Kommunikation. Allerdings können Hörende Sinn nur so konstituieren, «wie sie es hören konnten» (Mk 4,23), d. h. hören und verstehen. Aus diesem im Hörverstehen konstituierten Sinn entwickelt sich die Möglichkeit des Folgehandelns («und folge mir» Lk 9,23). Ob das Folgen der Hörenden ein Befolgen ist oder ein selbstverantwortetes Folgehandeln aus freier Sinnkonstitution, das hängt im Falle des Predigens wie generell beim Reden gewiss auch davon ab, ob und inwieweit sie als Hörende ihren Sinn schaffen, also ‹mitpredigen› können.

Als Frage bleibt offen: Geht es um υπακοη oder ακοη, um ‹oboedientia› oder ‹audientia›? Bei Paulus (Röm 10,17) heisst es wohl: πιστις – εξ ακοης, fides ex auditu.

Anmerkungen

1 ROTHERMUND, J.: Der heilige Geist und die Rhetorik. Gütersloh 1984, 67.
2 Vgl. WEITHASE, I.: Zur Geschichte der gesprochenen deutschen Sprache. Tübingen 1960, 2 Bde., und JENS, W.: Von deutscher Rede. München 1969. Vgl. auch GEISSNER, H.: Rede in der Öffentlichkeit. Stuttgart 1969, 20–25; dort auch die Quellennachweise 91f.
3 EBERLIN, J. (1470–1533): De doctrina christiana. In Anlehnung an Mt 6,8. In: NIEMEYER, J. (Hrsg.): Sämtliche Schriften, Tübingen 1900.
4 Vgl. GEISSNER, H.: Rhetorische Kommunikation, in: Sprache und Sprechen, 1969, Bd. 2, 70–81; DERS. in: Praxis Deutsch, 1979, H. 33, 10–21; MC CROSKEY, J. C.: An Introduction to Rhetorical Communication, Englewood Cliffs/N. J., ⁴1982.
5 Vgl. GEISSNER, H.: Gesprächsrhetorik, in: HAUBRICHS, W. (Hrsg.): Perspektiven der Rhetorik. Göttingen 1981, 66–89; DERS.: Gesprächsanalyse: Gesprächshermeneutik, in: KÜHLWEIN / RAASCH (Hrsg.): Stil: Komponenten – Wirkungen, 2. Bde., Tübingen 1982, Bd. 1, 37–48.
6 Vgl. GEISSNER, H.: Sprechwissenschaft. Theorie der mündlichen Kommunikation. Königstein 1981, 45.
7 Die Diskussion um ein allgemeines Rhetorizitätskriterium soll hier nicht aufgegriffen werden; vgl. dazu zuletzt ANTOS, G.: Proto-Rhetorik. Zur Ontogenese rhetorischer Fähigkeiten, in: Rhetorik. Ein internationales Jahrbuch. Bd. 4, Stuttgart-Bad Cannstatt 1985, 7–28, und GUTENBERG N.: Über das Rhetorische und das Ästhetische. Grundsätzliche Bemerkungen, in: ebd. 117–131.
8 Eine ähnliche fünfschrittige Sequenz verwendet STOFFEL, R.: Sprechdenken und Hörverstehen, in: Praxis Deutsch, 1979, H. 33, 51–55; l. c. 51.
9 SCHLEIERMACHER, F. D.: Hermeneutik. (KIMMERLE, H., Hrsg.) Heidelberg 1959, 8.
10 DERS.: l. c. 80. Zum Verhältnis von Rhetorik und Hermeneutik vgl. vor allem GADAMER, H. G.: Wahrheit und Methode. Tübingen 1960; vielleicht auch meine Aufsätze ‹Zur Hermeneutik des Gesprochenen›, in: Sprache und Sprechen, Bd. 1, 1968, 13–30, und ‹Rhetorik und Hermeneutik. Die Rede der Abgeordneten HAMM-BRÜCHER vor dem Deutschen Bundestag am 1.10.1982, in: a. a. O. (vgl. Anm. 7), 85–100.
11 SCHLEIERMACHER, F. D.: Dialektik. (ODEBRECHT, R., Hrsg.) Leipzig und Darmstadt 1976, 47.
12 SCHLEIERMACHER, Hermeneutik, l. c. 86.
13 Zur Kritik nicht-intentionaler kommunikationstheoretischer Ansätze vgl. GEISSNER, H., Sprechwissenschaft. l. c. 1981, 14–26.

14 Einzelheiten zur sinnkonstitutiven Funktion der genannten Faktoren finden sich in meiner ‹Sprechwissenschaft›. 1. c. 64–127; vgl. dazu auch meine Aufsätze ‹Über Hörmuster›, in: GUTENBERG, N. (Hrsg.): Hören und Beurteilen, Frankfurt 1984, 13–56, und in: Funktionen des Sprechausdrucks in der Sinnkonstitution, in: BERGER, L. (Hrsg.): Sprechausdruck, Frankfurt 1984, 9–26.

15 Vgl. KUHLMANN, W.: Bemerkungen zur Ethik der Kommunikation, in: ERMERT, K. (Hrsg.): Was ist ein gutes Gespräch?, Loccumer Protokolle 11/1978, 121–142; DERS.: Ethik und Argumentation, in: KOPPERSCHMIDT / SCHANZE (Hrsg.): Argumente-Argumentation. München 1985, 81–95; ausserdem GEISSNER, H.: Zwischen Geschwätzigkeit und Sprachlosigkeit. Zur Ethik mündlicher Kommunikation, in: LOTZMANN, G. (Hrsg.): Mündliche Kommunikation in Studium und Ausbildung, Frankfurt 1982, 9–31.

16 ECO, U.: Das offene Kunstwerk (dt.), Frankfurt 1977, 30.

17 INGARDEN, R.: Das literarische Kunstwerk, (1930), Tübingen ²1960, 370.

18 MARTIN, G. M.: Predigt als «offenes Kunstwerk»? Zum Dialog zwischen Homiletik und Rezeptionsästhetik, in: Evangelische Theologie. 44. Jg. H. 1, 1984, 46–58; dazu vgl. SCHROER, H.: Umberto Eco als Predigthelfer? Fragen an G. M. Martin, in: ebd. 58–63. Über das Literarische in der Predigt hat sich zuvor auf andere Weise Gert OTTO geäussert in: ‹Predigt als Rede›. Stuttgart 1976; vgl. dazu meinen Aufsatz: Die Predigt und die rhetorische Kommunikation im Gottesdienst, in: Theol. practica. 12. Jg. H. 1, 1977, 48–57.

19 Vgl. GEISSNER, H.: On Rhetoricity and Literarity, in: Communication Education. Vol. 32, 1983, 275–284.

20 Vgl. GEISSNER, H.: Zur Hermeneutik des Gesprochenen, l. c. 1969, 24.

21 SOEFFNER, H. H.: Interaktion und Interpretation, in DERS. (Hrsg.): Interpretative Verfahren in den Sozial- und Textwissenschaften, Stuttgart 1979, 328–351; 336.

22 GEISSNER, H., Sprechwissenschaft. l. c. 1981, 131.

23 GEISSNER, H.: Sprecherziehung. Didaktik und Methodik der mündlichen Kommunikation. Königstein 1982, 12; zum Gesamtproblem der Sinnkonstitution vgl. den Aufsatz ‹Funktionen des Sprechausdrucks ...› l. c. 1984.

24 Vgl. GEISSNER, H., Sprechwissenschaft. l. c. 1981, 148–204.

25 Zur Komplexität kommunikativer Grosszeichen: SCHIWY, G. / GEISSNER, H. u. a. in: Zeichen im Gottesdienst, München 1976.

Überarbeitete Fassung des Artikels: «Der Hörer predigt mit», in: BUSCHBECK, B./LEMKE, F. (Hrsg.): Leben lernen im Horizont des Glaubens, Landau 1986.

Christoph MÜLLER

«Mini Farb und dini»

Kommunikationschancen und -brüche im generationenübergreifenden Gottesdienst

«Mini Farb und dini,
das git zäme zwei,
Wäred's drei, vier, füüf, sechs, sibe,
wo gern zäme wöted bliibe,
git's en Rägeboge,
wo sich cha lo gseh.»[1]

So heisst es in einem Lied, das in der Unterstufe des Kirchlichen Unterrichts (KU)[2] oft gesungen wird. Jedes Kind ist einzigartig. Wenn es dies spürt und wahrnimmt, wird es ihm auch leichter fallen, die anderen Kinder in ihrer Einzigartigkeit zu sehen. Im Zusammensein der Kinder und ihrer Bezugspersonen im Gottesdienst, auch in der gemeinsamen gottesdienstlichen Feier, wird aus diesem Besonderen der einzelnen Kinder, dem wechselseitigen Respekt und dem «darstellenden Handeln» vor Gott und auf Gott hin[3] ein mehrdimensionales Zusammenspiel und ein eindrücklicher «Regenbogen».

Dass dies geschieht, ist nicht selbstverständlich. Ich habe in meinen empirischen Untersuchungen zur Taufe[4] sehr unterschiedliche KU-Gottesdienstmodelle kennengelernt und an unterschiedlichen Feiern teilgenommen. Um einen profilierten Vergleich mit entsprechenden Herausforderungen und Einsichten vornehmen zu können, wähle ich nach einem bewährten Verfahren der «Grounded Theory» zwei Beispiele, die sich im Blick auf ihre kommunikativen Kennzeichen stark unterscheiden.[5] Ich nehme dementsprechend in meiner Beschreibung vor allem die Aspekte in den Blick, die für meine Frage nach Kommunikationschancen und -brüchen aufschlussreich sind.[6]

1 Zwei Beispiele

Ich beschreibe zwei KU-Gottesdienste, die ich anonymisiere und leicht verfremde. Ich halte mich aber auch in Details an die gemachten Beobachtungen.[7]

Beispiel 1: KU-Gottesdienst mit Taufen in der Kirche Barlingen
Wer die Kirche aufsucht, geht vom Dorf, vom Parkplatz oder von der Haltestelle der öffentlichen Verkehrsbetriebe aus einen schmalen, von Bäumen und Büschen gesäumten Weg hinauf. Es ist eine vor nicht langer Zeit stilvoll renovierte alte Kirche. Beim Eingang werden die am Gottesdienst Teilnehmenden willkommen geheissen und bekommen das Liedblatt zum Gottesdienst. Der Kirchenraum ist hell, der Chor hat nicht-figurative farbige Fenster. Der Abendmahlstisch ist festlich geschmückt.

Die Kinder sitzen klassenweise auf den vordersten Bänken und links und rechts vor dem Chor auf Stühlen. Es sind vier Klassen, darunter Kinder einer heilpädagogischen Schule (Sternenberg). Einige Kinder plaudern miteinander, schauen herum, winken sich zu. Eltern und manchmal auch jüngere Geschwister sitzen in den Kirchenbänken. Die Bezugspersonen, eine Pfarrerin, eine Katechetin und ein Pfarrer, sind bei den Kindern und sprechen noch mit ihnen.

Eine fröhliche Orgelmusik setzt ein. Die Pfarrerin geht auf die Kanzel. Die Klänge und das Segenswort aus dem Kinderpsalter[8] stimmen in den Gottesdienst ein und leiten über zur Begrüssung der Gemeinde. Die Liturgin wendet sich an Kinder, Eltern, Tauffamilien und alle am Gottesdienst Teilnehmenden, erwähnt die Mitwirkenden und dankt ihnen. Sie hält sich knapp und spricht klar und deutlich. Sie hat Augenkontakt mit den Kindern, die aufmerksam dabei sind. Auch die Tauffamilien sitzen vorne in der Kirche.

Das Lied «Weisst du, wie viel Sternlein stehen ...» wird angesagt. Die Pfarrerin erklärt den Kindern, wo auf dem Blatt das Lied zu finden ist. Sie verlässt die Kanzel und setzt sich zu den KU-Kindern. Diese singen mit, konzentrieren sich aufs Liedblatt. Das Lied ist ihnen bekannt.

Danach spricht eine Katechetin im Dialekt das Eingangsgebet: «Gott, mir dörfe hüt mit üsne Chind dä Gottesdienst fyre. ... Du nimmsch jedes vü us aa, wie's isch. ... Schänk üs dy Säge.» Besonders sind auch die Tauffamilien im Gebet erwähnt. Die Kinder sind still und wirken präsent.

Anschliessend hält die Pfarrerin eine kurze Predigt. Inhalt ist das Reden von Gott in Symbolen: Wer ist Gott? Was wissen wir von Gott? Wie stellen wir ihn uns vor? Sie nennt Bilder, die uns helfen können, Gott anzusprechen (guter Vater, liebevolle Mutter, gerechter König, Gott wie ein Vogel, der seine Schwingen über Kleine und Grosse ausbreitet). Die Pfarrerin leitet zur nächsten Sequenz über. Sie erzählt, dass die Kinder im Unterricht ein Tuch mit Sonnen, Herzen und Fischen bemalt haben. Von den Fischen ausgehend erinnert sie an die Geschichte von Jona und dem grossen Fisch. Es handelt sich um die Symbole, die die Kinder im Unterricht verwendet haben. Die Pfarrerin bleibt immer im Kontakt mit den KU-Kindern und kann auch den Eltern etwas vom Unterrichtsgeschehen mitteilen. Die Pfarrerin leitet mit der Erläuterung der Symbole über zum «Tuchgebet» der Sternenberg-Kinder.

Eine Rollstuhlrampe wurde aufgestellt, um die Stufen zum Chor zu überbrücken. Die Sternenberg-Kinder brauchen eine Weile, um sich zu gruppieren. Es sind zwei Kinder in Rollstühlen dabei. Die Stimmung ist weiterhin intensiv, auch bei den anderen Kindern und der Gemeinde. Die Bezugspersonen helfen der Gruppe beim Aufstellen zum Tuchgebet. Sie lassen sich dabei nicht aus der Ruhe bringen, auch wenn sie ein «Gnusch» mit dem Tuch bekommen. Die acht Kinder lassen sich ins Tuch einwickeln und sprechen teilweise das Tuchgebet mit: «Gott isch wien'es Tuch, won'i mi dri lyre [einwickeln] cha, wo mer Wermi git.» Kinder, die nicht mitsprechen können, sind still und konzentriert dabei. Sie kennen das Tuchritual vom Unterricht – es bildet dort das jeweilige Einstiegsritual. Alle drei Leitenden stehen bei der Gruppe und sprechen das Gebet mit. Alle nehmen in ihrer Weise daran Anteil.

Das Lied «Öb i sitze oder staa» wird angekündigt. Alle drei Bezugspersonen sind immer noch bei der Gruppe vorne. Daraufhin wird die Gemeinde gebeten mitzusingen. Die Sternenberg-Kinder singen auf ihre Art mit (tanzend, gestikulierend oder ruhig). Nach dem Lied kehren sie wieder an ihre Plätze zurück.

Die Pfarrerin leitet über zum Lied «Gott du bisch wie d'Sunne». Da sie ohne Mikrofon spricht, geht die Ansage fast im Geschehen unter, was den Übergang etwas hektisch werden lässt. Gleichzeitig geht dabei die Spannung verloren.

Die Kinder der Klasse 1 stellen sich im Chor auf. Die Pfarrerin stellt ein Mikrofon auf. Die KU-Kinder sind aufgeregt. Ein Junge checkt das Mikrofon. Die Kinder scheinen gerne mitzumachen. Sie konzentrieren sich auf ihre Aufgabe und wissen genau, was wann an der Reihe ist. Sie tragen ihre Gedanken vor, die sie sich zum Symbol Sonne im KU gemacht haben. Sie lesen ihre kurzen Sätze von Zetteln ab und sprechen klar und deutlich. Hie und da «gigelen» (kichern) sie ein bisschen wegen Missgeschicken, flüstern miteinander und sind so erst recht dabei. Die Aussagen der Kinder erscheinen natürlich und persönlich. Die Sätze haben sie im KU selbst formuliert.

«Gott, du bisch wie d'Sunne, wo Wermi git / wo Liecht git / wo d'Blueme lat la blüije / wo d'Böim lat la wachse / d'Frücht lat la ryfe / Tier und Mönsche Läbe schänkt / de Chind Fröid git bim spile / wo jede Morge nöi ufgeit / d'Sunnestrahle uf d'Ärde schickt / di fyschteri Nacht vertrybt / hinger de Wulche vüre chunnt / ds Läbe häll macht.»

Es folgt das Lied «Vom Aufgang der Sonne» mit einem Tanz der Kinder. Diese stellen sich in zwei Kreisen mit gelb-roten Bändern auf. Sie stellen die Sonne dar. Die Pfarrerin und die Katechetin tanzen mit. Bei den Kindern ist wieder etwas Aufregung sichtbar. Sie sind gleichzeitig sehr konzentriert. Zwei Knaben albern ein wenig herum. Die Sternenberg-Kinder schauen gebannt zu. Die restliche Gemeinde ist gespannt dabei. Es scheint, dass sich die Kinder beim Tanzen freuen. Nach dem Tanz gehen sie wieder ruhig an ihre Plätze.

Der Pfarrer kündigt den nächsten Teil an: «D'Sunne wär z'häll zum se diräkt z'gseh. Aber dank dr Sunne gseh mer alles, wo isch. So isch's mit Gott. Mir gseh ne nid, aber är versteckt sich i allem, was mer zum Läbe bruuche. Und wenn d'Chinder us em Dorf Euch nachhär es paar Sache zeige, wo mer zum Läbe bruuche, überleget Dr nech villech ä Momänt: Wie isch jetz das? Hei mer die sälber gmacht – oder chöme sie vo Gott? Oder isch's villech so, dass es Sache git, wo mer zwar sälber mache, aber glychzytig isch's öppis vo Gott?»

Die Kinder gehen nacheinander nach vorne. Sie sagen, was sie zum Leben brauchen – und sie stellen es gleichzeitig dar:

«Zum Läbe bruuche mir Wermi / Chleider / e guete Stand und e feschte Halt / Räge / Schnällikeit / Blueme / Musig / Farbe. / Mir bruuche Euch Vätere und Müetere, Grosseltere und Grossmüetere. / Mir bruuche Chind / e gueti Schuel / gueti Hoffnig / Zyt / Gsundheit, schöni Spiel / Geduld / Beweglechkeit / Arbeit / Luft, ds Ässe /

Liecht / e guete Chopf. / Me bruucht es guets Härz. / Im Läbe bruucht me Muet / Fröid / Fründe. / Der Mönsch bruucht e guete Schlaf. / Mir bruuche Wasser zum trinke. / Der Mönsch bruucht so wie die Chile es Huus zum Läbe. / Im Läbe muess me sech chönne wehre. / Mir bruuche Ärde, dass öppis wachst.» Die Kinder spielen dazu kleine Szenen. Z. B. bringen zwei Buben bei ihrem Satz «Im Läbe muess me sech chönne wehre» eine Karateeinlage. Ein Junge flitzt mit dem Skateboard durch die Kirche («Beweglichkeit»). Zwei Mädchen werfen buntes Papier von der Kanzel («Zum Läbe bruuche mer Farbe»). Lustige Orgelmusik setzt ein, als ein Junge sagt, er brauche Musik zum Leben. Ein Knabe zeigt auf die Gemeinde, als er von Eltern und Grosseltern spricht, die die Kinder zum Leben brauchen. Andere Kinder bringen Gegenstände mit, die zu ihren Aussagen passen (Blumen, Mäntel, Regenschirm usw.). Manche begleiten ihr Vorlesen mit einer Gebärde.

Der ganze Kirchenraum wird einbezogen (Kanzel, Chor, Gang). Die Sequenz dauert recht lange. Die Kinder präsentieren sich zum Teil mehrmals. Die Einfälle sind kreativ, oft auch witzig und lebendig. Die Kinder fühlen sich offenbar im Kirchenraum zu Hause und bewegen sich sicher. Allerdings geht durch die Länge wieder etwas Spannung verloren.

Eines der Mädchen stellt dann Blumen auf den Taufstein, ein anderes einen Krug. «Mir freue üs, dass dr Andi hüt touft wird! Us däm Chrueg, mit däm Wasser tüe mir hüt dr Andi toufe.» Es giesst Wasser in das Taufbecken.

Der Pfarrer kündigt das Lied «Gott het die ganzi Wält i syre Hand» an. Die Singenden (Gemeinde, Chor, Pfarrer) finden den gemeinsamen Rhythmus nicht, so dass das Lied auseinanderfällt. Der Liturg fängt dies jeweils wieder mit seinem Gesang auf und führt vom Mikrofon aus zur nächsten Strophe.

Der Pfarrer bittet die erste Tauffamilie nach vorne und nimmt das Kind in die Arme. Der kleine Sohn des Götti zündet die Taufkerze an. Der Pfarrer spricht ruhig die Taufworte: «I toufe Di uf e Name vo Gott, dr Quelle vo dym Läbe. I toufe Di uf e Name vo Jesus, wo üs Mensche zu Schwöstere und Brüedere macht. Und i toufe di uf e Name vom heilige Geischt, wo Di dür ds Läbe begleitet.» Er spricht eine Dialektfassung des aaronitischen Segens und leitet danach zum Taufversprechen über: «So fragen i Euch als Eltere, Gotte und Götti mitenand: Weit Diir immer wieder neu i ds Ja vo Gott zu Euem Chind ystimme und mit Eurer Zyt und Eurer Liebi dr Andi i ds Läbä begleite, so säget mitenand ‹Ja›!» Die Tauffamilie antwortet: «Ja!» Der Liturg fährt fort: «So gäbs Euch Gott, dass Dr gmeinsam wachset im Gloube, ir Hoffnig und ir Liebi.» Er überreicht dann die Taufurkunde. Die KU-Kinder können von ihren Plätzen aus alles gut sehen und sind konzentriert dabei.

Danach gehen die zweite, von der Pfarrerin begleitete Tauffamilie und eine Gruppe der KU-Kinder nach vorne. Getauft wird die siebenjährige Clara, die jüngere Schwester einer Schülerin. Clara bekommt ein T-Shirt mit einer Sonne, das die KU-Klasse für sie gemalt hat. Auf die Sonnenstrahlen haben die Kinder gute Wünsche geschrieben. Sie lesen sie vor und wenden sich dabei der Gemeinde (und nicht Clara, die daneben steht) zu: «Clara, mir wünsche Dir gueti Gsundheit / viel Spass im Läbe / viel Glück im Läbe / viel Sunneschyn / weni Päch im Läbe / viel Fründe u Fründinne / gnue z'ässe u z'trinke / viel Erfolg / e guete Bruef / viel zum Lache / viel zum Lehre für ds Läbe / weni Stryt / viel zum Entdecke im Läbe.»

Nach den Wünschen der Klasse zündet Claras Schwester deren Namenskerze an. Sie stellt die brennende Kerze zu den (noch nicht brennenden) Kerzen der anderen KU-Kinder auf der Chortreppe. Die Kinder gehen wieder an ihre Plätze. Die Gotte zündet nun die Taufkerze an. Die Pfarrerin tauft Clara. Es ist ein intensiver Moment. Beim Segen wendet sich die Liturgin mehrmals von Clara ab und zu ihrem Liturgiebuch zurück, um den Faden nicht zu verlieren. Nach dem Gebet schüttelt die Pfarrerin allen Mitgliedern der Tauffamilie die Hand. Die Tauffamilie kehrt zu ihren Bänken zurück.

Die Pfarrerin erklärt, was nun geschieht: Die Kerzen, welche die Kinder im Unterricht gestaltet haben und die mit ihren Namen versehen sind, werden angezündet. Die Pfarrerin hilft zuerst den Sternenberg-Kindern beim Anzünden. Sie bringt die Kerzen zu ihnen und begleitet einige von ihnen zu den Stufen, wo die Kerzen hingestellt werden.

Die Kinder entzünden ihre Namenskerzen an der Osterkerze und stellen sie behutsam auf die Treppe. Dazu spielt leise die Orgel. Die Gemeinde nimmt still daran teil, und es kommt eine andächtige Stimmung auf. Das Lichtermeer sieht sehr schön aus.

Es folgen Fürbitten und die Abkündigung mit den Namen der Verstorbenen. Die Katechetin leitet das Kyrie an, bei dem die Gemeinde mitsingt. Die Kinder sind nicht direkt daran beteiligt. Die Sequenz richtet sich primär an die Erwachsenen.[9]

Anschliessend wird das Unser Vater gebetet.

Der Pfarrer merkt, dass die Kinder zunehmend unruhiger werden, improvisiert, kürzt die vorgesehene Liturgie und verschiebt das letzte Lied auf das «nächste Mal» – zugunsten des Zusammenseins beim Apéro. Er lädt die Gemeinde dazu ein und bedankt sich für die Teilnahme. Die Kinder hüpfen schon herum. Der Pfarrer ermahnt die Kinder, noch einen kurzen Moment zu warten. Die Pfarrerin, die etwas gehetzt wirkt, eilt zum Pult und spricht den Segen. Die Kinder reden miteinander. Während des Orgelausgangsspiels holen die Kinder ihre Kerzen.

Die Erwachsenen bleiben vorerst noch sitzen. Es wird laut. In der Kirche entsteht ein buntes Durcheinander. Die Leitenden bleiben im Kirchenraum und reden mit den Kindern und den Erwachsenen.

Beispiel 2: KU-Gottesdienst mit Taufen in der Kirche Umbach
Die etwa vor dreissig Jahren erbaute Kirche steht inmitten einer grossen Überbauung und ist auch als Betonbau freundlich angelegt. Sie hat ein schönes Glockengeläut. Im hellen Kirchenraum sind die Stühle im Halbrund angeordnet. Vorne, etwas erhöht, stehen eine einfache Kanzel und der Abendmahlstisch. Die Orgel befindet sich auf der linken Seite des Kirchenschiffs. Ein buntes Blumenbukett steht vor dem Tisch. Die Osterkerze brennt. An der Wand hinter dem Abendmahlstisch ist ein eindrücklich schlichtes, hölzernes Kreuz angebracht.

Zu einem sehr langen Orgelspiel ziehen etwa 25 Kinder mit zwei Katechetinnen ein. Jedes Kind trägt eine Rose. Zwei Tauffamilien folgen den Kindern mit der Pfarrerin und nehmen in der vordersten Reihe Platz. Das eine Taufkind ist etwa fünf Monate alt, das andere etwa sechs Jahre. Die vom Organisten gespielte Musik ist ein Standardstück, das nicht weiter auffällt; es gibt keinen Bezug z. B. zu Liedern, die den KU-Kindern (und vielleicht auch den Eltern) vertraut sind.

Die am Gottesdienst Teilnehmenden, unter ihnen auch Eltern mit jüngeren Geschwistern der KU-Kinder, schauen den einziehenden Kindern nach. Die Katechetinnen helfen den Kindern, die Rosen in eine vorbereitete Vase auf dem Abendmahlstisch zu stellen. Die Kinder werden dazu ein wenig angetrieben, wodurch einige, die sich offenbar verunsichert fühlen, die Rose der Katechetin abgeben, die sie dann selbst in die Vase einstellt. Die KU-Kinder nehmen in den letzten Reihen im Kirchenraum Platz.

Die Pfarrerin spricht die Eingangsworte und begrüsst die Gemeinde. Sie nimmt Bezug auf Ostern – fünf Wochen nach Ostern. Dann begrüsst sie auch die Tauffamilien und die beiden KU-Klassen. Die Kinder werden jedoch nicht direkt angesprochen, weil durch die grosse Distanz ein unmittelbarer Blickkontakt nicht möglich ist. Dadurch sind sie sehr unruhig und albern herum, worauf einige Eltern nach hinten blicken.

Dessen ungeachtet sagt die Pfarrerin das erste Lied an: «All Morgen ist ganz frisch und neu». Die Kinder kennen das Lied nicht und können deshalb auch nicht mitsingen. Auch vielen Eltern scheint das Lied kaum bekannt zu sein. Der Gesang ist entsprechend schwach.

Ohne Einleitung folgt ein Gebet, das nicht gleich als solches erkennbar wird. Einige Teilnehmende sprechen miteinander. Die meisten Kinder (die dem Gebet kaum folgen könnten) haben sich bereits aus dem Gottesdienst innerlich verabschiedet und vertreiben sich die Zeit auf ihre Weise.

Die Liturgin geht zur Taufansprache über. Sie tut dies anhand der Namen der Täuflinge und kommentiert dann die trinitarische Taufformel, sagt etwas zur Bedeutung des Taufwassers und der Taufkerze: «Die Taufe ist ein Geschenk von Gott. Gott schliesst in der Taufe einen Bund mit jedem einzelnen von uns.» Für die KU-Kinder haben die Aussagen in der Taufansprache wenig Beziehung zu dem, was sie im Unterricht erarbeitet und woran sie sich auch zum Teil engagiert beteiligt haben. Sie hatten die Taufe als Freundschaftszeichen Gottes kennengelernt. Eine spannende Geschichte hatte ihnen nahegebracht, wie ein solches Freundschaftszeichen (z. B. ein Anhänger oder ein Band um den Hals oder die Hand) in bestimmten Situationen eine grosse Bedeutung bekommen kann. Andererseits hatten die KU-Kinder bemerkt, dass eine Freundschaft auch ohne Freundschaftszeichen sehr intensiv sein kann. Es war den Katechetinnen wichtig, den (noch) nicht getauften Kindern zu verstehen zu geben, dass Gott sie liebt und ihr Freund ist, auch wenn sie (noch) nicht getauft sind, also dieses Freundschaftszeichen (noch) nicht bekommen haben.

Die Pfarrerin nimmt darauf keinen Bezug, weil, wie mir die Katechetinnen nachher sagen, nur eine sehr rudimentäre Absprache im Blick auf den KU-Gottesdienst stattgefunden hat und die Pfarrerin nicht im Bild ist, in welcher Weise die Kinder im Unterricht der Taufe begegnet sind.

Es folgt ein Gebet, wieder ohne Übergang, und ein Tauflied aus dem Gesangbuch[10]. Die Kinder kennen auch dieses Lied nicht (sie haben auch keine Gesangbücher), singen deshalb auch dieses Mal nicht mit.

Nach Taufversprechen und Taufspruch folgt die Einladung an die beiden Tauffamilien, die KU-Klassen und die weiteren anwesenden Kinder, nach vorne zu kommen. Die Tauffamilien der fünf Monate alten Nora und des sechsjährigen Daniel kommen der Einladung nach, wissen aber nicht, wo sie sich hinstellen sollen. Die KU-Kinder stehen nach einigem Zögern auch auf, gehen unsicher oder betont lässig nach vorne und drängen sich um die Tauffamilien, wobei es sehr eng wird. Offenbar stehen sie jetzt zum ersten Mal um den Abendmahlstisch. Es ist ihnen unklar, was sie nun tun sollen. Sie sind nicht darauf vorbereitet, dass einzelne von ihnen bei der Taufe «Aufträge» erhalten, wie z. B. das Taufwasser in die Schale zu giessen. Das erste von der Pfarrerin angefragte Kind ist überrumpelt und wehrt ab. Die Taufkerze für Nora wollen dann aber gleich mehrere Kinder anzünden. Daniel darf seine Kerze selbst anzünden. Der Götti von Daniel liest nun einen längeren Text, in dem Hoffnungen und Segenswünsche für das Kind formuliert sind. Er spricht dabei wie ein Redner zur Gemeinde und sieht sein Patenkind, das etwas verloren da steht, nie an. Die KU-Kinder werden immer unruhiger. Die Pfarrerin tauft dann Nora und Daniel und spricht den Taufsegen: «Gott segne Dich und helfe uns, Dir zu helfen.» Nach dem Taufakt, der im Gedränge fast untergeht, können zwei Kinder die Taufbibeln und zwei andere die Taufscheine überreichen – unter Anleitung, weil die KU-Kinder nicht wissen können, wem sie Taufbibel und Taufschein geben sollen. Die Rosen stehen immer noch da; meine anfängliche Vermutung, dass sie mit der Taufe in Beziehung gebracht werden, trifft nicht zu.

Die Liturgin kündigt das Segenslied an. Die KU-Kinder singen es für die Täuflinge: «Gott, lass den Segen deiner Liebe in uns sein.»

Es folgt die Ankündigung, dass die Kinder nun den Kirchenraum verlassen werden. Begleitet von den Katechetinnen, die während der ganzen Zeit dabeistanden, gehen bzw. rennen die KU-Kinder hinaus, um in einem anderen Raum für Nora und Daniel ein Geschenk vorzubereiten. Die Tauffamilien gehen wieder zurück in die erste Reihe.

Es folgt eine relativ lange Predigt, in der die Pfarrerin einen ihr wichtigen Text aus dem Epheserbrief bespricht, in dem die Einheit der christlichen Gemeinde in Christus thematisiert wird. Die Situation des

Gottesdienstes mit den beiden Taufen und der Anwesenheit von jungen Familien wird nicht berührt. Die Pfarrerin möchte ein theologisches Anliegen vermitteln, mit dem sie sich offenbar intensiv auseinandergesetzt hat. Ein langes Orgelspiel steht zwischen Predigt und Fürbitte, die sich wiederum an den Anliegen der Liturgin orientiert.

Die Kinder betreten nun wieder den Kirchenraum und gehen nach vorne. Sie halten farbige Papier-Wassertropfen in den Händen, die sie in der Zwischenzeit gebastelt haben. Eine Katechetin holt ein Mikrofon. Einige der Kinder lesen den Wunsch vor, den sie auf die Rückseite des Tropfens geschrieben haben: «I wünsche Dir liebi Eltere / Muet / Chraft / Glück i Dym Läbe. / I wünsche Dir Glück / Säge / e gueti Lehrerin. / I wünsche Dir es Hustier.» Daniel bekommt ein Büchlein mit Zeichnungen.

Die Pfarrerin sagt das Schlusslied an und spricht dann den Segen. Die Kinder, die während der Schlussphase etwas verloren herumgestanden sind, rennen zum Ausgang.

2 Kennzeichen der Kommunikation in intergenerationellen Gottesdiensten

Ich gehe davon aus, dass in KU-Gottesdiensten Kennzeichen von gottesdienstlicher Kommunikation sichtbar werden, die auch für andere Gottesdienste gelten, die aber in den KU-Gottesdiensten besonders deutlich vor Augen kommen können. Diese sollen im Folgenden näher erläutert werden.

2.1 Kommunikation in einer nicht homogenen Gruppe

In (Sonntags-)Gottesdiensten ist meistens ein relativ kleines Gemeindesegment in der Kirche vertreten. Bei den Kasualien verhält es sich anders, sind hier doch oft mehrheitlich Kirchen- (und auch Nichtkirchen-)Mitglieder anwesend, die kaum je an Sonntagsgottesdiensten teilnehmen. Allerdings sind auch bei den Kasualien die Kinder kaum zahlreich anwesend.

KU-Gottesdienste übergreifen immer Generationen und Milieus. Durch die Schulklassen sind unübersehbar unterschiedliche Lebenswelten, soziale Zugehörigkeiten und Lebensstile im Spiel. Die Kinder kommen aus sehr verschiedenartigen familiären Kontexten und haben unterschiedliche primäre Bezugspersonen. So kann (wenn diese Kontexte berücksichtigt werden) auch nicht *die* Familie zelebriert werden; nicht zufällig wird deshalb heute eher von Gottesdiensten «mit Klein und Gross» gesprochen als von «Familiengottesdiensten».

Freilich kommt selbst in KU-Gottesdiensten nur ein Segment der meist sehr breiten Palette von Kindern vor, wie sie sich heute in vielen Schulklassen findet.[11] Trotzdem zeigt sich ein Sachverhalt prägnanter, der für die anderen Gottesdienste ebenfalls zutrifft, aber eher übersehen werden kann: dass keine homogene «Gemeinde» anwesend ist, sondern sich Menschen aus sehr divergenten Lebenswelten und mit ganz unterschiedlichen religiösen Hintergründen versammelt haben.[12] Dies wird im Barlinger Gottesdienst augenscheinlich, hör- und greifbar.

2.2 Rezeption und Feedback

Dass Kommunikation nicht einlinig und nach dem Trichter-Modell verläuft, wird in Gottesdiensten mit Kindern offensichtlich. Die Art der Rezeption und vor allem das Feedback der Kinder sind meistens viel direkter als bei Erwachsenen. Kinder (und Jugendliche) zeigen in der Regel ziemlich unverblümt, ob sie sich wahrgenommen und ernst genommen fühlen – und wie etwas bei ihnen ankommt oder eben nicht ankommt. Sie haben oft ein sehr feines Sensorium dafür, ob etwas «stimmt» oder nicht (vgl. unten 3.2). Wenn die Kinder nicht erfahren, dass sie *selber* gemeint sind, dass sie selber *mit*gestalten können (nicht müssen) und etwas vom Geheimnisvoll-Gegenwärtigen, vom *Segens*raum (vgl. unten 2.6) spürbar wird, zeigen sie unverhohlen, wie sie der Anlass langweilt.

2.3 Resonanz

Ich verstehe hier «Resonanz» als untrügliches Kennzeichen einer lebendigen Kommunikation. Ohne ein «Mitschwingen», ohne «Widerhall» wäre sie tot. Der «Resonanzboden» von Aufmerksamkeit, Interesse und Präsenz ist eine grundlegende Voraussetzung von Kommunikation.

Resonanz tritt deshalb «nicht nur in schöpferischen Akten oder Prozessen zutage», sondern überall dort, wo Begegnungen zustande kommen. Dabei meint Resonanz nicht einfach «Konsonanz». Vielmehr wird es auch möglich, (Schein-)Idyllen zu durchbrechen und auch Dissonanzen eine Gestalt zu geben.[13]

Nicht nur «Schnelligkeit» und «Beweglichkeit» gehören zum Leben, wie es «normalen» Kindern selbstverständlich erscheint. Die behinderten KU-Kinder in Barlingen bekommen Zeit mit ihren langsamen Bewegungen und erweitern damit den Resonanzraum der Kirche.

Resonanz entsteht auch durch das Zusammenspiel von Worten, Gebärden, Szenen und Gegenständen, wie dies in Barlingen zum Ausdruck kommt. Was die Kinder sagen – und wie und wo sie es sagen: Es fällt nicht auseinander, sondern ist «vernetzt».[14]

Hier ist auch die Musik ausserordentlich wichtig. Sie ist so gewählt, dass sie für die Kinder (und ihre Eltern, Pate und Patin, Grosseltern usw.) zugänglich ist (vgl. unten 3.2.4). Es geht nicht um Anbiederung, sondern um ein Wahr- und Ernstnehmen ihrer Lebenswelten. Die Lieder sind so ausgesucht, dass die Kinder sie entweder kennen oder mitsingen können. Der Barlinger Gottesdienst zeigt, dass es sinnvoll sein kann, wenn eine geeignete Person den Gesang anleitet und dazu motiviert. Der Gesang beginnt dann anders zu klingen.

2.4 Dramaturgie

Eine gelungene Dramaturgie zeigt sich daran, dass ein Spannungsbogen entsteht.[15] Es ist (wie in Barlingen) allen genügend klar, wer wann welche Rollen übernimmt[16].

Symbole und Symbolhandlungen können ebenso wie Gegenstände und Gebärden in einem nachvollziehbaren Zusammenhang wahrgenommen werden. Wiederholungen vertiefen und eröffnen durch neue Zusammenhänge neue Räume.[17] Die Teilnehmenden bekommen Möglichkeiten, eigene (Gedanken- und Gefühls-) Wege zu gehen, ohne den Faden zu verlieren. Solch offene Phasen sind z. B. die Momente, als die Kinder ihre Namenskerzen anzünden. Ich kann als Teilnehmer ganz dabeisein – und auch wieder Abstand nehmen.[18]

Um den Spannungsbogen auszudehnen, müssen die Übergänge zwischen den Sequenzen sorgfältig vorbereitet sein. Sie können auch als kreative Unterbrechungen eine Distanznahme vom Ablauf ermöglichen. Die Dramaturgie wird nicht «zwingend» oder fraglos. Es wird sichtbar, dass es eine Komposition ist, die auch anders verlaufen könnte. Das zeigt sich auch in den bereits genannten «offenen Räumen». Die Sorgfalt in der Gestaltung dieser Übergänge liegt auch darin, dass sie selbst als «Unterbrechungen» den Spannungsbogen nicht zerbrechen. Der Gottesdienst kann so zu einer *gemeinsamen* Erfahrung werden, an der die einzelnen Teilnehmenden in *unterschiedlicher* Weise partizipieren.

Eine fehlende oder mangelhafte Dramaturgie schlägt sich in Orientierungslosigkeit und Langeweile nieder. Für die Leitenden wird der Gottesdienst zu einem Dauerstress. Die Kinder müssen immer wieder diszipliniert werden. Es fehlt eine einsichtige und in Absprache mit den Mitverantwortlichen komponierte Struktur. Der Gottesdienst wird zu einem auseinanderfallenden Neben- bzw. Nacheinander, zu einer Art Gemischtwarenladen (von Symbolen, Liedern, Aussagen, Gebeten usw.) oder einem Sammelsurium (von Gottesdienst, buntem Abend, Präsentation eines Rechenschaftsberichts, Selbstdarstellung usw.).[19] Wenn der Spannungsbogen fehlt, helfen auch Elemente einer traditionellen Liturgie nicht weiter.

Im Gottesdienst von Umbach sind die Übergänge meistens abrupt und schlecht erkennbar. Neue Sequenzen beginnen unvermittelt (so z. B. bei den Gebeten), oder stehen isoliert nebeneinander. Der Beitrag des Götti ist offenbar nicht besprochen und choreografisch vorbereitet worden. Der Pate kopiert die Vortragsweise der Pfarrerin, obgleich sein Text primär an Daniel gerichtet ist. Eine Überleitung hätte hier auch der Gemeinde ermöglicht, mit dabeizusein, selbst wenn sie nicht direkte Adressatin ist. Die Liturgie bleibt so ohne nachvollziehbaren Spannungsbogen, die Teilnehmenden werden weitgehend von der Liturgin abhängig und bekommen keine eigenen Räume. Um sich solche zu eröffnen, müssen sie (innerlich oder auch äusserlich: indem sie sich mit den Nachbarn zu unterhalten beginnen) aus dem Gottesdienst aussteigen.

2.5 Rollen- und Perspektivenwechsel

Im Barlinger Gottesdienst werden die Kinder als eigenständige Subjekte mit eigenen Fähigkeiten und Bedürfnissen wahrgenommen.[20] Die Bezüge zu ihrem Alltag und ihren unterschiedlichen Lebenswelten werden von ihnen selber formuliert und dargestellt. Im gemeinsamen Feiern der unterschiedlichen Klassen erweisen sie sich gegenseitig Respekt. Im Gottesdienst übernehmen sie verschiedene Rollen. Manchmal führen sie durch die Liturgie, manchmal sind sie sicht- und hörbar Mitwirkende, manchmal Zuhörende oder -schauende, manchmal irgendwo dazwischen. Diese Rollen bringen Überraschungen und Ungewohntes mit sich, für sie selber und für ihre Eltern, Grosseltern und Geschwister. Wer von diesen stand schon während einer gottesdienstlichen Feier auf der Kanzel? Wer von ihnen hat schon einmal vorne in der Kirche getanzt? Durch die überraschenden Szenen und die komischen Einlagen[21] werden auch, wie die Reaktionen zeigen, die Zuschauenden ins Spiel gebracht. Das rührt auch von da her, dass die Kinder in einzelnen Sequenzen in anderen Hierarchien als zu Hause oder in der Schule auftreten konnten.

Dabei ergeben sich auch unterschiedliche Perspektiven. Die Perspektive hin zum Ort des liturgischen Geschehens ist von vorne oder gar von der Kanzel eine andere als diejenige von den Bänken. Die unterschiedlichen räumlichen Eindrücke erzeugen auch jeweils andere dramaturgische Perspektiven. Die Kinder erleben den Wechsel der Perspektiven und der Rollen. Dies trifft auch auf die Leitenden zu. Sie sind nicht immer die Akteure. Sie haben auch Verantwortung abgegeben oder teilen sie mit den Kindern.

In der Kirche von Umbach zeigt sich ein anderes Bild. Die Pfarrerin übernimmt eine Art Kommunikationsmonopol, was zur Folge hat, dass sie fast keine Beziehungen zu den am Gottesdienst Teilnehmenden herstellen kann. Die Kinder sind nur zwischendurch und gegen Schluss «dabei» – und auch dort bekommen sie eher die Funktion von instrumentalisierten «Lieferanten» zugewiesen. Sie sind am Gottesdienst beteiligt und doch nicht beteiligt. Sie treten auf und bleiben doch isoliert. Auch mit ihren Eltern und Geschwistern kommt in diesem Gottesdienst kaum eine Kommunikation zustande. Die gute Beziehung der KU-Kinder zu den Katechetinnen im Unterricht wird im Gottesdienst nicht mehr sichtbar.

2.6 Kommunikation im «Segensraum»

Charakteristisch für den Gottesdienst als *Gottesdienst* ist, dass er darauf angelegt ist, Kommunikation mit dem Göttlichen oder: *Kommunikation in einem «Segensraum»* zu ermöglichen.[22] «Segen» zeigt sich in biblischen Texten oft alltäglich und konkret – wie im wechselseitigen (Segens-) Gruss (z. B. in der Rut-Geschichte oder in Lk 1,39ff) und in der Gastfreundschaft. Die göttliche Zuwendung wird so in menschlichen Beziehungen, in der gegenseitigen Anerkennung greifbar und erfahrbar.

In Barlingen werden die am Gottesdienst Teilnehmenden beim Eintritt in die Kirche begrüsst. Indem sich die Pfarrerin den Anwesenden und besonders auch den Kindern freundlich zuwendet, zeigt sie ihnen, dass sie willkommen sind. Sie werden gesehen, sie bekommen «Ansehen». Mimik und Gestik können dies noch verstärken. Die Kinder spüren: Wir werden wahrgenommen. Es ist gut, dass wir da sind. Sie können damit etwas vom göttlichen Segen erfahren – einer Grunddimension des Lebens, die für den Gottesdienst wie für den Alltag elementar ist. Sie können auch darin etwas von der Segenskraft erfahren, dass sie ihre eigene Kreativität ins Spiel bringen, ihre leibhaftige Lebensfreude, ihre Nachdenklichkeit, ihren wechselseitigen Respekt, ihre Fähigkeit, etwas zu gestalten und zu schenken (in beiden Gottesdiensten z. B. in den Gaben für die Täuflinge). Der Segensraum blitzt auf in intensiven Momenten von «Andacht»,[23] vielleicht beim Tuch- und Taufritual, beim Anzünden der Namenskerzen, beim Singen, Tanzen und Zuhören, in einem Gebet, auch in Momenten, in denen nichts «läuft» und ein «Anderer» präsent ist[24] (zum Glück manchmal auch dann, wenn die menschliche Kommunikation misslingt).

Der Gottesdienst ist damit nicht aus dem Alltag herausgeschnitten. Die Kinder (und die anderen Teilnehmenden) erfahren, wie ihr Alltag aufgenommen wird – und wie er so aufgenommen wird, dass er in der gemeinsamen Feier als Segensraum spürbar wird. Im Gottesdienst können so neue Erfahrungen mit dem Alltag eröffnet werden.[25]

3 Bedingungen für erfolgreiche Kommunikation

Die KU-Gottesdienste können auf wichtige Bedingungen («enabling conditions») für gelingende Kommunikation aufmerksam machen.

3.1 Gemeinsame Vorbereitung

Ich beschränke mich auf wenige Hinweise.[26] Die Nicht-Homogenität der Gottesdienstgemeinde ist bereits in der Vorbereitung durch die Kinder repräsentiert und kommt durch sie auch zum Ausdruck. Die Barlinger Kinder haben offensichtlich in erstaunlicher Vielfalt eigene Ideen für ihren Part eingebracht und eingeübt. Es sind nicht nur Sätze, die sie dann vorlesen werden, sondern Szenen, die sie auch mit dem Kirchenraum vertraut machen. Die Leitenden partizipieren daran und lassen sich durch die Kinder herausfordern. Diese Vorbereitung, an der sich auch die Organistin, die Mutter von Nora sowie Nora selbst beteiligen, wird schon selber ein spannender Ort der Wahrnehmung und des «Spiels»[27] mit Unterschieden und Gemeinsamkeiten.[28]

Die Teilnehmenden werden rasch spüren, ob sich die Leitenden auf die Begegnung mit ihnen vorbereitet haben[29] und sich auf sie freuen.

3.2 Atmosphäre

Wenn wir von einem Anlass etwas «mitnehmen», ist dies meistens eng mit einer konkreten Situation und der Stimmung verbunden – oder es *ist* eine konkrete Situation, eine bestimmte Stimmung, die uns weiterbegleitet. Erinnerungen sind sehr oft «episodische», atmosphärische Erinnerungen,[30] anknüpfend an «Gegenstände, Bilder, Töne, Momentaufnahmen, Szenen (innere Fotografien). Deshalb ist das Atmosphärische und das sinnlich Wahrnehmbare so wichtig.»[31] Die Möglichkeitsräume für die «Kommunikation des Evangeliums» werden dadurch entscheidend geprägt.

3.2.1 Augenkontakt, Mimik, Gestik

Wenn averbale Zeichen fehlen (z. B. weil der Augenkontakt gar nicht möglich ist) oder wenn sie kaum etwas von Zuwendung zu verstehen geben, gehen auch Willkommensworte ins Leere, oder genauer: Eine Kommunikation, die nicht auf der Beziehungsebene vollzieht, was sie inhaltlich besagt,[32] wird in sich selber widersprüchlich und wirkt irritierend und lähmend.[33] Deshalb wirkt auch die Szene irritierend, in der die Barlinger Pfarrerin Segensworte zum Täufling spricht, sich aber mehrmals nicht dem Kind, sondern ihrem Ordner zuwendet.

Einige Studierende waren bei der Visionierung auch durch das Händeschütteln nach der Taufe befremdet. Was diese Geste zum Ausdruck bringen soll, blieb unbeantwortet.

3.2.2 Raumgestaltung

Manches ist vorgegeben (Architektur, festgeschraubte Bänke u. ä.). Entscheidend ist freilich, wie mit dem Vorgegebenen der aktuelle Raum gestaltet wird. Er entsteht mit den Beteiligten, mit der Darstellung und Platzierung der beweglichen Gegenstände (z. B. Blumen), mit der Choreografie, den Interaktionen, den Symbolhandlungen, den Klangfarben usw. Ein und derselbe «vorgegebene» Raum wird dadurch sehr unterschiedlich gestaltet und wahrgenommen.

So schaffen die Kinder in Barlingen mit ihrem Gottesdienst einen «neuen» Kirchenraum. Wenn die Anwesenden später einmal die Kirche wieder besuchen, werden ihnen bestimmte Szenen und Momente aus dem damaligen Gottesdienst einfallen; diese konkrete Erfahrung wird ihr Bild von «Gottesdienst» mit prägen. Die Erinnerungen in Umbach werden vermutlich anders ausfallen. Die KU-Kinder werden den Raum nicht mit «ihrem» Raum und nicht mit «Zugehörigkeit» verbinden.

3.2.3 Zeichen der Zugehörigkeit

Die Barlinger Kinder haben die Kirche bereits vor dem Gottesdienst kennengelernt. Sie haben den Raum erkundet und etwas über die Orgel erfahren und sogar ein paar Töne gespielt. Das Instrument ist ihnen nicht mehr fremd und ist gleichzeitig noch geheimnisvoller geworden. Sie haben dann durch ihr kreatives Mitwirken die Kirche ein Stück weit zu «ihrer» Kirche werden lassen. Die anderen Teilnehmenden wurden am Anfang willkommen geheissen und durch die Lebendigkeit des Geschehens in den Gottesdienst einbezogen.[34]

In Umbach blieben die Kinder nicht nur durch die räumliche Zuordnung am Rand. Ausser in der Schlussszene mit dem Überreichen der Wünsche und Geschenke, hätten sie nicht gefehlt – ebenso wenig wie ihre Eltern und Geschwister.

3.2.4 Die musikalische Gestaltung

Es ist ein empfindlicher Unterschied, ob die Musik und die Lieder auf die anderen Dimensionen des Gottesdienstes und vor allem auch auf die Teilnehmenden bezogen sind und umgekehrt die Musik andere Sequenzen auf ihre Weise aufnimmt und «interpretiert» – oder ob die musikalische Gestaltung beziehungslos «daneben» steht.

3.3 Achtungsvolle Beziehungen

Eine entscheidende Voraussetzung in den KU-Gottesdiensten ist eine gute Teamarbeit zwischen den Schlüsselpersonen: Diese leiten gemeinsam die Liturgie, als Fachleute der Katechese, der Homiletik, der Kirchenraumnutzung und der Musik. Störende Spannungen oder Beziehungsdefizite sind für die Kinder rasch spürbar – und sie schlagen ebenso im Gottesdienst durch wie eine freundschaftliche und kooperative Stimmung. Beides prägt die Atmosphäre von Anfang an.[35]

Die am Gottesdienst Teilnehmenden spüren rasch (und wohl meist ohne bewusste Reflexionen darüber), ob sie willkommen sind. Es wird sofort spürbar, ob sie in ihrer Unterschiedlichkeit wahrgenommen und auf das Gemeinsame angesprochen werden – oder nicht.

3.4 «Konziliare Gemeinschaft» und «Mehrsprachigkeit»

Mir scheint, dass das, was Peter CORNEHL vor über zwanzig Jahren schrieb, nichts an Aktualität verloren hat. Er glaubte damals feststellen zu können, dass sich ein «offenerer und kommunikativerer Stil gottesdienstlicher Feier» durchsetze, und dass die Kinder dazu Wesentliches beigetragen hätten. «Deshalb haben Familiengottesdienste für die Verlebendigung der Gemeinden entscheidende gottesdienstliche Entwicklungshilfe geleistet. In der Begegnung mit Kindern, mit ihrer erfrischenden Kreativität und Spontaneität, aber auch mit ihrer religiösen Tiefe, lernen Erwachsene, Junioren und Senioren, ihre Blockaden zu lösen und sich ebenfalls unbefangener zu beteiligen. Insofern waren die Familiengottesdienste die vielleicht wichtigste liturgische Erfindung der letzten zehn Jahre.»[36]

Diese generationenübergreifenden und sehr unterschiedliche Lebenswelten einbeziehenden Gottesdienste entsprechen auch einer Sicht der Kirche als «konziliarer Gemeinschaft».[37] Unterschiede und Differenzen werden nicht überspielt oder ausgegrenzt, sondern in einem gemeinsamen Prozess der Wahrheitssuche und -findung respektiert. Gottesdienste sind dann immer «mehrsprachig» – und werden in der Pfingsthoffnung gefeiert, dass gerade auch *in* dieser Mehrsprachigkeit ein gemeinsames Verstehen und Feiern möglich wird.

3.5 Präsenz

Dass Resonanz erfahrbar wird (vgl. oben 2.3), hängt wesentlich auch von der «Präsenz» der Leitenden wie auch der Kinder ab: Sie sind spürbar «da», in Gedanken nicht anderswo. Das zeigt sich in der Fähigkeit zur *Kommunikation JETZT*: zwischen *diesen* konkreten Menschen in dieser *konkreten* Situation. Kinder spüren meistens sehr rasch, ob eine solcherweise präsente Kommunikation, eine Hier-und-jetzt-Realität, zustande kommt. Sie nehmen auch dann teil, wenn sie nicht direkt beteiligt sind. Sie können etwas vom Geheimnis der Liturgie wahrnehmen, z. B. bei der Tauformel oder beim Kyrie-Gebet[38] – was bei einer pausenlosen Aktivität kaum noch möglich ist. Die Kommunikation JETZT gibt auch die Möglichkeit der Improvisation, wenn etwas nicht nach Plan läuft. So gelingt es dem Barlinger Pfarrer, das auseinanderfallende Lied wieder zusammenzubringen. Und am Schluss kann er die Liturgie kürzen, ohne dass dadurch etwas fehlt.

In Umbach kommt Resonanz und eine Hier-und-jetzt-Realität kaum zustande. Die Kinder sind gehemmt. Es ist ihnen nicht wohl in ihrer Haut. Auch der Pfarrerin fällt es offensichtlich schwer, präsent zu sein und zu realisieren, dass sie jetzt mit *diesen* Menschen in *diesem* Gottesdienst ist.

Ich halte Leitende dann für liturgisch professionell agierend, wenn sie ein solch «konziliares» Gottesdienstkonzept fördern und nicht der Gefahr erliegen, die (für Gottesdienste zentrale) «liturgische Präsenz»[39] zu einer pfarramtlichen Exklusivität zu stilisieren.[40]

3.6 «Corporealität»

Ich übernehme diesen Begriff von Brigitte ENZNER-PROBST, die ihn vor allem im Kontext der Frauenliturgiebewegung gebildet hat. Ich halte diese Bewegung neben der «Erfindung» der Familiengottesdienste für eine zweite wesentliche Hoffnungskraft im Blick auf die Zukunft der Gottesdienste.[41]

«Corporealität» bezeichnet den Sachverhalt, dass Menschen nur leiblich und leibhaftig wahrnehmen und kommunizieren können. Sie erfahren «Wirklichkeit» immer auch über ihre Sinne und mit ihrem Körper. Was wir so wahrnehmen, ist durch die Weise bestimmt, wie Körper und Sinne ins Spiel oder eben nicht ins Spiel kommen. «Wirklichkeit» erscheint einseitig bzw. verzerrt, wenn die Wahrnehmung nur einseitig oder verzerrt erfolgt. Wer nur sitzt (und gelegentlich aufsteht), erfährt einen Gottesdienst anders als wenn er/sie wie im Barlinger KU-Gottesdienst das Tuch-Ritual vollzieht, vorn in der Kirche als Sonne tanzt usw. «Leiblichkeit ist kein bloss ausführendes Medium liturgischer Gestaltung, sondern grundlegende Bedingung jeglicher Kommunikation.»[42]

3.7 Raum für religiöse Kompetenzen

Die Unterrichtenden in Barlingen haben den KU-Taufgottesdienst gemeinsam so vorbereitet, dass alle Beteiligten (auch die Kinder) etwas von ihrer eigenen Kreativität und Kompetenz einbringen können (nicht: müssen) und die Kinder in einer Weise partizipieren (oder eben nicht partizipieren), die ihnen (in ihrer Unterschiedlichkeit) entspricht. Diese Fähigkeiten und Begabungen («Mini Farb und dini!») können dann auch in eigenständiger Weise im Gottesdienst zum Zug kommen.

Es wird erfahrbar, dass Gotteserfahrungen, wie sie in biblischen Texten berichtet werden, und heutige Begegnungen mit dem Göttlichen sich nicht ausschliessen oder konkurrenzieren, sondern in spannende und fruchtbare Wechselbeziehungen treten können. Dadurch bekommt der Glaube an die Heilige Geistkraft Realitätsgehalt. Der «Regenbogen» wird ein sichtbares Hoffnungszeichen.

Anmerkungen

[1] CHRISTLICHER VEREIN JUNGER MENSCHEN (CVJM) St. Gallen, PEIER, M. (Hrsg.), St. Gallen 1995: Grosses Cavayom. Texte, Noten und Akkorde, Zürich, 324 (T/M: RÜEGGER, P.); in einer abgeänderten Dialektfassung in: Kolibri. Mein Liederbuch, Berg am Irchel ³2005 [mit neuen Liedern für «Fiire mit de Chliine»], 362f. Ich habe in Kirchgemeinden verschieden transformierte Versionen kennengelernt. So erscheint z. B. in der dritten Strophe Abdullah statt Francesco – oder es wurde eine schöne Berndeutschfassung kreiert.

[2] Gottesdienste, die im Rahmen des kirchlichen Unterrichts gefeiert werden. Der kirchliche Unterricht in den Reformierten Kirchen Bern-Jura-Solothurn (dort als «KUW» bezeichnet) ist durch ein didaktisches Gesamtkonzept auf

allen Schulstufen verteilt und wird mit der Konfirmation abgeschlossen. Der Unterrichtsblock zur Taufe und die KUW-Tauf- (bzw. Tauferinnerungs-) Gottesdienste werden mit Kindern der zweiten oder dritten Klasse durchgeführt.

3   Vgl. CORNEHL, P. (1979): Theorie des Gottesdienstes – ein Prospekt, (reprint) in: DERS.: «Die Welt ist voll von Liturgie». Studien zu einer integrativen Gottesdienstpraxis, Stuttgart 2005, 44–61, bes. 53, im Anschluss an Schleiermachers Charakterisierung des Gottesdienstes.

4   Diese Untersuchungen bilden einen Teil eines Forschungsprojekts des Instituts für Praktische Theologie der Universität Bern zum Thema «Rituale und Ritualisierungen in Familien. Religiöse Dimensionen und intergenerationelle Bezüge» (im Rahmen des Nationalen Forschungsprogramms 52). Eine Vorfassung dieses Aufsatzes habe ich mit den beiden «Begleitgruppen» des Teilprojekts Taufe besprochen; die eine Gruppe bestand aus einer Pfarrerin und einem pensionierten Pfarrer, die zweite aus Gemeindegliedern mit unterschiedlichem Kirchenbezug. Ihnen danke ich wie auch meiner Assistentin Claudia GRAF (beteiligt durch das Dissertationsprojekt «Tauf-Patenschaft. Eine empirisch-theologische Untersuchung zu Gotte und Götti») für Kritik und Impulse.

5   Dazu STRAUSS, A. L.: Grundlagen qualitativer Sozialforschung. Datenanalyse und Theoriebildung in der empirischen soziologischen Forschung. Mit einem Vorwort von HILDENBRAND, B. (UTB 1776), München ²1998, bes. 60, 97, 100, 128ff, 148.

6   Die Beschreibung ist also (wie es bei jeder Deskription, wenn auch in unterschiedlichem Ausmass, der Fall ist) nicht «neutral», sondern selektiv.

7   Die Beschreibung beruht auf teilnehmender Beobachtung und Videoaufnahmen, die ich mit Studierenden mehrmals visioniert habe. Dabei stand die Frage nach den Arten der Kommunikation zwischen den unterschiedlichen am Gottesdienst Teilnehmenden im Mittelpunkt: Was beobachten wir? Wie kommt Kommunikation zustande? Wodurch wird sie blockiert oder erschwert? Welche «Faktoren» spielen dabei eine Rolle? Was sind spezifisch gottesdienstliche Chancen der Kommunikation? Wo zeigen sich Fallen?

8   MORGENTHALER, V.: Liebe Gott, Dir wei mer singe. Es Psalterli für di Chlyne, Zürich 1995. Vgl. auch SCHINDLER, R. / ARNO: Im Schatten deiner Flügel. Die Psalmen für Kinder, Düsseldorf 2005.

9   Möglicherweise gibt dies den Kindern einen Spielraum für ihre eigenen Gedanken. Intensive Beteiligung kann so gerade durch Nicht-Aktivität ermöglicht werden.

10 Gesangbuch der Evangelisch-reformierten Kirchen der deutschsprachigen

Schweiz (RG), Verein zur Herausgabe des Gesangbuches der Evangelisch-reformierten Kirchen der deutschsprachigen Schweiz (Hrsg.), Basel / Zürich 1998.

11 So sind die meisten ausländischen bzw. Emigrierten-Kinder (und ihre Eltern) in reformierten Gottesdiensten nicht präsent, weil sie anderen Konfessionen oder Religionen angehören. Ich halte die Frage für wichtig, wie auch interreligiöse Feiern mit Kindern möglich gemacht werden könnten. Ich kann aber hier nicht darauf eingehen und verweise nur auf KUHN, E.: Christlich-muslimische Schulfeiern. Grundlegende Sachinformationen. Ausgearbeitete Entwürfe. Weiterführende Arbeitshilfen, Neukirchen-Vluyn 2005.

12 Deshalb wirkt es eher peinlich, wenn KU-Kinder Texte vorlesen, die als *ihre* Texte ausgegeben werden, bei denen aber gleich erkennbar wird, dass sie eine *vor*gegebene Überzeugung spiegeln. Umgekehrt kann es eindrücklich sein, wenn gegebene eine Schülerin einen ihr fremden Text liest – und spürbar wird, dass *sie* sich damit als mit einem ihr *fremden* Text auseinandergesetzt hat.

13 Vgl. ENZNER-PROBST, B.: «Brot und Rosen». Liturgiedidaktik als Herausforderung pastoraler Aus- und Fortbildung. Konsequenzen aus der liturgischen Praxis von Frauen, in: EvTh 62 (2002), 101–112; 110.

14 Dies kann auch mit dem Begriff der «Selbstähnlichkeit» gefasst werden. Die Selbstähnlichkeit ist ein Phänomen, das oft in der Natur auftritt. Zum verwandten Begriff des «Fraktalen» in Bezug auf Phänomene des Emotionalen vgl. CIOMPI, L.: Die emotionalen Grundlagen des Denkens. Entwurf einer fraktalen Affektlogik. (Sammlung Vandenhoeck), Göttingen ³2005 [1997].

15 Dieser Spannungsbogen besteht seinerseits wieder aus kleineren Spannungsbögen und «Szenen». Mit Fokussierung auf die Predigt hat dies NICOL, M. überzeugend gezeigt: Einander ins Bild setzen. Dramaturgische Homiletik, Göttingen 2002.

16 «Rolle» muss dabei keineswegs etwas bloss «Äusserliches» bedeuten – oder etwas, das die Rollenträgerin von sich selber entfremdet, im Gegenteil. Vgl. MEYER-BLANCK, M.: Inszenierung des Evangeliums. Ein kurzer Gang durch den Sonntagsgottesdienst nach der Erneuerten Agende, Göttingen 1997; DERS.: Inszenierung und Präsenz. Zwei Kategorien des Studiums Praktischer Theologie, in: WzM 49 (1996), 2–16; DERS.: Authentizität, Form und Bühne: Theatralisch inspirierte Liturgie, in: PTh 94 (2005), 134–145.

17 Dies wird in manchen KU-Gottesdiensten durch eine Symbolanhäufung erschwert. Dies gilt auch für den Barlinger Gottesdienst.

18 Vgl. MEYER-BLANCK a. a. O. (1997); er spricht von «Ritualisten in 1. Ableitung» (45).

[19] Die Gottesdienste werden dann meistens auch viel zu lang.
[20] Vgl. dazu auch GÄBLER, CH.: Kinder im Gottesdienst. Theorie und Praxis generationenübergreifenden Feierns, Stuttgart et al. 2001, 39–40. – In meinem Forschungsprojekt ist deshalb das Konzept der «religiösen Kompetenz» von grosser Bedeutung (vgl. unten 3.7). Für dieses Konzept habe ich einen entscheidenden Anstoss durch den Aufsatz von MATTHES, J. über die Mitgliedschaftsstudien der EKD im Spiegel asiatischer Gesprächspartner bekommen (in: PTh 85 (1996), 142–156).
[21] Das Komische erscheint nicht als Gag, sondern als überraschend andere Wirklichkeit. Dazu BERGER, P. L.: Erlösendes Lachen. Das Komische in der menschlichen Erfahrung, Berlin 1998. [Amerik. Originalausgabe «Redeeming Laughter» Berlin 1997.]
[22] Vgl. dazu WAGNER-RAU, U.: Segensraum. Kasualpraxis in der modernen Gesellschaft, Stuttgart et al. 2000. Ausführlicher zum Segen im Gottesdienst äussere ich mich in meinem Beitrag: Segens- und Sendungsworte, in: www.liturgiekommission.ch, Link Liturgische Orientierung II. G. Elemente: Segens- und Sendungsworte (Zugriff: 17.6.2006).
[23] Mich haben hier die Ausführungen von MOSER, T. sehr beeindruckt (in: Von der Gottesvergiftung zu einem erträglichen Gott. Psychoanalytische Überlegungen zur Religion, Stuttgart 2003, 21ff).
[24] WAGNER-RAU differenziert den Segensraum in den Raum für das Erzählen der je eigenen Geschichte, den Raum grundlegender Akzeptanz, den Raum der Kreativität, der Begegnung mit einem Anderen und der liturgischen Gemeinschaft (a. a. O., 122ff).
[25] Zum Alltagsbezug des Gottesdienstes treffend und aufschlussreich: GRETHLEIN, CH.: Ist die «Messe» der Haupt-, der Predigtgottesdienst ein Nebengottesdienst? Evangelisches Plädoyer für die situationsgemässe liturgische Gestaltung der Kommunikation des Evangeliums, in: PTh 94 (2005), 480–491.
[26] Konkrete Ausführungen dazu bringe ich in: BADER, B. et al. (Hrsg.): Gottesdienst mit Klein und Gross. Bd. 4: Materialien und Impulse zur Taufe, Zürich 2006, 64ff.
[27] Vgl. dazu, besonders auch im Blick auf die Liturgie als «Spiel», KLIE, T.: Zeichen und Spiel. Semiotische und spieltheoretische Rekonstruktion der Pastoraltheologie. PThK, Band 11, Gütersloh 2003; FRIEDRICHS, L.: Auf der Suche nach Gott. Liturgische Aufbrüche – wohin? in: Arbeitsstelle Gottesdienst 17 (2003), Heft 3, 25–37, 33; MEESMANN, H. (im Gespräch mit Hans Saner, Harald Schroeter-Wittke, Susanne Wolf-Withöft): Spiel und Religion. Wechsel-Wirkungen 44. Waltrop 2003, 28ff.

28 Ich vermute, dass den Kindern in Umbach ein Zugang zur «Taufe» im Unterricht und beim Verfertigen ihrer Geschenke ermöglicht worden ist – und weniger im Taufgottesdienst.
29 Eine pointierte Bemerkung von BOFF, L. habe ich nicht mehr vergessen: «Ohne Vorbereitung ist Begegnung Formalismus.» (Kleine Sakramentenlehre, Düsseldorf 1976 [zahlreiche Auflagen], 103.)
30 Dazu WELZER, H./ MARKOWITSCH, H. J.: Umrisse einer interdisziplinären Gedächtnisforschung, in: Psychologische Rundschau 52 (2001), 205–214.
31 Reformierte Kirchen Bern-Jura-Solothurn, Bereich Religionspädagogik und Bildung, Fachstelle Unterweisung und Religionspädagogik (AKUR) (Hrsg.): FAMULA. Junge Familien bewegen. Wie Kirche Raum schaffen kann – eine Arbeitshilfe, Bern 2001 [Projektleitung und Redaktion: ZOGG HOHN, L.], 37.
32 Ausführlicher dazu meine Beobachtungen und Überlegungen in: Begegnung und Inhalt. Zur Priorität der Beziehungsebene in der kirchlichen Praxis, in: ThZ 46 (1990), 64–79.
33 Vgl. WATZLAWICK, P./ BEAVIN, J. H./ JACKSON, D. D.: Menschliche Kommunikation. Formen, Störungen, Paradoxien, Bern et al. 1969, [^{10}2003], zum Thema «Doppelbindung». Eine Untersuchung dieses Phänomens im Bereich kirchlicher Praxis und akademischer Theologie wäre wichtig und aufschlussreich.
34 Beeindruckend und überzeugend finde ich auch die Art, wie im «Thurner» Modell die Kinder willkommen geheissen werden: Reformierte Kirchen Bern-Jura-Solothurn, Bereich Religionspädagogik und Bildung, Fachstelle Unterweisung und Religionspädagogik (AKUR) (Hrsg.): Familiengottesdienste in Thurnen. Ein Werkheft mit Gottesdienst-Modellen, in denen Kinder und Erwachsene sich wohl fühlen, Bern 2001.
35 Die Stimmung in Teams ist manchmal schlecht und kann auch nicht stante pede verändert werden. Spannungen auf persönlicher Ebene können aber durch die Absprache von Zuständigkeiten und klarer Rollenverteilung gemildert werden. Oft lohnt sich eine gemeinsame Supervision.
36 CORNEHL, P. (1983): Gottesdienst als Integration, in: DERS. (vgl. Anm. 3), 225–245. 242.
37 Dazu CORNEHL, P.: Homiletik und Konziliarität, in: WPKG 65 (1976), 490–506; DERS.: Was ist ein konziliarer Prozess? Erfahrungen und Kriterien, in: PTh 75 (1986), 575–596.
38 Eine Pfarrerin hat mir erzählt, dass ihre sechsjährige Tochter beim «Predigt-Spiel» (welches das Kind für sich selbst inszeniert) ein feierliches «Fürio-Eleison» ausspricht. Sie interpretiert es so, dass das Kind etwas vom feurigen

Geheimnis des «Kyrie-Eleison» in seine eigene Erlebniswelt übersetzt hat.

[39] KABEL, T.: Handbuch Liturgische Präsenz (Zur praktischen Inszenierung des Gottesdienstes, Band 1), Gütersloh 2001; und WÖLLENSTEIN, T. (Hrsg.): Werkbuch Liturgische Präsenz nach Thomas KABEL, Gütersloh 2002. Eine kritische Übersicht der unterschiedlichen Konzepte von «liturgischer Präsenz» findet sich bei STÄBLEIN, C.: Präsenz üben, aber wie!? Eine Differenzierung der Vorstellung ‹Liturgischer Präsenz› in liturgiedidaktischer Absicht, in: PT 38 (2003), 287–295.

[40] Das Konzept von KABEL wird m. E. dann sinnvoll rezipiert, wenn nicht verloren geht, «was in der Gottesdienstbewegung der letzten fünfundzwanzig Jahre an Sinn für Gottesdienst und Gemeinschaft gewachsen ist»; so CORNEHL (2001): Liturgische Kompetenz und Erneute Agende, in: DERS. (vgl. Anm. 3), 435–456, 447 – im Anschluss an Ulrike WAGNER-RAU.

[41] ENZNER-PROBST: Frauenliturgien als Performance. Die Bedeutung von Corporealität in der liturgischen Praxis von Frauen, München 2005 [Habilitationsschrift an der CETheol der Universität Bern].

[42] ENZNER-PROBST (vgl. Anm. 13), 109. Sie merkt hier auch an, dass die «‹im Laufe pastoraler Ausbildung sich verhärtende Enteignung vieler Pfarrerinnen und Pfarrer von der ‹Resonanzfähigkeit› ihrer eigenen Leiblichkeit ... die ‹Kommunikation des Evangeliums› schwerwiegender (behindere), als gemeinhin angenommen» werde (111).

David PLÜSS

Liturgische Atmosphärenräume

Plädoyer für eine «ganzheitliche» Sicht des reformierten Gottesdienstes

«Das der Natur nach Nächste mag für uns das Fernste sein, sagt Aristoteles. Das gilt auch für die Atmosphären. Zwar wird jedermann zugeben, dass die Atmosphäre das erste ist, was man spürt, wenn man einen Raum betritt – und dann erst nimmt man Personen, Dinge, Signale war –, und doch werden im Alltag die Atmosphären kaum als solche bemerkt, sie sind in der üblichen Lebensform immer schon übergangen.»

Gernot Böhme[1]

1 Glauben und Verstehen

Glauben und Verstehen sind nach reformiertem Selbstverständnis eng aufeinander bezogen. Glaube ist demnach kein blinder Glaube und kein blinder Gehorsam. Vielmehr «sucht und findet und schafft» das Wort Gottes mündige Menschen.[2] Darum steht im reformierten Gottesdienst auch die Predigt im Zentrum – und nicht etwa die Eucharistie, wie in der Messe. Darum wird im reformierten Gottesdienst so viel Wert aufs Wort gelegt, auf eine präzise und zugleich verständliche Sprache, welche die Glaubensinhalte auf den Alltag hin begreiflich zu machen sucht und so den «Alltag der Welt» in den Gottesdienst hereinholt und bearbeitet. Ein Indiz dazu: Nicht selten hört man Deutschschweizer Reformierte sagen, sie gingen nicht in den Gottesdienst, sondern sie gehen «z'Predig». Von ihr erwarten sie, dass diese sie für den Alltag stärkt und neu ausrichtet.

Zwischen dem Anspruch dieses homiletisch-liturgischen Programms und der Art, wie Menschen einen Gottesdienst erleben, scheint ein tiefer Graben zu klaffen. Häufig können sich Predigthörende kaum mehr an den gesamten Gedankengang einer Predigt erinnern, wohl aber an bestimmte Eindrücke, die die Sinne ansprechen und emotional wie inhaltlich-kognitiv verortet sind. Bei Predigtnachbesprechungen fällt durchwegs auf, dass die meisten Zuhörenden bei einem besonderen Motiv der Predigt hängen bleiben und daran eigenständig weiterdenken, indem sie eigene Fragen und Geschichten mit einzelnen Motiven der Predigt verweben.

Die Differenz zwischen Anspruch und Wirklichkeit verkleinert sich beträchtlich, wenn das reformierte Prinzip des Verstehens nicht einseitig kognitiv gefasst wird, sondern wenn man erkennt, dass Verstehen auch sinnliche und emotionale Dimensionen umfasst. Zudem geschieht das Verstehen in einem religiösen Sinn und gottesdienstlichen Kontext anders als etwa das Verstehen einer mathematischen Formel. Religiöses Verstehen bezieht sich auf die gesamte Existenz eines Menschen. Es betrifft seine Identität in ihrem Selbst- und Weltbezug. Es konvergiert mit religiöser Erfahrung, die ihrerseits eine komplexe Einheit aus emotional-sinnlichem Erlebnis (Rezeption), Ausdruck (Expression) und Deutung (Reflexion) darstellt.[3]

Den Vorwurf, reformierte Gottesdienste seine verkopft und wortlastig, kann man entkräften, wenn diese spezifische Textur religiösen Verstehens im Auge behalten wird. Aus einem solchen Begriff religiösen Verstehens ergeben sich allerdings gewichtige Konsequenzen für das Verständnis von Gottesdienst und Predigt. Die wichtigste Konsequenz besteht in der Notwendigkeit, den Gottesdienst als komplexen, mehrdimensionalen Handlungs- und Kommunikationsvollzug wahrzunehmen und zu gestalten. Dabei leistet der aus der Phänomenologie stammende und insbesondere von den beiden deutschen Philosophen SCHMITZ[4] und BÖHME[5] geprägte Begriff der *Atmosphäre* unschätzbare Dienste.

2 Zwischen Ding und Subjekt

Gottesdienste sind immer auch atmosphärisch geprägte Anlässe.[6] Die Atmosphäre spielt für das Verstehen im oben genannten Sinn eine kaum zu überschätzende Rolle. Das Erleben, das Mitgehen und Berührtwerden im Gottesdienst kann atmosphärisch gestört und verhindert, oder aber begünstigt werden. Empfindet jemand die Atmosphäre eines Gottesdienstes als steif, versteift er sich selbst und sowohl die körperlich-gestische wie die inhaltlich-kognitive Kommunikation werden gestört. Wirkt die Atmosphäre peinlich, fühlt man sich unwohl und wäre lieber woanders. Die am Gottesdienst Teilnehmenden kommen dann im Gottesdienst nicht an, sondern bleiben als peinlich berührte Beobachtende «draussen».

Das bedeutet: Eine Atmosphäre ist kein auf ein Individuum begrenztes Gefühl. Sie löst dies zwar aus, aber erst in zweiter Linie: als Resonanz auf Überindividuelles und auf Räumliches. BÖHME hat einleuchtend dargestellt, wie sich Atmosphären auf einer Grenze bewegen, als Kippfiguren, die sich sowohl objektiv dinghaft als auch subjektiv individuell präsentieren und so gleichsam ein Drittes bilden, einen Zwischenstatus, den die Reflexion in der Regel unterschlägt.[7] Eine Atmosphäre bestimmt einen Raum und füllt ihn aus. Sie ist räumlich verfasst. Dabei hängt das Atmosphärische in einem Gottesdienst von verschiedenen Faktoren ab: von den Bewegungen im Raum, von den Gesten und der Stimmführung der Akteure, von der Musik und den Liedern, von den kommunizierten Inhalten sowie von den Lichtverhältnissen und den Eigenheiten des Kirchenraums.[8] Alle Elemente, die einen Gottesdienst bestimmen, konstituieren – in unterschiedlichem Grade – auch die verschiedenen Atmosphären im Gottesdienst.

Nach SCHMITZ ist eine Atmosphäre mit einem Raum vergleichbar, in den der Mensch eintritt und der ihn in sich aufnimmt. So verstandene Atmosphären umgeben den Menschen also nicht nur, sondern durchdringen ihn und artikulieren sich als individuelle Stimmungen und Gefühle, die die Aufmerksamkeit leiten und die Möglichkeit sowie die Art und Weise verbaler wie nonverbaler Kommunikation bestimmen. Das Individuum wird in seiner auch leiblich verfassten Gestimmtheit in einen atmosphärischen Raum eingebunden, wird gleichsam zum Resonanzkörper einer überindividuellen Wesenheit. Obwohl sich die individuellen Rezeptionen einer Atmosphäre deutlich unterscheiden können, bleiben die unterschiedlichen Formen doch auf den einen Raum bezogen. Dadurch verschwimmen die vermeintlich klaren Grenzen von Innen und Aussen, von Ich und Anderen, von Individualität und Sozialität. Eine Atmosphäre nimmt mich in sich auf, sie «ergreift» mich,[9] ich gerate in sie hinein und werde – zuweilen mit anderen zusammen – ein Teil von ihr und sie ein Teil von mir. Sie bestimmt situativ und temporär meine emotionale, leibliche und kognitive Identität. Sie beeinflusst meine Wahrnehmung wie mein Verhalten. Zutreffend schreibt SCHMITZ:

«Gefühle sind Atmosphären, die räumlich ortlos [d. h. ungegenständlich, konturlos; Anm. D. P.] ergossen die ganze jeweilige Umgebung mit einer Autorität in Anspruch nehmen, die dem Feinfühligen spürbar eine Norm für sein Verhalten auferlegt.»[10]

Und an anderer Stelle: «Der Räumlichkeit der ortlos als Atmosphären ergossenen Gefühle entspricht die Leiblichkeit des affektiven Betroffenseins von ihnen. Fühlen als Ergriffensein von Gefühlen – im Gegensatz zum bloss wahrnehmenden Fühlen z. B. des Schadenfrohen, der die Trauer Anderer wahrnimmt – ist immer leiblich, nämlich ein Eingreifen der Atmosphären in das leibliche Befinden, eine leiblich gespürte Heimsuchung.»[11]

Atmosphären artikulieren sich demnach immer auch *leiblich-gestisch*, durch eine bestimmte leibliche Wahrnehmung und gestische Performance,[12] vorausgesetzt, eine Atmosphäre hat mich ergriffen und ich halte sie nicht in Armlänge auf Abstand, wie etwa in der Schadenfreude.

3   Vom Hineingeraten oder Eintreten

Wer von einer Atmosphäre ergriffen wird, muss nicht notwendigerweise davon gleich auch überwältigt sein. Zumindest kann man sich partiell oder ganz auf eine Atmosphäre einlassen oder sie abwehren; oder – als Prozess beschrieben – man begibt sich in sie hinein und lässt sich nach und nach von ihr ergreifen. Die Möglichkeit der Entscheidung zwischen Sich-Einlassen und Distanznahme hängt zum einen von der emotionalen Empfänglichkeit eines Menschen, zum anderen von der Intensität einer Atmosphäre ab. Eine Gewitterstimmung oder ein charismatischer Gottesdienst drängen je nach Person kräftiger heran als ein Kindergeburtstag oder ein wissenschaftlicher Vortrag.[13]

Religiöse Atmosphären sind zuweilen so intensiv, dass man sich nur schwer Schritt um Schritt auf sie einlassen kann; man wird geradezu gezwungen, sich zwischen Ergriffen-Sein und Distanziertheit zu entscheiden.[14] Dies ist im Gottesdienst entsprechend zu berücksichtigen.

Für gewöhnlich kommen Menschen immer schon mit einer gewissen Stimmung in einen Gottesdienst. Diese tragen sie in den Gottesdienst hinein. Die Differenz zwischen dieser individuellen Gestimmtheit und der vorgefundenen gottesdienstlichen Atmosphäre kann unterschiedlich sein und lässt sich wie folgt umschreiben:

- als *Konflikt* – die private Situation steht in Spannung zur Atmosphäre des Gottesdienstes und lässt sich mit dieser nicht vereinbaren,
- als *Empfänglichkeit* und Offenheit für das Kommende – bei einer Abdankungsfeier oder einer kirchlichen Trauung haben die Teilnehmenden klare Erwartungen,
- als *Kontrastverstärkung* – ein Trauernder gerät in eine ausgelassene Feier,
- als *Kontrastverminderung* – die Freude der Fröhlichen wird durch die Begegnung mit Trauernden in der Regel gedämpft,
- als *Transformation* hin zu etwas Drittem[15] – die Trauzeremonie lässt die Verheirateten sich an ihre eigene Trauung erinnern.

Der Eröffnungssequenz des Gottesdienstes kommt deshalb die wichtige Aufgabe zu, diese Differenzen nach Möglichkeiten wahrzunehmen, aufzugreifen und entsprechend zu gestalten. Atmosphärische Konflikte können dadurch abgebaut, ungewollte Kontrastverstärkungen vermieden oder das beabsichtigte Ankommen im liturgischen Atmosphärenraum gefördert werden.[16]

Wie lassen sich Atmosphären nun aber genauer erfassen und für liturgisches Handeln dienstbar machen? Atmosphären sind ja in der Tat nur schwer dingfest zu machen und lassen sich nur schwer objektivieren. Erkennbar sind sie einzig durch ihre Resonanz und Wahrnehmung im Sinnlich-Emotionalen und im Leiblich-Gestischen von Einzelnen oder Gruppen. Die Qualität einer bestimmten Atmosphäre lässt sich folglich nur indirekt, in subjektiver wie in szenisch-kommunikativer Perspektive erheben. Somit lässt sie sich nicht definieren, sondern immer nur annäherungsweise beschreiben durch die – untereinander durchaus differierenden – individuellen wie kollektiven Resonanzen, die sie auszulösen vermag.

4   Atmosphärische Gestaltungselemente

Da gottesdienstliche Atmosphären durch unterschiedliche Faktoren konstituiert werden, sind sie kontextoffen, dynamisch und lassen sich gestalten.[17] Dieser Sachverhalt ist für den Gottesdienst von besonderer Bedeutung. Sowohl die professionellen Beteiligten wie auch die Teilnehmenden (auch sie sind liturgisch immer aktiv) beeinflussen die Qualität von Atmosphären. Folgende Faktoren sind für die Atmosphären im Gottesdienst bedeutsam:

Bewegungen, Gesten und Mimik der Liturgen einerseits bringen eine Atmosphäre nicht nur zum Ausdruck, sondern modellieren und modifizieren sie. Bewegungen, Gesten und Mimik der Teilnehmenden andererseits stehen als Resonanz dazu und bilden ein sich entwickelndes Feedback. Sie fördern eine Atmosphäre, beschneiden diese oder lenken sie in eine bestimmte Richtung.

Musik und *Lieder* sind für das emotionale Erleben deshalb bedeutsam, weil sich Gottesdienstteilnehmende noch lange an die Musik erinnern, selbst wenn sie die vermittelten Inhalte bereits vergessen haben. Die Musik erzeugt und gestaltet eine Schwingung, die in die nichtmusikalischen Teile hinein wirkt und zuweilen noch lange nachschwingt. Gemeinsam gesungene Lieder können die vereinzelten Teilnehmenden – temporär oder nachhaltig – in eine Gemeinschaft verwandeln und so das Gottesdiensterleben insgesamt prägen.

Atmosphärisch relevant sind selbstverständlich auch die vermittelten *Inhalte*. Ob die Liturgen den Gottesdienst politisch und auf verantwortliche Weltgestaltung hin gestalten oder Trauernden Trost vermitteln wollen, ob sie einen bestimmten konfessionellen Brauch feiern möchten oder mit poetischen Elementen und Symbolen religiöse und ästhetische Bedürfnisse befriedigen wollen, hat atmosphärische Konsequenzen. Dabei lassen sich die Inhalte in atmosphärischer Hinsicht nicht von der Form – z. B. von der Stimmführung, Rhythmisierung und Gestik – trennen.[18]

Im Weiteren prägen die *Stimme* und *Sprechweise* der Liturgen die Atmosphäre.[19] Menschen werden zwar nicht durch eine tröstliche Stimme und Stimmführung getröstet, aber das Getröstetwerden kann dadurch verhindert, gestört oder aber unterstützt werden.

Auch *Lichtverhältnisse* in einem Kirchenraum sind atmosphärisch bedeutsam, und zwar die natürlichen wie die künstlichen. Kleine Eingriffe bewirken erstaunliche Veränderungen. Dabei ist nicht nur die Helligkeit im Raum entscheidend, sondern mindestens ebenso die Art der Ausleuchtung. Bestimmte Plätze im Raum oder ein einzelnes Zentrum, mit welchem Raumdimensionen und -konturen wahrgenommen werden, können speziell beleuchtet werden. Die architektonisch kunstvoll inszenierten, natürlichen Lichtquellen einer Kathedrale gestalten das

Verhältnis von innen und aussen, von Gottesdienst und Welt,[20] oder aber von Immanenz und Transzendenz.[21]

Der *Kirchenraum* ist damit bereits angesprochen. Kirchenräume sind atmosphärisch immer schon qualifiziert. Eine gotische Kathedrale generiert nicht nur eine ungleich intensivere, sondern auch eine gänzlich andersartige Atmosphäre als ein kirchlicher Mehrzweckraum, in dem unter anderem auch Gottesdienste gefeiert werden.[22] Die romanische Krypta der Basler Leonhardskirche empfängt die Besucherin atmosphärisch anders als der darüberliegende Hallenbau. Bestimmte Räume bergen und modellieren – je nach Tageszeit, Jahreszeit und Wetterverhältnissen – bestimmte Atmosphären. Diese Atmosphären finden wir vor, wenn wir in eine Kirche eintreten. Sie bilden so etwas wie das ‹atmosphärische Rohmaterial›. Sie lassen sich liturgisch aufnehmen und gestalten. Liturgisch gegen das atmosphärisch Vorgefundene anzukämpfen, dürfte mühevoll sein und wäre widersinnig. Das Ziel müsste vielmehr sein, eine bestimmte Raumatmosphäre in ihrer Qualität – in ihrem Potenzial wie in ihren Grenzen – wahrzunehmen und in die liturgische Gestaltung zu integrieren.

5   Inszenatorische Synthese

Das Augenmerk auf liturgische Atmosphärenräume ist nicht nur darum wichtig, weil diese gottesdienstliches Erleben nachhaltig prägen, sondern auch deshalb, weil es die Gestaltung auf den integralen liturgischen Zusammenhang hin intendiert. Durch diese Intention werden die einzelnen Elemente auf die produktions- wie rezeptionsästhetische Einheit eines Gottesdienstes hin fokussiert. Gestalterische oder theologisch-inhaltliche Veränderungen und Optimierungen einzelner Elemente sind nur dann sinnvoll, wenn sie mit der Eigenart einer liturgischen Atmosphäre korrespondieren. Den Gottesdienst aus der Perspektive der Atmosphäre zu betrachten, bewahrt davor, sich in liturgischen Details zu verlieren. Den Musikstil zu wechseln, etwa hin zu populärer Kirchenmusik, hat Konsequenzen für den gesamten Gottesdienst und kann nicht isoliert betrachtet und vollzogen werden.

Wenn man davon ausgeht, dass das Ziel gottesdienstlicher Gestaltung darin besteht, dass Menschen von Gott in Christus angesprochen und berührt werden, dann sind liturgische Atmosphären zwar nicht identisch mit dem Leben stiftenden Gotteswort, aber sie erweisen sich als hilfreiche Elemente, diesem einen Raum zu geben.

6 Liturgische Atmosphärenkompetenz

Von professionell liturgisch Handelnden sollte aus obigen Überlegungen folgend eine liturgische Kompetenz für die Gestaltung von Atmosphären erwartet werden können. Eine solche basiert auf dem Vermögen, verschiedene Atmosphären differenzieren zu können. Um gezielt Atmosphären wahrnehmen, gestalten und hervorrufen zu können, müssen sie zuvor als solche erkannt und unterschieden werden können. Ich schlage eine formale Differenzierung vor, entgegen der umgangssprachlich üblichen inhaltlichen Bestimmung von Atmosphären etwa als ‹locker›, ‹steif›, ‹peinlich›, ‹gespannt›, ‹fröhlich›, ‹feierlich› etc. Gottesdienstliche Atmosphären lassen sich über die Achsen Individualität / Sozialität und Aktivität / Passivität unterscheiden. Daraus ergeben sich die vier folgenden atmosphärischen Typen: 1. Atmosphären des Ich, 2. Atmosphären des Wir, 3. Atmosphären der Gelassenheit und 4. Atmosphären des Tuns.

Wie in allen Typologisierungen kommen auch diese Typen nie rein, sondern immer in Mischformen vor. Die folgende Charakterisierung der vier Typen hat somit eine heuristische Funktion.

6.1 Atmosphären des Ich

Eine liturgische Atmosphäre kann so beschaffen sein, dass sie eine einzelne Person betrifft, sie aus der Gemeinschaft der Mitfeiernden herauslöst, herausfordert, anspricht und sie in ein Verhältnis zur göttlichen Transzendenz stellt. Trotz dieser Fokussierung auf das Individuum hört die Atmosphäre aber nicht auf, «randlos ergossener Gefühlsraum»[23] und also überindividuell zu sein. Sie betrifft potenziell alle Individuen in ihrem Kraftfeld in ähnlicher Weise.

Solche Atmosphären können sich in einem Gottesdienst insgesamt oder bei einzelnen liturgischen Elementen einstellen. Gebete, Bibellesungen, die Predigt oder der Segen können solche Atmosphären des Ich erzeugen. Bestimmte gottesdienstliche Anlässe stehen Atmosphären des Ich näher als andere: Meditative Gottesdienste, mystisch oder seelsorgerlich geprägte Feiern richten sich in besonderer Weise an den Einzelnen. Die Fokussierung auf das Individuum bezüglich Glaubensvollzug und Lebenspraxis entspricht darüber hinaus reformierter Theologie und Liturgik ganz allgemein.

6.2 Atmosphären des Wir

Atmosphären des Wir bilden den Gegenpol derselben Achse. Es sind dies Atmosphären, die es ermöglichen, Individuen in ein Kollektiv einzubinden bzw. in eine Gemeinschaft zu verwandeln, sei es, dass individuelle Grenzen verflüssigt werden und ein Wir entsteht, welches die Selbstwahrnehmung des Einzelnen massgeblich bestimmt, sei es, dass bei den Einzelnen das Bedürfnis entsteht, auf andere zuzugehen, mit ihnen in Kontakt zu treten und sich ihnen mitzuteilen, oder sei es, dass der einzelne Mensch zwar bei sich bleibt, ihm aber unabweisbar deutlich wird, dass sein Selbstwert wesentlich auch davon abhängt, dass und inwiefern er immer wieder in ein gottesdienstliches Wir, in das Kollektiv einer feiernden und betenden Gemeinde eingebunden ist und aus diesem Wir als Individuum gestärkt und orientiert bzw. getröstet und berufen hervorgeht.

Auch Atmosphären des Wir können an spezifischen Stellen des Gottesdienstes prononciert auftreten. So weisen liturgische Elemente wie der gemeinsame Gesang, gemeinsam gesprochene Psalmen und Gebete oder auch das Abendmahl im Kreis ein inneres Gefälle hin zu solchen Atmosphären auf. Starke Atmosphären des Wir finden sich in charismatischen und evangelikalen Gottesdiensten, in Hausgottesdiensten und in Familiengottesdiensten, aber auch bei Hochzeitsfeiern und bei Gruppengottesdiensten wie z. B. Frauenfeiern.

6.3 Atmosphären der Gelassenheit

Atmosphären der Gelassenheit zeichnen sich dadurch aus, dass sie Menschen von einem Leistungsdruck zu befreien vermögen. Sie machen körperlich, emotional und kognitiv erfahrbar, dass sich der Selbstwert eines Menschen nicht durch das konstituiert, was er tut, weder durch seine anerkennungswürdigen Leistungen noch durch seine sozialen Selbstdarstellungen, sondern unabhängig davon und von anderswo her – in christlicher Terminologie: von Gott her. Dadurch stellt sich Gelassenheit ein: Gelassenheit gegenüber dem Schwierigen und Schuldhaften, das einen Menschen bedrängen kann, wie gegenüber den Gefahren, die aus der Zukunft auf ihn zustürmen mögen. Atmosphären der Gelassenheit können sich zum Beispiel in seelsorgerlich, meditativ und/oder ästhetisch intendierten Gottesdiensten einstellen. Die Geste des Betens ist dabei eine mögliche Gestaltung der Atmosphäre der Gelassenheit, insbesondere in der gebeugten Haltung mit gefalteten Händen oder aber in der Haltung des Empfangens, wie sie zuweilen beim Segen praktiziert wird. Aber auch in den musikalischen Teilen des Gottesdienstes kann die Atmosphäre der Gelassenheit erfahren werden.

6.4 Atmosphären des Tuns

Atmosphären des Tuns motivieren, setzen Menschen in Bewegung und versehen sie mit umsichtig-verantwortlicher Tatkraft. Jeder Gottesdienst enthält aktivierende Elemente. Sie treten insbesondere im Predigtteil, bei den Fürbitten und im Sendungsteil auf. Wenn wir nach aktiv gestimmten Gottesdiensttypen fragen, so sind es vor allem die politischen Gottesdienste, die hier zu nennen sind. Interessant ist nun, dass diese, was die Anzahl der Durchführung wie die Beteiligung anbetrifft, im Vergleich zu den 1970er und 1980er Jahren stark im Abnehmen begriffen sind. Offenbar haben liturgische Atmosphären des Tuns, sofern sie einen Gottesdienst insgesamt prägen, an Attraktivität und religiöser Evidenz eingebüsst.

Die hier erwähnten Atmosphären-Typen sind in Abtönungen und Mischungen wirksam. Sie prägen den Gottesdienst in den verschiedenen Teilen und Elementen der Liturgie und in unterschiedlicher Intensität und Qualität. Das heisst: Ein Gottesdienst besteht nicht nur aus einer einzigen Atmosphäre, sondern aus mehreren, und nicht nur aus einer bestimmten Farbe, sondern aus verschiedenen. Durch Rhythmus und Intervalle, durch Rhythmuswechsel und die unterschiedlich langen liturgischen Teile ergibt sich ein Atmosphärenraum. Für die Gestaltung bedeutet dies, dass alle Übergänge, vom Alltag in den Gottesdienst und zurück wie auch zwischen den einzelnen liturgischen Teilen, wichtig sind und dass ihr vielstimmiger Zusammenklang zuweilen eine ganze atmosphärische Symphonie entstehen lässt.

Diese Überlegungen zu Atmosphären im Gottesdienst sind erste Versuche, die der weiterführenden Entfaltung in kontinuierlicher Auseinandersetzung mit der liturgischen Praxis und den liturgisch Praktizierenden – den professionellen Akteuren wie der Gemeinde – bedürfen. Atmosphären sollen eine liturgische Perspektive eröffnen, die dem Umstand Rechnung trägt, dass religiöses Verstehen und sinnenfälliges religiöses Erleben sich nicht gegenseitig ausschliessen, sondern unterschiedliche Aspekte derselben Sache sind.

Anmerkungen

1 BÖHME 1998, 7.
2 BUSCH 2002, 112.
3 Ich nehme damit eine Konzeption von Erfahrung auf, die Wilhelm DILTHEY geprägt hat. Vgl. dazu erhellend JUNG 2000.
4 Vgl. SCHMITZ 1995, 18ff; 292ff; SCHMITZ 2002a.
5 Vgl. BÖHME 1995.
6 Von theologischer Seite ist es vor allem Manfred JOSUTTIS, der sich vertieft mit Schmitz' Konzept der Atmosphäre auseinandergesetzt und sie in die praktisch-theologische Diskussion eingebracht hat: vgl. JOSUTTIS 2000; JOSUTTIS 1998; JOSUTTIS 1993; JOSUTTIS 1991, bes. 32–34; 71–76; 278f; systematisch-theologisch diskutiert den Begriff Martin HAILER (2004).
7 Vgl. BÖHME 1995, 22; 96. Die Anbindung der Atmosphäre an Dinge und Konstellationen, die Profilierung der Atmosphäre als Ding-Aura, die BÖHME sodann vornimmt (Böhme 1995, 33), wird von Martin HAILER zu Recht kritisiert. Denn damit wird die Valenz von Atmosphären für die Generierung bzw. Qualifizierung der Identität eines Subjekts unterschlagen. Die Atmosphäre «determiniert den, der sich in ihr befindet.» (HAILER 2004, 169).
8 Der Bezug der Atmosphäre zum Kirchenraum ist naheliegend und wird von vielen Autoren vermerkt. Vgl. z. B. MÜLLER 1993, 150–153. – Mit diesem Bezug der Atmosphäre auf Gestaltungselemente wird auch deren historische Verfasstheit deutlich und die damit verbundene Notwendigkeit der Hermeneutik (vgl. dazu BÖHME 1995, 146; HUIZING 2002, 137).
9 SCHMITZ 2002a, 72.
10 SCHMITZ 2002a, 70.
11 SCHMITZ 2002a, 72f. Die von Johannes FISCHER geübte Kritik am Konzept emotional geladener Atmosphären, wonach dieses dem üblichen Sprachgebrauch personaler Zuschreibung von Gefühlen widerspreche, vermag nicht zu überzeugen (vgl. FISCHER 2002, 122). Berechtigt ist aber die Betonung

der Relationalität von transsubjektiver Atmosphäre und subjektiver Realisierung. Atmosphären sind nicht unabhängig von Individuen, durch die sie sich leiblich-emotional und kognitiv artikulieren, sinnvoll aussagbar, ohne in Metaphysik zu verfallen. Diese Gefahr scheint mir allerdings bei Hermann SCHMITZ, aber auch bei Manfred JOSUTTIS gegeben. Die Schauplätze von Atmosphären sind nicht einfach Räume, sondern Personen.

12 Vgl. SCHMITZ 2002a, 73: «Der Freudige weiss zu hüpfen und beschwingt auszuschreiten, entsprechend der schon erwähnten Leichtigkeit seiner Atmosphäre; der Kummervolle versteht sich ohne Weiteres darauf, schlaff und wie in sich zusammengesunken zu sitzen; der Beschämte braucht nichts einzustudieren, um den Blick zu senken und in gebeugter Haltung dazustehen; ebenso kann der Zornige die Faust ballen und die Lippen zusammenbeissen. Niemand, der so ergriffen ist, und sei er sonst noch so ungeschickt in der Gebärde, muss erst verlegen fragen, wie man so etwas macht.»

13 Ähnlich SCHMITZ 1969, 144: «Am Anfang steht die überraschende, handstreichartige Überwältigung, [...] und sie entwickelt sich zu einer Auseinandersetzung, bei der es für das Schicksal des Gefühls im affektiven Betroffensein auch darauf ankommt, ob der Betroffene sich diesem Gefühl überlässt oder es abwehrt und sich nach Möglichkeit entzieht.»

14 Vgl. Schmitz 2002b, 161f; grundlegend dazu aber auch die Analysen des Heiligen von Rudolf OTTO von 1917 (OTTO 1991). Es geht mir hier und im Folgenden nicht darum, eine Theologie der Atmosphären zu entwickeln, wie Martin HAILER dies ansatzweise versucht, sondern vielmehr darum, das Atmosphärische phänomenologisch offenzuhalten und es nicht vorschnell theologisch zu vereindeutigen und damit zu vereinnahmen. Darin scheint mir die Gefahr bei den einschlägigen Arbeiten von OTTO und JOSUTTIS, aber auch von SCHMITZ (SCHMITZ 1977, 87 u. a.) zu liegen. Atmosphären sollen damit allerdings nicht einem wie auch immer gearteten «neutralen Bereich» zugeschlagen werden (hierin stimme ich mit HAILER überein: HAILER 2004, 177), sondern deren theologische Relevanz soll für individuelle oder kollektive Rezeptionsprozesse anerkannt werden.

15 Vgl. SCHMITZ 2002a, 70.

16 Vgl. wiederum SCHMITZ 2002a, 74.

17 Vgl. JOSUTTIS 1993, 270.

18 Vgl. hierzu die homiletischen Reflexionen von Otto HAENDLER (1960, 144), der in diesem Zusammenhang allerdings weniger von Atmosphäre als vielmehr von dem durch den Prediger erzeugten *Fluidum* spricht.

19 Vgl. dazu MÖLLER 1989; aus dem Bereich Seelsorge RENSCH 1967, 23.

20 Als modernes Beispiel verweise ich auf die architektonisch bedeutsame

kubische Konstruktion der reformierten Kirche von Lutherbach (Kanton Solothurn, Schweiz), wo der Raum den Blick nach vorne durch eine Glasfassade auf das vor der Kirche stehende Kreuz frei gibt. Die dahinter stehende Mauer bildet eine Sichtblende gegen das anschliessende Grundstück. Innen und Aussen werden hier programmatisch verschränkt, indem das Aussen nicht einfach mit Welt konnotiert wird, sondern mit dem Kreuz als christlichem und liturgischem Zentralsymbol.

21 Sowohl das Lichtkonzept einer gotischen Kathedrale als auch dasjenige der Kirche von Ronchamps (Département Haute-Saône, Frankreich), gebaut vom Architekten Le Corbusier (Charles Jeanneret), sind Beispiele für die vertikale Ausrichtung, für die Verschränkung von Immanenz und Transzendenz.

22 Vgl. dazu JOSUTTIS 1991, 74f.

23 SCHMITZ 2002a.

Literatur

BUSCH, E.: Die Predigt, in: KRIEG, M. / ZANGGER-DERRON, G. (Hrsg.): Die Reformierten. Suchbilder einer Identität, Zürich 2002, 111–112.

BÖHME, G.: Atmosphäre. Essays zur neuen Ästhetik, Frankfurt a. M. 1995.

DERS.: Anmutungen. Über das Atmosphärische, Ostfildern vor Stuttgart 1998.

FISCHER, J.: Theologische Ethik. Grundwissen und Orientierung, Stuttgart / Berlin / Köln 2002.

HAENDLER, O.: Die Predigt. Tiefenpsychologische Grundlagen und Grundfragen, Berlin 1960.

HAILER, M.: Das Subjekt und die Atmosphären, durch die es ist. Ein religionsphilosophischer Versuch, ThZ 60, 2004, 165–183.

HUIZING, K.: Der inszenierte Mensch. Eine Medien-Anthropologie, Stuttgart / Zürich 2002.

JOSUTTIS, M.: Der Weg in das Leben. Eine Einführung in den Gottesdienst auf verhaltenwissenschaftlicher Grundlage, Gütersloh 1991.

DERS.: Gespräche in Atmosphären, in: GROSSHEIM M. / WASCHKIES, H.-J. (Hrsg.): Rehabilitierung des Subjektiven. FS für Hermann SCHMITZ, Bonn 1993, 267–279.

DERS.: Von der psychotherapeutischen zur energetischen Seelsorge, WzM 50, 1998, 71–84.
DERS.: Segenskräfte. Potentiale einer energetischen Seelsorge, Gütersloh 2000.
JUNG, M.: Religiöse Erfahrung. Genese und Kritik eines religionsphilosophischen Grundbegriffs, in: MOXTER, M. / JUNG, M. / SCHMIDT, T. M.: Religionsphilosophie. Historische Positionen und systematische Reflexionen, Würzburg 2000, 135–149.
MÖLLER, C.: «Heute, wenn ihr meine Stimme hören werdet.» Predigt als Stimme der Gemeinde, DtPfrBl 89, 1989, 255–260.
MÜLLER, T.: Evangelischer Gottesdienst. Liturgische Vielfalt im religiösen und gesellschaftlichen Umfeld, Stuttgart / Berlin 1993.
OTTO, R.: Das Heilige. Über das Irrationale in der Idee des Göttlichen und sein Verhältnis zum Rationalen, München 1991.
RENSCH, A.: Das seelsorgerliche Gespräch. Psychologische Hinweise zur Methode und Haltung, Göttingen 1967.
SCHMITZ, H.: Der Gefühlsraum. System der Philosophie Bd. III/2, Bonn 1969.
DERS.: Das Göttliche und der Raum. System der Philosophie III/4, Bonn 1977.
DERS.: Der unerschöpfliche Gegenstand, Frankfurt a. M. 1995.
DERS.: Gefühle als Atmosphären im Raum, in: SCHMITZ, H. / MARX, G. / MOLDZIO, A.: Begriffene Erfahrung. Beiträge zur antireduktionistischen Phänomenologie, Rostock 2002a, 65–75.
DERS.: Religion ohne Metaphysik, in: Begriffene Erfahrung, a. a. O., Rostock 2002b, 159–177.

Edith SLEMBEK

«Wort zum Sonntag»: Von der Idee zur Rede

Das «Wort zum Sonntag» ist in Deutschland, Österreich und der Schweiz nicht nur mit unterschiedlichen Sendetiteln verbunden, sondern auch mit unterschiedlichen Konzeptionen. Darüber hinaus ist es eine im Fernsehen etablierte Sendung. Es erfreut sich hoher Einschaltquoten[1] und wird meistens von Theologinnen und Theologen gesprochen. Ich habe mir im Vorfeld dieser Arbeit viele Sendungen dieser Art auf den deutschen öffentlich-rechtlichen und privaten Sendern angeschaut und vor allem angehört. Die Eindrücke, die ich dabei gewonnen habe, fliessen in diese Überlegungen ein. Die praktischen Erfahrungen mit den Schwierigkeiten, ein «Wort zum Sonntag» zu konzipieren und zu halten, habe ich während der Arbeit mit verschiedenen Teams beim Schweizer Fernsehen gesammelt.

In der Schweiz wird das «Wort zum Sonntag» alternierend von zwei Frauen und zwei Männern, zwei Angehörigen der katholischen und zwei Angehörigen der reformierten Kirche gehalten; im Allgemeinen sind unterschiedliche Altersgruppen vertreten, das kann von etwa Mitte-Dreissig- bis zu Siebzigjährigen gehen. Schon die Tatsache, eine siebzigjährige Frau auf dem Bildschirm zu sehen, verblüfft, sind doch die Sehgewohnheiten geprägt von sehr jungen Frauen; allenfalls in Gesprächssendungen mag mal eine Frau über fünfundfünfzig zu sehen sein. Insofern durchbricht das Schweizer Fernsehen, das heisst zunächst die Verantwortlichen der zuständigen Redaktion – ganz bewusst – Konventionen. Konventionen werden weiter durchbrochen, wenn während etwa viereinhalb Minuten eine Person spricht, die zum Nachdenken anregen will, wenn kaum Unterhaltungselemente wie Filmsequenzen eingespielt werden – und das zur besten Sendezeit, am Samstagabend nach der Tagesschau und vor dem Abendprogramm. Was will das «Wort zum Sonntag» sagen? Und wem will es das sagen?

Aufgabe der Theologie ist die Verkündigung. Wenn es ums Verkündigen geht, gibt es Fachleute, die sich kritisch damit auseinandersetzen.[2] Mit den Sprechenden des «Wort zum Sonntag» arbeite ich nicht an den Grundlagen der Verkündigung. Das ist nicht mein Arbeitsgebiet. Als Kommunikationspädagogin liegen meine Fähigkeiten auf dem Gebiet der rhetorischen Kommunikation. Das Studium in Soziologie fördert den Blick für gesellschaftliche und soziale Fragen; die Ausbildung in Gestalttherapie/Integrativer Therapie schliesslich bringt den Fokus auf den Menschen in seinem sozialen Umfeld mit sich. Es geht mir also nicht darum, mit den Sprechenden an ihren Aussprachegewohnheiten oder an ihrer Stimme zu arbeiten, sondern an ihrer inneren Haltung sich selbst und den Hörenden gegenüber, daran, ihre Mitteilungsabsicht so umzusetzen, dass bei den Hörenden eine Zuhörspannung entsteht und sie das Gesagte verstehen können.

Wer etwas vermitteln will, das Hörende zum Mitdenken anregt, muss sich fragen, *wem was* vermittelt werden soll. Dass das Gesagte alle erreicht, die gerade vor dem Fernseher sitzen, ist Illusion. Wer verständlich sein will, muss sich fragen: *Worüber* kann ich so sprechen, dass es andere interessiert? *Was* kann ich *wie* sagen, damit es verständlich wird? Wer verständlich sein will, muss sich fragen: *Warum* und *wozu* spreche ich? Und umgekehrt: *Warum* und *wozu* sollen die Hörenden zuhören? Die hier in Fragen gefasste Kommunikationssituation gehört zu den Grundlagen der mündlichen Kommunikation.[3] Sie bildet auch eine Grundlage der rhetorischen Kommunikation, zunächst, wenn es um Wirkfaktoren im Gespräch geht, sodann, wenn es darum geht, aus der Gesprächshaltung zum direkten Gegenüber in die Redehaltung zu dem nur gedachten Gegenüber hinüberzuwechseln.

Wer gerade erst beginnt, das «Wort zum Sonntag» beim Fernsehen zu sprechen, ist noch mit allen möglichen Hürden beschäftigt: Kameragerechtes Auftreten ist ungewohnt, der ruhige, nicht starre Blick in die Kamera muss gelernt werden, ebenso wie die Blickführung bei Kamerawechsel; unwillkürliche Körpermotorik gilt es zu kontrollieren, Begrenzungen in der Arm- und Handmotorik zu respektieren. Das alles führt zu hoher Selbstbeobachtung, das heisst, ein Teil der Spannung, die nötig wäre, um einen Text für Hörende denkend zu entwickeln, ist absorbiert.

Theologische Abhandlungen haben zu dieser Sendezeit keinen Raum, die Sprechenden sollen eher, an den Alltag der Hörenden anknüpfend, erzählen und dadurch deren Lebenswelt erreichen.[4] Die Bedeutung, der hohe Wert des Erzählerischen im Fernsehen ist für die Sprechenden zu Beginn meist unklar. Das «Wort zum Sonntag» formulieren sie daher oft noch schriftlich und lernen es auswendig. Der Text erweist sich dann als schwer sprechbar. Lange Sätze, gehobener Wortschatz, Fremdwörter, Wörter mit hoher Silbigkeit: Schon aufgrund dieser Elemente wird deutlich, dass der Text nicht nur schwer sprechbar, sondern – wichtiger – schwer verständlich ist. Ausserdem werden biblische Metaphern verwendet, die kaum zur Alltagssprache der Hörenden zählen. Da hiess es in einem «Wort zum Sonntag» zum Beispiel: «Ihnen bleibt nur die Möglichkeit, es ernst zu machen mit dem Gedanken der Menschwerdung Gottes.» Oder der Sprecher regt dazu an, sein «Leben ins Licht Gottes zu stellen». Solche Sätze sind für Sprechende vielleicht sprechbar – aber für *wen* verständlich? Was heisst «ins Licht Gottes stellen»? Wo betrifft das die Hörenden in ihrem Alltag und was trägt es zur Lösung ihrer Probleme bei? BARTSCH spricht von «Verkündigung als sakrale Leerformel» und von der Vorstellung von vielen theologischen Fachleuten, «durch ein Wort würden unweigerlich die mit ihm gekoppelten Wertgefühle und Bedeutungen wachgerufen, ja geradezu transportiert ...».[5]

Auswendiggelerntes wirkt sich auf den Sprechstil aus – der Welchelodieverlauf wird flach, Akzente werden sinnwidrig gesetzt, Kadenzen bleiben auf der «Predigtkadenz» hängen, Pausen geraten zu kurz, um bei Hörenden Mitdenkspannung zu erzeugen. Auswendiggelerntes entbehrt meist der Sprechspannung auf Hörende hin.[6]

Auch religiös oder sonst ethisch begründete Ansprachen sind als Rede rhetorisch. Wer spricht, will Hörende zum Zuhören einladen, zum Nachdenken anregen, davon überzeugen, in Zukunft vielleicht neues Handeln zu erproben. Anders gesagt: «Das Ziel liegt bei den Hörenden.»[7] Sollen sie erreicht werden – ob dies gelingt, bleibt offen –, muss sich die Rede in ihre Lebenswelt einfügen. Was bedeutet das für die Planung?

Der erste Schritt ist meist das Eingrenzen des Problemfeldes, das *Worüber*. Durch den Ablauf des Kirchenjahres steht eine Reihe von Themen fest. Andere ergeben sich durch Gespräche mit unterschiedlichen Menschen, aber auch durch politische oder soziale Umstände, manchmal ganz einfach durch Beobachtung einer Szene im Alltag. Wieder andere Fragen treiben vielleicht die Sprecherin, den Sprecher um.

Ist das Problemfeld geklärt, dann stellt sich die Frage, wen dies interessiert, und was diese Menschen daran interessiert? Was will ich welcher Zielgruppe mitteilen?

Anders formuliert: «Kann ich überhaupt sagen, was ich erfahren habe? Birgt diese Erfahrung eine Erkenntnis, mindestens eine neue Perspektive? Kann das, was mir eine Mitteilung wert ist, auch für andere Bedeutung haben? Verweise ich, indem ich von mir spreche, auf anderes, das nicht ich bin? Ist etwas dadurch zu meiner Erfahrung geworden, dass es mich verändert hat? Kann ich von den Hörenden mehr an Betroffenheit erwarten, als mich selbst umtreibt»?[8]

Schon anhand der Beiträge im Band «Hörer und Predigt» lassen sich folgende Zielgruppen für eine Predigt auflisten: die Predigt im Urteil des jungen Mannes von heute; der Arbeiter als Hörer der Predigt; was erwartet die Hausfrau; die Frau auf dem Lande; die Frau im akademischen Beruf.[9] Diese Einteilung ist weder neu noch vollständig, sie gibt aber einen Überblick über die Vielfalt möglicher Zielgruppen. Sie leben und empfinden unterschiedlich, stellen sich je andere Fragen, haben andere Interessen und schlagen sich mit unterschiedlichen Problemen herum. Das wirkt sich aus auf die Inhalte und deren Entwicklung im «Wort zum Sonntag»; rein äusserlich schon auf Wortwahl, Satzlänge und Satztiefe und auf den Sprechstil. Vor allem aber auf die biblische Metaphorik, auf Bilder, Gedanken; sie sagen nichts, werden sie nicht übersetzt in die Denk- und Wahrnehmungswelt der vorgestellten Hörenden. Gerade für Sprechende im Fernsehen ist es nicht einfach, vielleicht am Donnerstag, einem ganz normalen Werktag mit all seiner Hetze, in das schwarze Auge der Kamera zu sprechen, was am Samstagabend, stimmungsmässig ein völlig anderer Tag, in den Wohnstuben Hörinteresse wecken soll. – Aber *wer* sitzt in den Wohnstuben? Auch durch Publikumsforschung lässt sich das nur bedingt sagen. So bleibt den Sprechenden nur, die Zielgruppe gedanklich zu antizipieren, die sie für das jeweilige «Wort zum Sonntag» ausgewählt haben. Nur so besteht die Möglichkeit, die Probleme aufzugreifen, die die Menschen dieser Gruppe belasten; eine Rede, die auf eine bestimmte Gruppe hin gedacht wurde, findet oft weitere Hörende, gläubige und ungläubige.

Ist die Zielgruppe klar, dann gilt es zu überlegen: «Was ist mein Ziel? Will ich nachdenklich machen, verkündigen, warnen, trösten – oder einfach nur meiner theologischen Bezugsgruppe mitteilen, was diese ohnehin weiss?» Problemfeld, Zielgruppe und Ziel bestimmen das *Wozu*. Ziel und Zielgruppe sind sozusagen die Richtschnur, anhand derer während der Planung immer wieder überprüft werden kann, wieweit die gerade entwickelten Gedanken noch zum Ziel führen und diese Gruppe ansprechen.

Es zeigt sich, dass diese Überlegungen gerade zu Beginn der Arbeit schwierig sind und sogar auf Widerstand stossen können. Wer es gewöhnt ist zu verkündigen, tut dies oft ‹für alle, die es interessiert›. Höre ich aber genauer hin, dann komme ich oft zu dem Schluss: Es ist für «akademisch Gebildete, für solche, für die sich Fremdwörter mit Inhalten füllen, vor allem aber für solche Menschen, die zu den Insidern zählen und sich mit religiösen Fragen ohnehin auseinandersetzen».[10] In nicht seltenen Fällen zielen die Sprechenden mit dem «Wort zum Sonntag» – zumindest zu Beginn ihrer Ausbildung – auf die theologische Bezugsgruppe, von der sie Kritik befürchten, wenn sie sich auf ein «allzu flaches Niveau» begeben; sie fürchten Fragen wie «Welcher theologischen Schule gehören Sie an?» Das heisst aber zugleich, wie REXIN schon 1964 feststellt: «Man ist versucht zu glauben, dass viele Geistliche mit der heutigen gesellschaftlichen Situation nicht vertraut sind.»[11] Mit derartigen Befürchtungen und Zuschreibungen umzugehen bedeutet, dass die Sprechenden beginnen, sich klarzumachen, dass Predigen für die gewohnten Bezugsgruppen unsinnig ist. Daran schliesst sich die Frage an: «Als *wer* spreche ich?» – als Theologe, als Theologin, Frau, Mann, Alleinerziehende, als Familienvater …

Ein schreibend konzipiertes «Wort zum Sonntag» ist kaum für das Hören geeignet. Sprechen Menschen im Alltag, dann entwickeln sie ihre Gedanken sukzessiv, es entstehen Pausen, Verzögerungen; Gedanken werden schon mal reformuliert, wenn sie nicht gelungen scheinen oder wenn der Eindruck entsteht, sie seien nicht verstanden worden; sie werden eher induktiv entwickelt, vor allem aber linear. Von letzterem zeugen die vielen «Und»-/«Und dann»-Verbindungen. Den gleichen Bedingungen folgt das Hören – es braucht ausreichend Pausen, Verzögerungen, es braucht die lineare Entwicklung der Gedanken. Der schriftlich formulierte und auswendig gelernte Text fördert daher kaum die Zuhörbereitschaft; es fehlt ihm die Mitteilungsspannung, die Zuhörspannung auslöst.

In einem Zwischenschritt erarbeite ich daher mit den Teilnehmenden anhand eines Zeitungstextes die Stichwortmethode, wie sie von GEISSNER entwickelt wurde.[12] Aus dem Text werden die Sinnkerne herausgelöst, die dazugehörigen Verben und die Gelenke, die den Gedanken in eine bestimmte Richtung lenken – ein «weil», «denn» leitet eine Begründung ein, ein «deshalb», «darum» eine Konklusion, ein «aber» einen Einwand. In mehreren Sprechdenkversuchen kann nun geprüft werden, ob die Stichwörter dem Gedanken genügend Stütze geben, ihn jeweils neu zu denken, und genügend Freiheit, sich an Zuhörende zu wenden.

Sinnvoll kann es sein, in dieser Phase die Zielgruppenorientierung zu fördern. Die Sinnkerne werden dazu mit jeweils anderen sprachlichen Versatzstücken ausformuliert, die Satzlängen variiert. Der Gedankengang könnte zum Beispiel für eine Gruppe von Arbeitern, Managerinnen, für Kirchennahe oder Kirchenferne gedacht werden. Bei dieser Übung können die Teilnehmenden zum Beispiel erfahren, dass ihr alltäglicher Umgang mit Insidern zu sprachlichen und sprecherischen Verkrustungen führen kann. Sprachliche Formulierungen und sprecherische Variabilität, die andere Zielgruppen zum Zuhören einladen, stehen dann nicht mehr zur Verfügung. Hier wirkt das, was «schweigende Soziologie»[13] genannt wird und bedeutet, dass Menschen sich ihres eigenen sozialen Feldes nicht bewusst sind, weil sie sich in diesem routinemässig bewegen. Der persönliche Lebenskontext lässt sich jedoch schwerlich in der blossen Einbildung verlassen, man muss ihn real verlassen, um Beziehungen zu denjenigen Menschen zu unterhalten, die «draussen» stehen».[14] Die Autorin bezieht sich auf biblische Inhalte, die Auswirkungen von Insiderperspektiven zeigen sich jedoch auch beim reproduzierenden Sprechdenken nicht-religiöser Texte.

In zielgruppenorientierten Sprechdenkversuchen muss daher vor allem bedacht und ‹vorerlebt› werden, wie die Menschen in der vorgestellten Gruppen denken und fühlen. Passen die gewählten Bilder, Metaphern, Gedanken in deren Lebenswelt, sind diese Wörter für sie verständlich? Lassen Sprechtempo und Pausen genügend Zeit zum ‹inneren Bebildern› und zum Mitdenken – und sind sie der Schwierigkeit der Inhalte angepasst?

Bevor die Sprechenden beginnen, ein eigenes «Wort zum Sonntag» zu erarbeiten, werden sie mit der Methodik der Redeplanung vertraut gemacht. Grundlage dafür bildet die leicht veränderte «Vorbereitung der ‹freien› Rede».[15] Es geht dabei vor allem um die zunächst ungeordnete Sammlung von Gedanken zum gewählten Problemfeld auf Post-its. Aus zwei Gründen bietet es sich an, möglichst kleine Post-its zu verwenden. Einmal besteht, gerade zu Beginn der Arbeit mit Zettelsammlungen, die Versuchung, mehrere Stichwörter auf einen Zettel zu schreiben, wenn er grösser ist. Zum andern lassen sich die kleinen Postits später zu Hause gut auf einer eigens dafür vorgesehenen Pinwand befestigen und ergänzen – auch nach Unterbrechungen ist der aktuelle Stand der Redeplanung auf diese Weise schnell wieder präsent. Die Sammlung der Stichwörter wird probeweise geordnet, der Zusammenhang sprechdenkend überprüft. Gedankenzettel müssen ergänzt, umgestellt oder auch herausgenommen werden. Hier erweisen sich die vorgängige Festlegung der Zielgruppe und die Formulierung des *Wozu* als hilfreich für Entscheidungen zur Gedankenfolge, zur Zuspitzung von Teilgedanken und zum Erkennen von ‹Nebengleisen›. Solche Nebengleise enthalten oft Gedanken, die für die Sprechenden vielleicht einsichtig und wichtig sind, aber eben nur für sie und ihre gewohnten Bezugsgruppen. Zum Schluss werden, wiederum probeweise, Einstiegsgedanken formuliert. Sie sollen zu den Inhalten hinführen, sie vorbereiten, zugleich aber eine Einladung zum Zuhören sein.[16]

Für die Planung eines eigenen «Wort zum Sonntag» legen die Teilnehmenden schliesslich ein eigenes Problemfeld fest. Entsprechend der Schrittfolge vom Gespräch zur Rede wählen sie eins der anwesenden Seminarmitglieder – zum Beispiel einen Kirchenbeauftragten – aus und führen ein etwa fünfzehnminütiges Gespräch. Darin geht es vor allem darum, mögliche Inhalte zu erwägen, die Zielgruppe festzulegen, über deren Probleme nachzudenken. Dieses Gespräch ist für die Sprechenden fruchtbar, es wird sozusagen als Nachhall erlebt, wenn sie zum Weiterplanen mit sich allein sind. Werden ausserhalb der Ausbildungstage die eigenen «Worte zum Sonntag» geplant, dann gewinnen Gespräche zum jeweiligen Problemfeld noch an Bedeutung, wenn die Menschen, mit denen das Gespräch gesucht wird, zur gewählten Zielgruppe gehören. Ein Gespräch mit der Gärtnerin, mit dem Mann am Kiosk, mit dem Punker, der im gleichen Zugabteil sitzt, mit den Eltern im Nachbarhaus klärt, wie diese Menschen dieses Problemfeld erleben, wie sie darüber denken und welche Sorgen sie umtreiben. Aber auch die eigenen Gedanken über die festgelegte Zielgruppe führen weiter: Wie erlebe ich ihr Erleben? Kann ich es miterleben? Kann ich es in Worte, Bilder Metaphern fassen, in denen ihre Lebenswelt zum Ausdruck kommt?

Während der Ausbildung arbeiten die Sprechenden in den anschliessenden 45–60 Minuten allein. Sie sammeln Stichwörter zu ihrer Rede, notieren sie auf Gedankenzettel, ordnen, spitzen zu, bedenken die Steigerung der Gedanken … und immer wieder durchdenken sie die entstehende Rede halblaut. Ist die Rede per Zettelmethode erarbeitet, wird sie nach der Stichwortmethode auf quer verwendete A5-Karten übertragen.

Jede und jeder entwickelt nun sprechdenkend das erarbeitete «Wort zum Sonntag» für die vorgestellte Zielgruppe. Die Versuche werden mit Kamera aufgezeichnet. Die Feedbacks der Zuhörenden ergeben, wie sie zugehört haben und wann sie gut zuhören konnten, ob und wie der Sprechstil sie zum Zuhören eingeladen hat.[17] Ein wichtiger Aspekt dabei ist jeweils, ob und wie das Was, auch religiöse Inhalte, gedacht für eine bestimmte Zielgruppe, entwickelt und wieweit sie mitvollziehbar und miterlebbar wurden. Bezogen auf die gedachte Zielgruppe können diese Überlegungen allerdings nur versuchsweise angestellt werden. Es zeigt sich nämlich oft, dass deren Denk- und Wahrnehmungswelt den Sprechenden verschlossen ist. Diese Erfahrung könnte eine Anregung sein, sooft wie möglich das Gespräch ausserhalb der theologischen Bezugsgruppe zu suchen.

Ich gehe hier nicht auf die Arbeit am Sprechstil ein, sondern bleibe bei den inhaltlichen Aspekten, die vorwiegend Gegenstand der Auswertung sind. Wer ein «Wort zum Sonntag» anhört – egal von welchem Sender – kennt das Muster: Es beginnt mit einer Erzählung aus dem Alltag und dann fällt das Bibelwort oder der Hinweis auf Gott ganz plötzlich vom Himmel. Meist sind es genau diese Stellen innerhalb der Rede, an denen die Sprechenden abgehoben und das Gesagte völlig abstrakt wirken. Das sind Stellen, die mich an meinen Doktorvater erinnern, wenn er nicht müde wurde zu sagen: «Solange Sie das nicht einfach ausdrücken können, haben Sie es nicht verstanden.» Ob sich das auch auf die Sprechenden nicht nur des «Wort zum Sonntag» übertragen lässt?

Anmerkungen

1. Vgl. KOLLER 1992, 92.
2. Z. B. BARTSCH 1970; HEINE 1992; PAWLOWSKY 1998; ZERFASS 1987.
3. Vgl. GEISSNER 2000, 96ff.
4. Vgl. GEISSNER 1994.
5. BARTSCH 1970, 146f.

6   Vgl. die Hinweise bei SCHMID 1969, 148.
7   Vgl. den Titel GEISSNER 1998.
8   HEINE, 1996, 62.
9   Vgl. WEHNER, 432.
10 HEINE, 1992, 49ff.
11 REXIN 1964, 104.
12 GEISSNER ²1986, 147ff.
13 Im Anschluss an BOFF 1983.
14 HEINE 1992, 49.
15 GEISSNER 1986, 161.
16 Vgl. OSENBERG 1994, 133f; KUHN 1994, 137f.
17 Vgl. SLEMBEK-GEISSNER ²2001.

Literatur

BARTSCH, E.: Verkündigung, in: BARTSCH, E. u. a.: Pastorale. Faszikel Verkündigung, Mainz 1970, 11–16.

BOFF, C.: Theologie und Praxis. Die erkenntnistheoretischen Grundlagen der Theologie der Befreiung, München / Mainz 1983.

GEISSNER, H.: Rhetorik und politische Bildung, Frankfurt a. M. ³1986.

DERS.: Sprecherziehung. Methodik und Didaktik der mündlichen Kommunikation, Frankfurt a. M. ²1986.

DERS.: Das Ziel liegt bei den Hörenden – Überzeugen oder Überreden in rhetorischer Kommunikation?, in: Evangelisch-Theologische Fakultät der Universität Wien: Zur Zukunft der Theologie. Wiener Jahrbuch für Theologie Bd. 2, Wien 1998, 199–213.

DERS.: Kommunikationspädagogik, St. Ingbert 2000.

HEINE, S.: Die eine Botschaft und die vielen Sprachen, in: ORF-Abteilung Religion / Hörfunk, ORF-Abteilung Religion / Fernsehen, Katholisches Zentrum für Massenkommunikation Österreich, Amt für Hörfunk und Fernsehen der Evangelischen Kirche A. und H. B. in Österreich (Hrsg.): Von Gott reden in Hörfunk und Fernsehen, Graz / Budapest 1992, 46–65.

DIES.: Predigt aus Erfahrung – Erfahrung aus Predigt. In: BARTHEL, H. (Hrsg.): Lógon Didónai. Gespräch und Verantwortung, St. Ingbert 1996, 53–64.

KOLLER, E.: Reden am Fernsehen – ein religiöses Paradox, in: Von Gott reden in Hörfunk und Fernsehen, a. a. O., 89–109.
KUHN, J.: Zum Anfang, in: FRAUND, H., GOETZMANN, J. / REGSDORF, R. (Hrsg.): Wie sag ich's …? Handbuch für die kirchliche Rede in Hörfunk und Gemeinde, Stuttgart/Hamburg 1994, 137f.
OSENBERG, H. D.: Auf los geht's los, in: FRAUND, H. / GOETZMANN, J. / REGSDORF, R. (Hrsg.): Wie sag ich's …? Ein Handbuch für die kirchliche Rede in Hörfunk und Gemeinde, Stuttgart / Hamburg 1994, 133ff.
PAWLOWSKY, P.: Religion medial. Auf der Suche nach der Vernunft im Fernsehen. Actio catholica 2, 1998, 11ff.
DERS.: Was zu sagen wäre. Vortrag bei der Tagung «Wort zum Sonntag», Schweizer Fernsehen DRS, 1998.
REXIN, M.: Sprache hinter Klagemauern. Kirchensprache und Soziologie. In: BURKHARDT, J. (Hrsg.): Kirchensprache. Sprache der Kirche, Zürich 1964.
SCHMID, G.: Verkündigung als gesprochenes Wort. Zur rhetorischen Kommunikation, in: ZÖCHBAUER, F.: Verkündigung im Zeitalter der Massenmedien, München 1969, 143–187.
SLEMBEK, E. / GEISSNER, H. K. (Hrsg.): Feedback. Das Selbstbild im Spiegel der Fremdbilder, St. Ingbert ²2001.
WEHNER, O. (Hrsg.): Hörer und Predigt, Würzburg 1960.
ZERFASS, R.: Grundkurs Predigt. Spruchpredigt, Düsseldorf 1987.

Stark überarbeitete und erheblich erweiterte Fassung des Aufsatzes: Werkstatt: «Wort zum Sonntag», in: MÖNNICH, A. / JASKOLSKI, E. W. (Hrsg.): Kooperation in der Kommunikation, München / Basel 1999, 197–203.

Urs MEIER

Kommunikation und Urbanität

Ein Zwillingspaar mit komplexer Beziehung zur Kirche

Modernität ist ein städtisches Phänomen. Ihre strukturellen Kennzeichen sind die soziale, kulturelle und geistige Mobilität, eine in vielfältigen Medien ausdifferenzierte Kommunikation sowie eine hohe Dichte konkurrierender Angebote jeder Art und Form. In diesem Sinn urban zeigen sich heutige Lebensweisen nicht nur in Citys, sondern auch in den stark gewachsenen Agglomerationen und sogar bei den im Verhältnis zu den modernen Lebensräumen immer weniger Einwohner zählenden ländlichen Gegenden. Die metropolitane Kultur ist – oftmals gegen den oberflächlichen Anschein – zur Signatur der wirtschaftlich hoch entwickelten Gesellschaften geworden. Medien spielen nicht nur eine Schlüsselrolle bei der Verbreitung urbaner Standards, sondern sie formen und interpretieren diese auch ständig neu und drehen dadurch mit an der Schraube der Beschleunigung, die für städtisches Leben typisch ist.

Die These dieses Beitrags lautet: Die traditionellen Grosskirchen haben in der urbanen Welt eine Randposition. Zwar gibt es erfolgreiche Versuche, kirchliche Praxis in das globale Kulturmuster namens Stadt zu integrieren; doch diese sind bisher Ausnahmen geblieben. Sich in die urbane Öffentlichkeit einzumischen, kostet die Kirchen häufig mehr Anstrengung, als sie leisten können. In ihrer geistigen und organisatorischen Struktur sind sie nach wie vor ländlich orientiert. Sie lernen erst allmählich eine Präsenz aufzubauen, die urbanen Kommunikationsweisen entspricht.

1 Städte als geschichtsmächtige Verdichtungen von Leben

Seit der Gründung der ersten Stadtsiedlungen vor fünftausend Jahren im Vorderen Orient war urbanes Leben immer ein Motor der kulturellen Entwicklung. Die Bildung von Städten setzte geschichtsmächtige Kräfte frei. Arbeitsteilung und Handel sind genuin städtische Phänomene und ermöglichten sowohl die Akkumulierung von Besitz und Macht wie die allgemeine Verbesserung der Lebensverhältnisse. Differenzierte gesellschaftliche Systeme und ausgedehnte staatliche Herrschaftsräume basierten stets auf der kulturellen Dynamik und wirtschaftlichen Macht von Städten.

Die Verdichtung von Ressourcen und die daraus entstehenden Anziehungs- und Strahlungskräfte bestimmten auch die religiöse Rolle der frühen Städte. Sie waren Zentren von Kulten, die das alltägliche Leben der Menschen und die geordnete Machtausübung der Herrschenden einbanden in die natürlichen Kreisläufe und in den göttlich geschaffenen, das Chaos zurückdämmenden Kosmos. Solche archaische Religion kann aus heutiger Sicht verstanden werden als Konstituierung einer einheitlichen Lebenswelt, beruhend auf einer kulturellen Technik der Kommunikation zwischen dem Greifbaren und dem Unbegreiflichen. Sie hielt das Ganze der Welt zusammen, und ein Zweifel an ihrer Wirksamkeit war nicht denkbar. Das Religiöse war dermassen alltäglich und seine Geltung in einer Weise selbstverständlich, dass es noch nicht einmal als isolierbarer Bestandteil von Kultur und Gesellschaft wahrnehmbar und dem gemäss auch nicht kritisierbar war. Sein Stellenwert entsprach am ehesten dem der heutigen Medien: allgegenwärtig, umfassend, die Wahrnehmung lenkend, die Vorstellungen prägend, das Weltganze repräsentierend und einen globalen Lebensraum konstituierend. Nicht zufällig wird das Phänomen der modernen Medienkommunikation immer wieder in Kategorien des Religiösen beschrieben, ja als dessen Transformation in die heutige Lebenswelt erkannt.

2   Ort der Freiheit

Städte sind so verschieden sind wie die Kulturen, denen sie zugehören und sie wandeln sich mit den Epochen. Dennoch gibt es doch Konstanten der Urbanität. Aus der Verdichtung von Kommunikation und wirtschaftlichem Handeln erzeugt die Stadt eine permanente Entwicklungsdynamik. Das Leben wird beschleunigt. Städte sind Orte der Eile. Sie treiben kulturelle Veränderungen voran, indem sie Abweichungen und Alternativen Raum geben. Urbanes Leben ist ein Labor gesellschaftlicher Entwürfe und Konflikte. Es gewährt Individuen und Gruppierungen ein erhöhtes Mass an Freiheit, wenn auch meist nicht ohne Kampf und Streit. Je mehr die Möglichkeit des Abweichens genutzt wird, desto weiter fächert sich das Spektrum von Meinungen, Weltanschauungen, Glaubenshaltungen. Mit der Wahlfreiheit handeln sich die Menschen allerdings den Zwang zur Entscheidung ein. Doch die Last der Autonomie ist ihnen trotzdem immer wieder leichter als das Joch der Fremdbestimmung. Die Stadt ist der idealtypische Ort aktiver und passiver Freiheiten. Urbane Utopie bedeutet das nie ganz eingelöste, in Ansätzen aber verwirklichte Versprechen eines freien Lebens: Denken und tun zu können, was man für richtig hält und sich zu nichts zwingen zu lassen – darin bündeln sich schon immer die Verlockungen einer urbanen Lebensweise. Mit der wachsenden Menge von Menschen, Kommunikationsströmen, Lebensmustern und Subkulturen entfällt zunehmend die soziale Kontrolle. In die Stadt kann man eintauchen, man kann anonym leben, Milieus und Szenen aussuchen und beweglich bleiben. Das Bild der modernen Stadt oszilliert stets zwischen Bedrohung und Befreiung. Städte waren im Mittelalter Orte der politischen und wirtschaftlichen Freiheit. Seit der Aufklärung wurden sie zu Soziotopen der aufrechten, autonomen Person. Industriezeitalter und postindustrielle Epoche schufen schliesslich die modernen Metropolen. Sie sind Brennpunkte und Quellen von Kulturwandel und gesellschaftlichen Umwälzungen, die sowohl wachsende Freiräume wie neue Abhängigkeiten bewirken. Die Metapher vom Moloch der Grossstadt spiegelt die düstere Seite der kaum mehr zu bändigenden urbanen Dynamik, die heute vor allem in den Megalopolen der Dritten Welt mehr und mehr ausser Kontrolle zu geraten scheint.

In West- und Mitteleuropa ist seit einem halben Jahrhundert eine andere Entwicklung zu beobachten: Urbane Lebensweisen und Kulturmuster diffundieren in die ganze Gesellschaft hinein. Dadurch vermindern sich die Unterschiede zwischen städtischen und ländlichen Räumen. Grund der relativen Homogenisierung ist die allgemeine Intensivierung der Wirtschafts- und Kommunikationsvorgänge. Der ländliche Raum und erst recht die junge Siedlungsmischform der Agglomeration sind von städtischen Lebensmustern überformt. Solche Vermengungen dringen auch in individuelle Verhaltensweisen ein, so dass es zur «Ungleichzeitigkeit» etwa von Arbeitswelt und Privatsphäre, von Medienkonsum und Dorfkultur, von nachgeahmten Lifestyles und dem propagierten Festhalten an überlieferten Werten kommt.

3   Verstädtert und von tradierter Religion entfremdet

Im Mittelalter war die Kirche fest ins urbane Ensemble integriert. Sie hatte Teil am Wachstum und an der Vermehrung der Städte, an der Blüte von Kultur und Gelehrsamkeit und – nicht zuletzt dank dem Latein als Lingua franca – an der intensiven Kommunikation und Vernetzung, die ganz Europa in eine geistige und wirtschaftliche «Globalität» integrierte. In den historischen Wandlungen von Neuzeit, Aufklärung, Industrialisierung, liberaler Revolution und Moderne vollzog sich eine fortschreitende Desintegration des Religiösen. Die Kirchen verloren den selbstverständlichen Platz inmitten des sozialen Gefüges, indem es für die Menschen möglich wurde, ihre Beziehung zu den religiösen Bräuchen, Lehren und Autoritäten selbstständig zu bestimmen. Urbane Optionenvielfalt lockerte die kirchlichen Zwänge. Durch die vermehrt praktizierte Religionsfreiheit löste sich das Band der kirchlichen Tradition, das bis in die Neuzeit die ständische Gesellschaft als Einheit zusammengehalten hatte. Mit dem Wegfall dieser religiösen Klammer war der Weg dann irgendwann frei für die stürmischen Prozesse der Pluralisierung, die in der postmodernen Welt des anything goes ihren vorläufigen Höhepunkt gefunden haben.

Der Zusammenhang von Urbanität und Entkirchlichung ist auch heute evident. Kirchenaustritte sind umso häufiger, je städtischer ein Gebiet geprägt ist. Und je deutlicher in ländlichen Lebensräumen die Elemente urbanen Lebens wie Mobilität, Mediennutzung und Konsumorientierung (alles im jeweils weitesten Sinn des Wortes) Einzug halten, desto schwächer sind die traditionellen kirchlichen Bindungen. In den Metropolen ist diese Entfremdung am grössten.

4   Städtische und ländliche Ideale

Aus der Perspektive der Anfänge wäre die Entkirchlichung der Städte eigentlich nicht zu erwarten. Das Christentum begann nämlich in der Antike als eine ausgesprochen urbane Religion. Es breitete sich entlang den Handelswegen im römischen Reich aus und gewann Anhänger in den weltoffenen Mittelschichten der Handwerker, Händler und Beamten. Der paganus, im Wortsinn «der auf dem Land Lebende», wurde im kirchlichen Sprachgebrauch «der Nichtglaubende, der Heide». Auch im Mittelalter blieben die Städte Zentren des Glaubens, was mit dem Bau grosser Kirchen eindrücklich manifestiert wurde. Zwar waren auch die ländlichen Regionen mittlerweile christianisiert, doch so ganz vermochte die christliche Lehre sich gegen die alten Kulte und Mythen bei Weitem nicht überall durchzusetzen. Vielmehr entwickelte sich ein christlich verbrämter Synkretismus, in dem autochthone Religionen und handfester Aberglaube eine erhebliche Rolle spielten und von den kirchlichen Autoritäten oft mehr schlecht als recht im Zaum gehalten wurden.

Neuzeit und Aufklärung verliehen dem Stadtleben, wie bereits dargelegt, neue Qualitäten. Städte waren nun eher Synonyme der Entdeckung, der Neuerung, der forschenden Wissenschaft und der autonomen Person als der wahren Überlieferung und des reinen Glaubens. Es mag erstaunen, dass ausgerechnet als Begleiterscheinung zur Emanzipation der kritischen Vernunft das Bild vom unverdorbenen Landleben in Schwang kam. Die idyllische Überhöhung der Natur war einerseits ideologische Kompensation zu den urbanen Umwälzungen, andererseits aber auch Kritik an der übersteigerten Künstlichkeit höfischer Vorbilder. Naturbegeisterung war Sache der Städter, ferner auch der ländlichen Oberschicht und des Adels. Sie nahm Gestalt an in den Naturidealen und der Primitivenverherrlichung der Aufklärung, in den Gärten und Voluten des Rokoko, in der sehnsüchtigen Harmoniesuche der Romantik, und sie hat Ausläufer bis in die Wandervogel-Bewegungen und grünen Utopien des zwanzigsten Jahrhunderts.

5   Die historische Verländlichung der Kirchen

Auch im religiösen Denken hielt das Ideal des Ländlichen Einzug. Je mehr die urbane Kultur sich von den Kirchen emanzipierte, desto gesünder erschien die angeblich nicht von kritischen Geistern infizierte Religiosität auf dem Land. Verstärkt wurde diese Tendenz von einem in gleicher Richtung wirkenden historischen Umbruch ganz anderer Art. Die Reformation definierte kirchliche Autorität neu. Nicht die bischöfliche Hierarchie, sondern die jedem Christen zugängliche Bibel galt als Richtschnur. Zwar blieb die Realisation dieses vergleichsweise demokratischen Prinzips in den Reformationskirchen lückenhaft und konfliktträchtig. Aber es führte immerhin zu einer Aufwertung der Gläubigen und der von ihnen gebildeten Gemeinden. Das Ideal des mündigen, in Glaubenssachen urteilsfähigen Kirchenvolks verlangte für seine Verwirklichung nach allgemeiner Bildung und religiöser Unterweisung. Die kirchlichen Autoritäten wurden jedoch auch von der Reformation nicht abgeschafft. Statt in Kult und Hierarchie waren sie in nun aber wesentlich in der Institution der Predigt verankert.

Die – bei den verschiedenen Konfessionen unterschiedlich starke – Abstützung der kirchlichen Organisation auf die Basisstruktur der Parochien oder Gemeinden führte in der Konsequenz zu einer «Verländlichung» der Kirchen. Denn Urbild der Parochie ist immer das Dorf: der überschaubare Lebensraum, in dem die Menschen eine leicht zu kontrollierende Gemeinschaft bilden. Begriffe und Sprachbilder widerspiegeln dieses Leitbild mit heutzutage peinlicher Deutlichkeit: Der Pfarrer ist der Pastor (Hirt) und seine Gemeinde die Herde. Dieses dörfliche Muster wurde auf Stadtteile und andere grössenmässig einigermassen passende Siedlungsformen gestülpt – was in dem Mass gelang, wie die Menschen auch in städtischen Verhältnissen dörflichen Idealen nachhingen.

Im Zuge der Ausdifferenzierung der gesellschaftlichen Organisation verwandelte sich das Religiöse endgültig in eine Teilmenge des soziokulturellen Komplexes. Erst im 19. und 20. Jahrhundert wurden die Kirchen zum Subsystem der Gesellschaft. Sie organisierten sich erstmals als Institutionen mit definiertem, das heisst beschränktem Geltungsbereich. Entsprechend der Affinität ihrer parochialen Struktur zum ländlichen Raum und wegen der wesentlich grösseren Dichte konkurrierender Einrichtungen in den Städten hatten die Kirchen in urbanen Verhältnissen eine weit geringere Bedeutung als auf dem Land.

6   Urbane Religion

Neben und zum Teil auch in den traditionellen Grosskirchen gibt es seit dem 19. Jahrhundert eine wachsende Zahl von religiösen Gruppierungen, die sich zum vornherein auf die städtische Welt der Mobilität, der Konkurrenz, des Konsums und der Medien einstellen. In ganz unterschiedlicher Weise passen sie sich an die modernen Bedingungen an: Freikirchen und charismatische Gruppen nutzen Werbung, Medien und Events zum Missionieren; Sekten entsprechen auf ihre Weise dem urbanen Prinzip der Abweichung und des Experimentierens; Gruppierungen wie Scientology adaptieren populäre und modische Kulte in synthetischen und kommerziell potenten Para-Religionen; mobile kirchliche Gruppen wie die Heilsarmee und einzelne Orden verbinden karitative Dienste bei den Verlierern städtisch-industrieller Umwälzungen mit mehr oder minder demonstrativem christlichem Zeugnis. Ob Prediger in der Manier von Popstars Stadien füllen oder ob Salutisten in den teuersten Einkaufsmeilen ihre Topfkollekten durchführen – beides sind erfolgreiche Adaptationen des Religiösen an die urbanen Verhältnisse. Bewegliche Lebensmuster, Bildung von Szenen und Lifestylegruppen, Erlebnisorientierung und andere Merkmale der Postmoderne lassen sich im brodelnden Leben der Städte auch an den rasch wechselnden Erscheinungsformen von Glauben, Kulten, Sinnangeboten und religiöser Organisation ablesen.

Permanenteste und sichtbarste Zeichen religiöser Präsenz in den Citys sind aber nach wie vor die grossen alten Kirchen. Sie sind kulturelle Monumente und zugleich oft die unbestrittenen Wahr- und Markenzeichen ihrer Städte. Sie werden von Touristen besucht, für Konzerte benützt und liefern Motive für Ansichtskarten und Pralinenschachteln. Einzelne prominente Predigende vermögen den Gottesdiensten in Citykirchen ein Publikum zu verschaffen, das aus der ganzen Region anreist. Bei grossen öffentlichen Erschütterungen durch Katastrophen und Trauerfälle hat sich in den letzten Jahren verstärkt gezeigt, dass die zentralen Kirchen in solchen Ausnahmesituationen als Orte der Besinnung, des symbolischen Zusammenrückens, der Kontingenzbewältigung von weiten Kreisen in Anspruch genommen werden.

Solche und ähnliche Erfahrungen haben das Nachdenken über die Rolle der Kirchen in den Innenstädten stimuliert. Seit Jahrzehnten wird experimentiert. Kirchliche Akademien und Bildungszentren wurden vereinzelt bewusst in Städten – statt wie meistens irgendwo im Grünen – eingerichtet. Mancherorts sind sogenannte Offene Kirchen entstanden, die sich dem urbanen Leben zuwenden. Sie beheimaten Gruppen, die sonst keinen Fuss in eine Kirche setzen würden, betreiben Kaffeehäuser, bieten Beratung und Seelsorge an, feiern ungewöhnliche Gottesdienste. Im Blick auf die riesigen Pendlerströme wurde in Zürich die ökumenische Bahnhofkirche geschaffen, die täglich von mehreren hundert Menschen besucht wird.

Diese Versuche sind zum Teil sehr erfolgreich und zeugen vom Willen der Verantwortlichen, sich aus kirchlicher Sicht mit der urbanen Lebenswelt auseinanderzusetzen. Sie machen aber zugleich auch deutlich, dass die Kirchen im Prinzip auf ihrer ländlichen, statischen Territorialstruktur beharren. Die städtischen Experimente sind lediglich die Ausnahmen von der Regel.

7 Die reformierte Kirche steht sich selbst im Weg

Die Erkenntnis, dass das Leben in der modernen Gesellschaft weitgehend urban geprägt ist, müsste für die Kirchen grundsätzliche und strukturelle Folgen haben. Noch haben viele Kirchenleute die Tatsache nicht wirklich verstanden, dass die Menschen sich heute zunehmend an dem orientieren, was öffentlich auf nationaler Ebene präsent ist. Die Kirchen stehen deshalb wie alle gesellschaftlichen, kulturellen und wirtschaftlichen Akteure vor der dauernden Aufgabe, sich selbst von der Latenz in die Präsenz zu heben.

Der Aufbau öffentlicher Präsenz ist nicht allein (und auch nicht primär) Sache von Medienspezialisten. Der permanente Prozess, um den es hier geht, setzt ein bei der Reflexion über die theologische Bedeutung des Öffentlichen und über die unterschiedlichen Funktionen der Strukturebenen kirchlicher Tätigkeit. Gemeinden, Kantonalkirchen, regionale Zusammenschlüsse und die nationalen kirchlichen Organe erfüllen spezifische Aufgaben. Sie alle benötigen öffentliche Sichtbarkeit, und zwar in unterschiedlicher Weise. So treten sie denn auch auf: als separate und weitgehend autonome Institutionen und Organisationen. Die organisatorisch-strukturellen Belange der Kirche interessieren jedoch nur die Insider. Für Menschen, die nicht professionell oder von Amtes wegen involviert sind, ist Kirche ganz einfach Kirche. Sie interessieren sich ja auch nicht für das Organigramm von Microsoft oder Greenpeace. Würden die zahlreichen Einheiten der reformierten Kirche dazu übergehen, konsequent unter einer gemeinsamen Marke und nach einem Minimalstandard gemeinsamer Kriterien aufzutreten, so würden die Anstrengungen aller sich summieren. Mit überschaubarem Aufwand entstünde so in der Öffentlichkeit ein kohärentes, wiedererkennbares und einprägsames Image der reformierten Kirche. Von der Bekanntheit und vom Renommee dieses Bildes würden wiederum alle einzelnen Auftritte in hohem Mass profitieren – eine lehrbuchmässige Win-Win-Situation, zu deren Realisierung es nicht viel mehr als gemeinsame Einsicht und Handlungsbereitschaft bräuchte.

An den entsprechenden Hausaufgaben laborieren die reformierten Kirchen der Schweiz seit Generationen, ohne einen Durchbruch erzielt zu haben. Die strukturell-organisatorischen Bedingungen eines wirkungsvolleren gemeinsamen Auftretens in der Öffentlichkeit sind für die Reformierten eine grosse Herausforderung. Im Wesentlichen wird es darum gehen, über die bestehenden inneren Kirchenstrukturen hinaus eine öffentlich wahrgenommene Reformierte Kirche der Schweiz zu schaffen. Dazu braucht es Entscheidungs- und Managementstrukturen, die ein kohärentes Agieren ermöglichen. Ohne verbindliche Ziele, ohne Corporate Identity, ohne koordinierte Konzepte und ohne professionelle Umsetzung auf nationaler Ebene werden alle kirchlichen Anstrengungen für einen Anschluss an die urbane Öffentlichkeit relativ wenig bewirken.

Die Voraussetzungen zur Bewältigung dieser Aufgabe sind durchaus gegeben. Gewachsene Strukturen müssen nicht über Bord geworfen, sondern lediglich ergänzt werden. Die reformierte Kirche braucht keine theologische Umwälzung, sondern etwas mehr Weitblick und Beweglichkeit. Das Renommee, die Inhalte, das Geld sind nicht das Problem. Die Reformierten stossen auf viel Goodwill, wenn sie sich als Akteure in der Öffentlichkeit exponieren, und sie haben das wichtigste, was es braucht, um eine starke Präsenz zu erzielen: überzeugende Personen, hervorragende Themen und ausreichende Ressourcen.

Stark überarbeitete Fassung des Artikels «Kathedralen und Topfkollekten. Religiöse Präsenz in der urbanen Welt» in: Medienheft, Dossier 17 «Städtische Öffentlichkeiten», Januar 2002 (www.medienheft.ch).

Hellmut K. GEISSNER

Sprache der Kirche – Kirchensprache

Bei dieser Überschrift wird der Eindruck erweckt, dass in ihr links und rechts des Gedankenstrichs etwas Verschiedenes steht, dass «Sprache der Kirche» nicht dasselbe ist wie «Kirchensprache». Denn, wenn die Formel davon ausgeht, dass es dasselbe wäre, warum sagt sie es dann zweimal? Etwa weil es schöner klingt, poetischer ist, feierlicher? Darüber könnte man streiten, denn wer sagt schon Garten des Gemüses oder Kreuzer der Strasse und nicht Strassenkreuzer oder Gemüsegarten. Wenn es dasselbe wäre, dann hätte es schlicht heissen sollen: Kirchensprache.

Wenn aber die sehr bewusst gewählte Form einer genitivischen Verschränkung gewählt wurde, warum wurde sie dann nicht beibehalten in der Umkehrung? Dann hiesse das Thema: «Sprache der Kirche – Kirche der Sprache». Das freilich wäre eine Permutation, die allen ästhetischen, logischen, den linguistischen und den theologischen Ansprüchen gerecht würde. Denn darin wäre der Anspruch angemeldet: Die Sprache der Kirche hat nichts anderes zu tun als zu sagen, dass sie diese Kirche nur ist, weil der Logos zur Sprache gekommen ist; oder noch radikaler: dass diese Kirche nichts anderes ist als der zur Sprache gekommene Logos, nichts anderes als das Weitersprechen des ins zeitliche, menschliche Wort gekommenen göttlichen Wortes.

Die Formel der Überschrift hätte richtig auch die andere Umkehrung wählen können: «Sprachenkirche – Kirchensprache». Dann verschränkte sie ebenfalls Gegensätzliches; aber so wie sie jetzt heisst, bringt sie keine dialektische Denkbewegung, sondern läuft leer. Sie ist nicht weniger tautologisch als etwa «Volk der Kirche – Kirchenvolk».

Die Formel wird nur deshalb so gründlich hin- und her gewendet, weil an diesem Beispiel gleichzeitig demonstriert werden kann, wie Sprachkritik vorgehen muss; und da kommt bei genauerem Hinsehen noch eine Ungenauigkeit zum Vorschein. Es gibt, wie ich eben zeigte, die Möglichkeit, von «Sprache der Kirche» im allerallgemeinsten Sinn zu sprechen,

«Kirchensprache» aber unterstellt einen viel engeren Kirchenbegriff. Nur durch diese Unterscheidung im Begriff «Kirche» wird die Formel nicht tautologisch. Jetzt ist Kirche nicht mehr *die* Kirche im allgemeinsten Sinne, der *die* Sprache entspricht, sondern es sind zugleich die Kirchen. Wenn es aber Kirchen gibt, dann auch *Kirchensprachen.* Es ist auf jeden Fall redlicher, hier gleich von der Mehrzahl auszugehen. Die vielen Sprachen und das eine Wort!

Aber hier kommt die Schwierigkeit in Sicht, um derentwillen die ganze Frage gestellt wird. Ist es die Sprache der rheinischen oder der pfälzischen, der bremischen oder der brandenburgischen Kirche, über die hier geredet wird, oder die der reformierten oder der lutherischen, oder der EKD, der Evangelischen Kirche in Deutschland oder die der Evangelischen Kirche Frankreichs oder die der Evangelischen Kirche in den Vereinigten Staaten von Amerika?

Könnte das Verhalten der römischen-katholischen Kirche weiterhelfen? Hat sie doch eine Sprache, das Latein des untergehenden Imperium Romanum, für Jahrhunderte absolut gesetzt. Aber war mit dieser einheitlichen Kirchensprache, die zweifelsfrei ein entscheidendes Einheitsband für das Selbstverständnis der römischen Katholiken bildete, war mit dieser einheitlichen Kirchensprache auch eine einheitliche Sprache der Kirche gegeben? Kirche ja, sofern darunter das Lehramt und die Institutionen einschließlich der Jurisdiktion verstanden wurde, also wiederum der engere Kirchenbegriff, aber nicht Kirche im Verständnis von Sakrament, Verkündigung und Seelsorge, als Präsenz Christi. Die Wiederholung noch so schöner und tiefsinniger Formeln verbürgt gar nichts. Das Latein musste immer wieder übersetzt, die Botschaft immer wieder ausgelegt werden.

Es geht nicht nur um die fremden Sprachen, die verstanden werden oder nicht verstanden werden, es geht in gleicher Weise auch um die eigene Sprache. Zwar hat Luther zu Recht gesagt, die alten Sprachen seien die Scheiden, in denen das Schwert des Geistes stecke, aber seine Übersetzung hat den Geist der «Schrift» nicht ein für alle Mal im Deutschen lebendig gemacht, sondern das Deutsch seiner Zeit ist eben nur ein neues Behältnis für den Geist – wie vor ihm das Deutsch Meister Eckharts oder das der Mechthild oder des von Luther geschätzten Tauler.

Die formelhafte Wiederholung älterer Sprachstufen ist nur bedingt zuverlässiger als die formelhafte Wiederholung fremder Sprachen. In jedem Fall geht es darum, dass Sprache sich nie als Hinausgesprochene von selbst vollziehen kann, sondern dass Sprache von Menschen gesprochen und von Menschen verstanden werden muss, unabhängig davon, ob geglaubt wird, dass ihr in der Kraft des heiligen Geistes eine unmittelbare Teilhabe am Göttlichen eigne.

Die Argumentation mit dem heiligen Geist, so unbestritten sie sein mag, ist in vielen Fällen eine allzu billige weil unbeweisbare Ausrede, mit der sich Traditionalisten und Progressisten zu schützen versuchen. Wenn wahr ist, dass der Geist weht, wo er will, so sagen die Traditionalisten, warum sollten wir dann von den alten lieb gewonnenen, uns und unseren Gemeinden vertrauten Formeln lassen, auch wenn sich keiner mehr etwas Genaues dabei denkt? Die Progressisten sagen, wenn der Geist weht, wo er will, warum sollten wir dann nicht munter drauflos assoziieren, die Welt ist bunt, moderne Bilder, Reisser, auch mal ein Kalauer, wenn wir nur etwas Neues bringen, dann werden unsere Gemeinden schon mitgehen, auch wenn sich keiner etwas Genaues dabei denkt.

Gewiss ist das von mir ein bisschen überzeichnet, aber es zieht viele Einzelmeinungen, die in beiden Richtungen liegen, zusammen und schwärzt sie so an. Aber ebenso gewiss wäre die beliebte Kompromissformel falsch: fortschrittlicher Traditionalismus oder traditionsgebundener Progress. Ich glaube, es geht weder um Traditionen noch um Progressionen, sondern um Genauigkeit! Genau sein, heisst für den Prediger, den Liturgen, den Katecheten, den Seelsorger, zunächst, einmal ein guter wissenschaftlicher Theologe zu sein. Aber es heisst weiter und für ihn als Theologen unabdingbar: in der Lage sein, das für wahr Erkannte der Gemeinde zu sagen, denn das ist sein Auftrag. Und zwar so zu sagen, dass es die Gemeinde verstehen kann. Mit Genauigkeit ist also nicht nur wissenschaftliche Gründlichkeit gemeint, sondern auch sprachliche Klarheit und Anschaulichkeit. Nun ist es keineswegs so, dass sich beides zwangsläufig miteinander entwickelt. Dennoch wird eben dies, so hat es den Anschein, in der Ausbildung der Theologen noch immer angenommen. Wer nur recht studiert, eifrig Exegese nach neuestem Stand der Wissenschaft treibt, dem wird auch gegeben, dass er es recht sagt. Die passivische Formel «dem wird gegeben» verweist wiederum schnurstracks auf den heiligen Geist. Mir scheint, da hat Johann EBERLIN viel realistischer gedacht, der 1525 in einer der ersten protestantischen Pastoralanweisungen schrieb: «Die Rhetorik sollt ihr nicht verachten, denn der heilige Geist schüttet es mit keinem Trichter ein, wunderbarlich, so man ein Ding kann natürlich haben.» – Und an diesem «Ding», der Sprache nämlich, dem lebendigen sprachlichen Ausdruck, der genau und farbig ist, an der sprachlichen Gliederung, dem gedanklichen Aufbau für die Hörer, der Sprechweise, lässt sich eine ganze Menge «natürlich» haben.

Es ist nicht nur vermessen, hier in jedem Falle auf den heiligen Geist zu vertrauen, sondern im Grunde unfair, ihm die Produkte der eigenen Ungründlichkeit oder Beschränktheit oder Nachlässigkeit in die Schuhe zu schieben; denn was müsste das für ein heiliger Geist sein, wenn alle die dürren, papierenen Kanzelmonologe, die salbungsvollen Exaltationen, die schiefen Bilder, pseudopoetischen Paraphrasen ihm angelastet werden könnten. Ihm ist es höchstens anzurechnen, dass die Kirchen trotz allem noch am Leben sind.

Ich habe diesen Gedanken so lange verfolgt, um aufzudecken, was aufzudecken ist; aber auch um in Schutz zu nehmen. So lange die Ausbildung der Theologen auf dem Gebiet von Sprache und Sprechen – das nicht ein Anhängsel ihres Auftrages ist, sondern in die Mitte ihres Auftrages gehört – so mangelhaft und dem Zufall überlassen ist wie bisher, solange ist es kein Wunder, wenn in den Kirchen so gesprochen wird, wie dort zumeist gesprochen wird. Wenn sich im Theologiestudium nichts ändert, dann wird sich auch an der Sprache der Verkündigung und am verkündigenden Sprechen nichts ändern. Dann werden weiterhin Formeln tradiert, abgehörte Sprechgewohnheiten wiederholt, und nur die individuell Begabten werden zum eigenen Stil finden. Und dieser eigene Stil ist nicht eine Frage der Eitelkeit, dazu kann er natürlich verführen, sondern eine Frage der Glaubwürdigkeit. An dieser Glaubwürdigkeit hängt für den Hörer Entscheidendes. Da auch er die Kirche ist, hat er ein Recht darauf, ernst genommen und angesprochen zu werden. Gewiss ist es zum Beispiel brüderlicher, wenn der Redende sich einschliesst und «wir» sagt; aber er kann es auch so sagen, dass daraus Geringschätzung oder Drohung spricht. Wem etwa soll ein Satz zu glauben helfen wie dieser «Zum Glauben sind wir aufgerufen und haben wir uns zu entscheiden.» Welche Herrschaftspose steckt in dieser Syntax!

Wie verloren steht das «wir» in: diesem ungnädigen Appell, der so ganz an die Zeiten der Verschwisterung von Thron und Altar «gemahnt».

Aber hat denn all das, so wird sich mancher fragen, was hier zur Predigtsprache gesagt wird, überhaupt etwas mit Kirchensprache zu tun? Es gilt, noch gründlicher zu überlegen.

Religionen, gleich welcher Art haben es mit Glaubensgeheimnissen zu tun. Eingeweiht in diese Geheimnisse sind die ‹Priester›. Die Macht des Priesterkönigs oder der Priesterkaste beruht geradezu darauf, dass nur sie diese Geheimnisse kennen. Es ist aus ihrer Sicht konsequent, wenn sie den Nicht-Eingeweihten gegenüber von den Geheimnissen geheimnisvoll reden; im Extrem: wenn die Priester eine eigene Tabusprache benützen.

Für die christliche Kirche stimmt von ihrem Ursprung her dieses religionssoziologische Modell nicht. Jesus hat – und dies ist unter der Voraussetzung des Glaubens gesagt – als ‹sich offenbarendes göttliches Wort› mit den Menschen menschlich gesprochen. Das heisst: Nicht ein geheimnisvolles Mysterium, nicht sein Leben und Sterben, sondern sein Wort, mit dem er sein Leben und Sterben – und sei es im Gleichnis – selbst deutete, ist der Ursprung christlicher Kirche. Die heiligen Schriften, die sich im Laufe der folgenden Jahrhunderte dieses Leben und Sterben und diese Worte dokumentierend und deutend entwickelt haben, sind keine Geheimschriften, sondern offen und allgemein zugänglich. Die Sprache dieser Schriften muss also notwendig immer und zu jeder Zeit so lebendig sein, dass sie allgemein verstanden werden kann. Vor 150 Jahren sagte Klaus Harms, einer der Grossen in der Geschichte der evangelischen Predigt: «Eine Übersetzung aber in eine lebende Sprache muss alle hundert Jahre revidiert werden, damit sie *im Leben bleibt.*» Heute ist zu fragen, ob dieser Zeitraum von hundert Jahren nicht schon zu weit gegriffen ist, ob nicht – wie es die Arbeit der Bibelinstitute nahelegt – permanent übersetzt werden muss, damit die Bibel im Leben und am Leben bleibt. Ohne den permanenten Übersetzungsprozess verliert die ‹Bibelsprache› die Verbindung mit dem Leben; das heisst: sie wird Tabusprache, die mit dem Leben immer weniger zu tun hat, die dem Menschen immer weniger sagt; *wird sie aber Tabusprache, dann wird sie unchristlich.* Damit sie im Leben bleibt und dem Menschen etwas sagt, muss sie nicht im Buch bleiben; sondern von Menschen verkündigt werden, Die mündliche Tradition der Predigt ist die notwendige Ergänzung der schriftlichen Tradition der Bibel. Die

Predigt ist ein Teil jenes permanenten Übersetzungsprozesses, der immer an vorderster Stelle, unter der Haut der Epoche den Menschen ansprechen muss, ihm die Wahrheiten des Glaubens auslegen, ihn ermutigen und ermahnen und im Zeugnis-Ablegen überzeugen muss. Wird aber nicht mehr für die Menschen gepredigt, sondern für die Institution Kirche, nicht mehr in der Sprache der jeweils zuhörenden Menschen, sondern in einer Fachsprache, sei es die der kirchlichen Tradition oder der Jargon einer Theologenschule, nicht mehr in der Sprechweise der zuhörenden Menschen, sondern in der Sprechweise des Erhabenen, Feierlichen, Erbaulichen – dann wird die Predigtsprache Tabusprache; *wird sie aber Tabusprache, dann wird sie unchristlich.* Predigt ist nicht gebunden an kirchliche Sonderveranstaltungen; es gibt mancherlei Orte ausserhalb des ummauerten Kirchenraumes, nicht zuletzt in Rundfunk und Fernsehen, an denen gepredigt wird, dennoch ist ihr bevorzugter Ort der Gottesdienst der Gemeinde. Dieser Dienst hat seine verfasste Ordnung, die Liturgie. Mit der notwendig formelhaften Wiederholung bestimmter Rituale wird der Spielraum des permanenten Übersetzungsprozesses notwendig eingeschränkt. Die Formeln entziehen sich am stärksten dem gegenwärtigen Sprachgebrauch und dem gegenwärtigen Sprechen. Dieses Paradox erklärt vielleicht, warum von alters her vieles gesungen wird in der Liturgie; aber bekanntlich lösen Responsorien, Lieder und Choräle das Problem nicht. Sie sind von der Gefahr der Tabubildung nicht ausgenommen, im Gegenteil, sie leisten ihr gefährlich Vorschub. Das gilt ebenso für einen feierlichen, wie es immer noch heisst: «heiligmässigen» Sprechstil bei den Lesungen der Psalmen, Episteln, Evangelien und der Gebete. Wer so spricht, gibt vor, er wisse wie «Heiligkeit» klingt. Auf beide Weise – in Sprache und Sprechen – wird die Liturgiesprache zur Tabusprache; *wird sie aber Tabusprache, dann wird sie unchristlich.*

Die christliche Kirchensprache – wenn ich für diesen Augenblick noch einmal den zu Anfang widerlegten Begriff festhalten darf – ist in allen drei Hinsichten: ‹Bibelsprache›, Predigtsprache und Liturgiesprache ständig in der Gefahr, Tabusprache zu werden. Als Tabusprache aber ist sie, so wurde hartnäckig gesagt, unchristlich. Die Kirchensprache lebt wie jede Sprache in ihrem Gebrauch in der Kommunikation, das heisst genauer: im ständigen Wechsel von Sprechen und Hören, von Hören und Sprechen. Das Sprechen in der Kirche ist ständig von der Gefahr der Tabuisierung bedroht, weil es diese beiden Grundfunktionen verteilt hat: Die eine Seite spricht, die andere Seite hört; die Gemeinde hat im Gottesdienst wenig zu sprechen und nichts zu sagen.

Dieses Dilemma wird nicht beseitigt, wenn die Gemeinde quantitativ mehr sprechen darf, wenn sie dem Herrn ein wirklich neues Lied singen darf, wenn Kanzelton und Sprache aus der Predigt verschwunden sind, wenn Lesungen und Gebete weder heiligmässig noch pathetisch rezitiert werden – und doch sind dies alles entscheidende Voraussetzungen dafür, dass menschlich, glaubwürdig, genau und inständig miteinander und vor Gott gesprochen werden kann.

Die Menschen jeder Zeit müssen in dem Prozess der unvermeidlichen Veränderung ihre eigene Antwort finden. Heute kann es nicht mehr Sprache und Sprechen von gestern sein; aber auch morgen nicht Sprache und Sprechen von heute.

Dieser Aufsatz wurde in einer früheren Fassung zuerst veröffentlicht in: Deutsches Pfarrerblatt, 67. Jg. Nr. 13, 1967, Spalten 424–426. Dem Verfasser wurde damals von der Redaktion des Pfarrerblattes der Titel zu diesem Aufsatz vorgegeben, was im Ingress des Beitrages zum Ausdruck kommt. Beim Schreiben dieses Aufsatzes war dem Autor das 1964 mit gleichem Titel im damaligen Zwingli-Verlag, Zürich, von J. BURKHARDT herausgegebene Buch nicht bekannt.

Martin PEIER-PLÜSS

Freier Dialog – koproduzierendes Sprechdenken

Erfahrungen mit Redeplanung nach Stichwortzetteln in einem Seminar für Sprechgruppen am Fernsehen

1   Schulung von Laien für das Fernsehen

Seit rund fünfzig Jahren werden Gottesdienste am Fernsehen übertragen, anfänglich als Reportagen, die lediglich das zeigten, was es aus den hintersten Reihen zu sehen gab. Heute werden die Feiern für die Zuschauenden inszeniert und mit Personen gestaltet, die für eine mediale Vermittlung auch geeignet sind. Meistens jedoch fehlt den kirchlichen Leuten die entsprechende Erfahrung, am Fernsehen aufzutreten; sie sind medial, sprachlich und sprecherisch Laien. Ihnen ist wenig bewusst, welche Sprache, Sprechweisen und Gesprächs- und Redeformen am Fernsehen leicht funktionieren und welche nicht. Für den reformierten Gottesdienst ist das gesprochene Wort aber insofern von herausragender Bedeutung, als zeichenhafte und visuell erfassbare Rituale weitgehend fehlen. Das gesprochene Wort steht im Vordergrund, unabhängig davon, ob es gepredigt, gebetet, gesungen, gelesen oder frei gesprochen wird.

Das hier reflektierte Seminar wurde jenen Personen angeboten, welche die Gottesdienste mit dem ZDF gestalten sollten. Es hatte zum Ziel, diese Personen auch in Redeplanung und Sprechdenken zu schulen. Eine besondere Aufgabestellung innerhalb der Schulung ergab sich durch die Konstellation der Seminarteilnehmenden. Nicht nur Einzelpersonen hatten Texte vorzubereiten, sondern auch eine Gruppe von drei Personen. Es ging dabei um eine liturgische Sequenz, die inhaltlich wie sprecherisch von den dreien gestaltet werden musste. Das erwünschte Resultat sollte gewissermassen ein *vorbereiteter Dialog* sein, der in die gesamte Liturgie eingebettet ist.

Die Ansprüche der Hörenden und der Zuschauenden erfordern eine hohe Qualität, so dass der Dialog in der Sprechweise frei, im Inhalt glaubwürdig und von den Personen her authentisch gestaltet sein soll. Ist einer dieser Ansprüche nicht erfüllt, kann das ganze Unterfangen leicht peinlich wirken. Damit der Entstehungsprozess zu diesem Dialog hin möglichst unverkrampft verlaufen konnte, arbeiteten wir mit der Methode der Stichwortzettel.[1]

2 Soziales und funktionales Setting (Gruppe und Aufgabe)

Wer mit einem anderen reden will, muss sich zuvor auf sein Gegenüber einlassen. Die Dreiergruppe im Seminar bestand aus einem Sozialpädagogen, der als Betreuer in einer Jugend-Erziehungsanstalt tätig war, sowie aus zwei delinquenten Jugendlichen, die in dieser Anstalt ihre Zeit abzusitzen hatten. Der eine davon stand kurz vor der Entlassung. Die drei waren also für den bevorstehenden Dialog in mehrfacher Weise unterschiedliche Partner: Sie unterschieden sich in Lebenssituation, in Lebensphase, in sozialer Herkunft, in beruflichem Stand und Ausbildung, in ihrer systemischen Position in der Anstalt und in ihrem persönlichen Bezug zum bevorstehenden Gottesdienst.

Zunächst mussten sich die drei klar werden, welchen Zugang jeder Einzelne zum zu gestaltenden Dialog hatte. Sie mussten erstens klären, welchen Zweck der Dialog für sie persönlich hatte, und zweitens, welchen Zweck dieser Dialog innerhalb der Liturgie erfüllen soll. Zu klären war konkret also: Was geht dem Dialog voraus? Was wissen die zuhörenden und zuschauenden Leute bereits und was wissen sie nicht? Was sollen sie nach dem Dialog wissen und was nicht? Was folgt in der Liturgie dem Dialog? Welche Personen greifen welche Themen auf? Was muss womöglich ausser Acht gelassen werden? Womit könnte die Integrität einzelner Personen verletzt werden? Was darf – daraus ableitend – nicht gesagt werden?

Und schliesslich musste die Gruppe klären, welchen Anteil der Dialog am gesamten Gottesdienst haben soll. Inwiefern dient der Dialog dem bereits festgelegten Zweck des gesamten Gottesdienstes? Soll der Dialog unterhalten, etwas veranschaulichen oder verdichten, zum Nachdenken anregen, die Zuhörenden schockieren, zum Spenden animieren oder einen Sachverhalt erörtern? Soll der Dialog in seiner liturgischen Funktion einen Aspekt vorwegnehmen, ein neues Themenfeld eröffnen oder den liturgischen Rhythmus durchbrechen?

Es galt also einen dreifachen Zweck zu klären, einen persönlichen, einen bezogen auf den vorzubereitenden Dialog und einen bezüglich der Funktion dieses Dialoges zugunsten des gesamten Gottesdienstes.

Der nächste Schritt bestand darin zu klären, in welcher Art der Dialog stattfinden soll. Ist er ein reflektierendes oder kontradiktorisches Gespräch, ein Interview oder eine offene Diskussion aus dem Stegreif? Wie soll der Dialog wirken? Wird er vorgelesen, spontan formuliert, oder ist er als Statement klar strukturiert? Welche Sprechweise ist, daraus folgend, angemessen? Welche Wirkung soll damit erzielt werden?

In einem dritten Schritt galt es zu klären, welche Sprache angewendet werden soll: interne Anstaltssprache, allgemeiner Grundwortschatz, Kirchendeutsch, Sprache des Strafvollzugs? Um das zu klären, musste sich die Gruppe gleichzeitig einig werden, welche Zielgruppe man mit dem Dialog erreichen wollte. Wer soll verstehen, was gesprochen wird? Welchen Zugang soll diese Zielgruppe zum von der Gruppe gewählten Thema haben? Was kann von der Zielgruppe an Zustimmung und Ablehnung erwartet werden?

Schliesslich entwickelten die drei Personen in einem vierten Schritt eine *zu sagende* Pointe und einen *zu denkenden* Zwecksatz und hielten beide schriftlich fest, die Pointe oben und den Zwecksatz unten an eine Tafel – wie ein Zielband – hingeklebt.

3   Synchronisierung zum intrakulturellen Dialog

Diese Schritte begleitete ich als Gesprächsleiter, indem ich ausschliesslich Fragen stellte. Durch die Moderation konnte die Gruppe selbstständig den Dialog in seiner Funktion, in der Struktur und auch in der Gestaltung erarbeiten. Gleichzeitig fand eine Synchronisierung ihrer persönlichen Zugänge zum Dialog statt. Durch die Moderation konnten mögliche Missverständnisse aufgedeckt werden, Meinungen zueinander geführt und der Prozess vorangetrieben werden. Es verliefen also parallel zueinander zwei Prozesse. Der eine betraf die Vorbereitung des bevorstehenden Dialoges, der andere Prozess betraf die Synchronisierung der Gruppe; da ereignete sich ein eigentlicher intrakultureller Dialog: ein Gespräch zwischen Sozialpädagogen und jugendlichen Delinquenten. Sprache und Rede, Sprechweisen und Gestik waren von unterschiedlichen Kulturen geprägt. Die Arbeitsschritte ermöglichten, dass eine gemeinsame Intention auf den zu erarbeitenden Dialog und eine synchronisierte Sprache des Inhaltes entstanden. Dadurch fand im Grunde genommen ein erster (nicht öffentlicher) Teil des Dialoges statt, der sich zwischen den drei unterschiedlichen Gesprächspartnern abspielte; eine anspruchsvolle Phase, wohl bemerkt, weil sie weitgehend auf einer Metaebene stattfand.

4 Inhalt reduzieren – Rückwärts denken, vorwärts reden

In der nächsten Phase der Vorbereitung ging es um den eigentlichen Inhalt des Dialoges. Dabei benutzten wir die Methode der Stichwortzettel. Die drei Gesprächspartner sammelten in Stichwörtern alle Punkte, die ihnen für den Dialog wichtig waren und schrieben die Stichwörter auf Post-its. Anschliessend klebten sie diese auf die oben erwähnte Tafel; gemeinsam begutachteten sie die Sammlung. Man verwarf das eine oder andere Stichwort und traf schliesslich eine Auswahl. In dieser Phase ereignete sich der eigentliche Dialog, ein kreativ sich entwickelndes Gespräch zwischen drei unterschiedlichen Personen.

Es folgte eine weitere klärende Phase. Die drei Sprecher erörterten einander gegenseitig ihre Stichwörter, entwickelten daraus mögliche Gesprächssequenzen und spielten einander wiederum neue, weiterführende Stichwörter zu. Dabei wurden etwa vierzig Punkte evaluiert, welche im Dialog während des Gottesdienstes zur Sprache kommen sollten. Daraufhin wurde der Zwecksatz nochmals überprüft und die Pointe, mit der das inszenierte Gespräch beendet werden soll, definitiv bestimmt. Nun benannte die Gruppe ein paar wenige Meilensteine, die – rückwärts eingesetzt – zum Anfang des Dialoges führten: rückwärts denken, um dann vorwärts zu reden.

Erst jetzt folgte die Phase, in der die Gruppe den Dialog nach seinem späteren Verlauf entwickelte. Die Punkte wurden so geordnet, wie sie zur Pointe hinführen sollen. Das alles erarbeiteten die drei Partner im Gespräch. Dabei liess sich bereits erkennen, wer welche Punkte im Dialog aufgreifen würde.

5 Rollenklärung und Redeverlauf

Bevor dann der Dialog sprecherisch «einstudiert» werden konnte, musste geklärt werden: Wie sprechen wir miteinander öffentlich vor anderen?

Die drei hatten ihre Rollen zu klären. Diese waren nicht einfach fix gegeben, sondern konnten während des Dialoges wechseln, so wie in jedem Alltagsgespräch auch. Auf den Stichwortzetteln mussten also Zeichen integriert werden, die klar machten: Wer stellt wem eine Frage? Wer führt wie das Gespräch weiter? Lässt man eine Frage offen oder führt sie jemand weiter? Wer setzt einen neuen Akzent im Dialog? Wer schliesst den Dialog ab, und wie verhält sich dieser Schluss mit der Eröffnung des Dialoges? Stimmen die Vor- und Rückbezüge im Dialog mit den verteilten Rollen überein?

Daraufhin markierten wir mit Hilfe der Haftzettelchen drei Spalten und ordneten diese den drei Sprechenden zu. Aus dieser Spaltenstruktur entwickelte sich ein visualisierter Gesprächsverlauf, vergleichbar mit einem Fluss- oder Verlaufsdiagramm. Daraus sollen der Gesprächsverlauf, die sprechende Person und die Aussageformen (Frage, Statement etc.) ersichtlich werden. Pfeile verdeutlichen den Verlauf.[2]

6   Koproduzierende Sprechdenkversuche

Schliesslich begannen wir, den Dialog anhand des nun vorliegenden Flussdiagramms zu erproben. Die Stichwörter waren dabei die einzige inhaltliche Grundlage für die drei Partner. Eindrücklich dabei war, wie leicht zu erkennen war, wo der Dialog fliessen konnte oder Brüche den Dialog ins Stocken brachten. Wenn der Gesprächsverlauf stockte, war leicht überprüfbar, was die Ursache dafür war. Rasch konnte die Übersicht gewonnen werden: Stimmte die Hinführung zum fraglichen Punkt nicht, oder lag es am weiteren Verlauf des Gesprächs? Stimmte die Rolle des Sprechenden nicht oder die des Angesprochenen? Um entsprechend zu korrigieren, wurden die fraglichen Zettelchen einfach umgebaut, hinzugefügt, einer anderen Person zugewiesen oder entfernt. Der Gesprächsverlauf wurde so mehrfach überprüft und der Dialog in seinem Wortlaut so lange ‹im Mund gekaut›, bis er für alle drei stimmte. Der Dialog war durch gemeinsames Sprechdenken entstanden.

Kreativ war der Prozess beim Entwickeln, also beim Produzieren, als auch beim Wiedergeben, also beim Reproduzieren. In Anlehnung an die Begriffe «produzierendes» und «reproduzierendes Sprechdenken»[3] lässt sich der Prozess in diesen beiden Phasen als koproduzierender Vorgang bezeichnen. Gesprächspartner tauschen ihre Gedanken aus, entwickeln einen Dialog und produzieren letztlich einen vorbereiteten Dialog. Und sie tun dies gemeinsam, indem sie ihre Punkte in den Verlauf des einzigen Textes verweben. Diesen Vorgang bezeichne ich *koproduzierendes Sprechdenken*.

Was – als weitere Arbeitsschritte – dann im Seminar noch folgte, waren zwei Durchgänge vor laufender Kamera. Für die Probeaufnahmen platzierten die drei Gesprächspartner das Flussdiagramm als Spickzettel neben der Kamera. Direkt in die Kamera hatten sie nicht zu schauen, da sie einen Dialog unter sich zu dritt führen konnten. Zwar war es nicht eigentlich eine Dreierkiste, sondern eine Dreierkiste zu viert. Der vierte Partner war die Kamera, stellvertretend für die nicht sichtbaren, aber sich vorgestellten Zuschauenden.

Der Sozialpädagoge und die beiden Jugendlichen sprachen miteinander. Der Verlauf war geklärt, die Sequenzen abgesprochen, doch die Dynamik für ein Gespräch blieb dennoch gewährt. Der Dialog war zwar «einstudiert», das heisst: im Verlauf geplant, aber er blieb in der sprecherischen Ausgestaltung frei, wirkte lebendig, direkt und dadurch authentisch.

7 Fazit

Sprechdenken und Redeplanung mit Stichwortzetteln funktionieren als Arbeitsmethode nicht nur für Einzelpersonen. Sprechdenken und Redeplanung funktionieren auch als Koproduktion einer Gruppe. Voraussetzung für eine gelingende Präsentation ist allerdings, dass sich die einzelnen Gesprächspartner auf die je anderen einlassen und bereit sind, die oben beschriebenen Schritte zu tun. Die einzelnen Phasen müssen systematisch durchlaufen werden, systematischer als in einer Einzelarbeit. Denn mit dieser Arbeitsweise müssen sich die Beteiligen immer wieder neu aufeinander einlassen und sich mehrmals aufeinander abstimmen: sich synchronisieren. Das braucht Energie und Zeit. Gleichwohl beanspruchten die hier beschriebenen Phasen für einen dreiminütigen Dialog «nur» eineinhalb Stunden, alle oben beschriebenen Schritte darin eingeschlossen.

Der Gewinn aus einem solchen Arbeitsprozess besteht darin, dass beim Sprechvorgang die Sprechenden keine Konkurrenten sind, sondern Partner. Inhaltlich gibt es keine Doppelungen, weil solche in den Phasen vor dem Sprechen aufgespürt und beseitigt werden können. Koproduzierendes Sprechdenken ermöglicht den Sprechenden einen verständlichen Redefluss; das Risiko, dass sich die Personen ungewollt ins Wort fallen oder einen Aussetzer haben, ist geringer. Der Dialog erhält durch koproduzierendes Sprechdenken eine klar abgegrenzte und konzentrierende Struktur ohne abschweifendes Geplapper sowie eine gezielte und hörorientierte Dramaturgie, die zu einer Schlusspointe hinführt.

Ein Letztes: Koproduzierendes Sprechdenken beschränkt sich nicht auf gottesdienstliche Feiern. Es kann eingesetzt werden als Vorbereitung zu gemeinsam gehaltenen Ansprachen, Dialogen, Theaterstücken ohne Wortskript, Lesungen, Statements. Und: Koproduzierendes Sprechdenken ist geeignet für Menschen, die sich anderen öffnen können. Das ist keine Frage des Berufes, sondern eine Frage der Persönlichkeit.

Anmerkungen

[1] Nach Hellmut GEISSNER, seit 1973; vgl. auch Edith SLEMBEK 1999, 200.
[2] Vgl. auch das Formular von H. K. GEISSNER in SLEMBEK 2004, 65.
[3] Vgl. GEISSNER seit 1973.

Literatur

FISHER, R. / URY, W. / PATTON, B.: Das Harvard-Konzept, Frankfurt 1984/1993.
GEISSNER, H. K.: mündlich: schriftlich, Frankfurt a. M. 1988.
DERS.: Kommunikationspädagogik, Transformationen der «Sprech»-Erziehung, St. Ingbert 2000.
GEISSNER, H. K. / LEUCK, H. G. / SCHWANDT, B. / SLEMBEK, E.: Gesprächsführung – Führungsgespräche, St. Ingbert ⁴2004.
HERINGER, H. J.: Interkulturelle Kommunikation, Tübingen und Basel 2004.
KÄLIN, K.: Captain oder Coach? Neue Wege im Management, Thun 1995.
KLOSE, B.: Projektabwicklung, Wien / Frankfurt 1999.
LEMKE, S.: Sprechwissenschaftler/in und Sprecherzieher/in – Eignung und Qualifikation, München 2001.

SCHIWY, G. / GEISSNER, H. K. / LINDNER, H. / VOLP, R. u. a.: Zeichen im Gottesdienst, München 1976.
SCHLIPPE, A. VON / SCHWEITZER, J.: Lehrbuch der systemischen Therapie und Beratung, Göttingen 1996.
SCHREYÖGG, A.: Coaching, Einführung für Praxis und Ausbildung, Frankfurt a. M. 1995.
SCHWEIZER, P.: Systematisch Lösungen finden, Zürich 2002.
SLEMBEK, E.: Mündliche Kommunikation – interkulturell, St. Ingbert 1997.
DIES.: Werkstatt: «Wort zum Sonntag», in: MÖNNICH, A. / JASKOLSKI, E. W. (Hrsg.): Kooperation in der Kommunikation, München / Basel 1999, 197–203.
SLEMBEK, E. / GEISSNER, H. K.: Feedback. Das Selbstbild im Spiegel der Fremdbilder, St. Ingbert 1998.

Dieser Aufsatz ist in ähnlicher Form erstmals erschienen in: HEILMANN, C. (Hrsg.): Kommunikationskulturen intra- und interkulturell, Fs. für Edith SLEMBEK, St. Ingbert 2005.

Edith SLEMBEK

Gedankenfreiheit – oder: Gedankenkonserven?

Gedankenfreiheit – gibt es sie überhaupt? Fragt man Menschen, dann hört man oft: «Ja, natürlich!», oder: «Ich kann immer denken, was ich will.» Trifft dies auch für asymmetrische (z. B. hierarchische) Situationen im Militär, in Behörden, im Unternehmen, oder in Schule, Universität, Kirche, Familie zu? Denn die einen haben das Sagen, die anderen haben zu hören, wenn nicht zu gehorchen. Und so können Vorgesetzte Dinge anordnen, die für die Ausführenden keinen Sinn ergeben und dadurch ärgerlich, schmerzhaft oder lächerlich sind. Letztere können mit ihrer Meinung durchaus im Recht sein, etwa wenn sie von der Sache mehr verstehen als die ihnen vorgesetzte Person. In solchen Fällen kann die Vorsicht oder die Sorge um die Stelle es gebieten, Einwände nicht zu laut zu äussern. Ungeäusserte Wendungen wie «Ich denk mir mein Teil.» und ein laut geäussertes «O. K.» oder «Wird gemacht!» zeugen für solche Situationen. Hier scheint der Mensch in der Tat «frei zu denken», was er will.

Diese «Gedankenfreiheit» kann in der Praxis weitere Konsequenzen haben. Bekanntlich werden Untergebene nicht immer nach ihren Wünschen gefragt, wenn es zum Beispiel darum geht, neue Geräte anzuschaffen, mit denen sie dann arbeiten sollen. Sie haben zwar die Freiheit zu denken «ohne mich», aber oft nicht die Freiheit, dies auch zu sagen. In der Folgezeit treten dann Reaktionen auf: Es wird langsamer gearbeitet, die Arbeitsorganisation wird unterlaufen, Anordnungen werden umgangen – alles Verhaltensweisen, die unter dem Stichwort «innere Kündigung» vielfach beschrieben sind. Der Gedanke war zwar frei gedacht, wurde aber nicht konsequent umgesetzt, denn der Widerstand geschah wortlos. Ist das die *Freiheit, die sie meinen*?

An solche Fälle wird hier lediglich erinnert, um zu belegen, dass Gedanken in gewissem Verständnis immer «frei» sind. Doch wie sieht es mit der Kehrseite aus? War zwar der Gedanke noch frei gedacht, so liegt im (freiwilligen) Nichtäussern und im (genötigten) Nichtäussern-Können zugleich seine Unfreiheit. Zunächst diejenige, dass vielleicht um die

Arbeitsstelle gefürchtet werden muss, wenn die Durchführbarkeit einer Anordnung, die Ausführung eines Befehls in Frage gestellt wird. In diesen Fällen bewirkt die Macht auf der einen Seite die Ohnmacht auf der anderen. Welche Freiheit haben Menschen, die nichts zu sagen haben? Im Zweifelsfalle nur wenig, sie können die «Ohren auf Durchzug stellen», können vielleicht hie und da etwas «Sand ins Getriebe streuen», passiven Widerstand leisten. Sie können innerlich Nein sagen und ihr Engagement für die Institution aufgeben. Welche Unfreiheit kann noch im Nichtäussern von Gedanken liegen? Viele Menschen fürchten, die Zuwendung anderer zu verlieren, wenn sie das offen äussern, was gemeinhin negativ verstanden wird. Jede und jeder hat von frühester Jugend an Muster gelernt, die später als «unbewusste Strategien» angewandt werden, und die dazu dienen, Situationen zu bewältigen.[1] In den Situationen der Kindheit konnten damit vielleicht innerfamiliäre Konflikte «unter den Teppich gekehrt» werden. Wer sich die Freiheit nahm, andere Familienmitglieder zu beschimpfen oder zu hassen, konnte sich damit eine stille Genugtuung verschaffen. BROWN und GILLIGAN zeigen, wie Mädchen zwischen acht und zwölf Jahren lernen, welche Gedanken über Freundinnen, Lehrerinnen und Lehrer, Mütter, Väter, Geschwister sie besser nicht äussern, wenn sie «nette» Mädchen sein wollen.[2] Als unbewusste Strategie ins Erwachsenenalter weiter getragen, liegt eine immense Unfreiheit darin, mit Kindheitsmustern zu reagieren, das heisst, gerade nicht als Erwachsene zu agieren.

Im Alltagsverständnis wird also oft angenommen, die Gedanken seien «frei». Während ich darüber nachdenke und immer mehr Widersprüche entdecke, lese ich THÜRMER-ROHRs Essay «Achtlose Ohren. Zur Politisierung des Hörens». Sie geht davon aus, dass bei Frauen und bei Männern die sogenannte westliche Identität gekennzeichnet ist, «durch Undurchdringlichkeit, Undurchlässigkeit, kulturellen Narzismus, kulturelles Insulanertum, ein Insulanertum, das nur durch Scheuklappen, Nichthören, oder Herrschaftshören aufrechterhalten werden kann».[3] Damit könne alles Fremde, alles Widerstrebende ignoriert werden. Nichthören bedeutet schliesslich, dass das jeweils Denkmögliche nicht durch dialogische Vergewisserung erweitert und in neue Bahnen gelenkt werden kann. Wer meint, in den Gedanken frei zu sein, ist dies nur scheinbar, da man sich beim Denken immer wieder auf den gleichen Gleisen zu bewegt.

An anderer Stelle habe ich zur Beziehung zwischen Hierarchie und Hören geschrieben, dass wir dazu erzogen werden, «nach oben» genauer zu hören, Gleichgestellten weniger genau zuzuhören, bei Untergebenen oft gleich ganz aufs Hinhören zu verzichten.[4] THÜRMER-ROHR verwendet für das genauere Hören «nach oben» den Begriff «Herrschaftshören». Wer auf diese Weise hört, wird sich schliesslich auch im Denken an der «Herrschaft» orientieren. Bei GEIGER heisst es: «Für diejenigen Bevölkerungsteile, die geistig aus zweiter und dritter Hand leben, und das ist die überwältigende Mehrheit, sind wirtschaftliche Güter ungleich viel wichtiger [als Schaffens- und Mitteilungsfreiheit, d. Verf.]. Die meisten von ihnen haben ‹geistige Unabhängigkeit› in des Wortes voller Bedeutung nie gekostet. Ihr Vorstellungs- und Gedankenschatz war ihnen immer von irgendwelchen Autoritäten aufgedrängt.»[5] Obwohl dies im Grunde bekannt sein könnte, hängen viele Menschen der Ideologie der eigenen «Identität» an, ohne sich bewusst zu werden, wie sehr diese nur durch ein Gedankengefängnis aufrechterhalten werden kann. Wer aus diesem Gefängnis herauskommen will, muss sich in die dialogische Begegnung mit anderen wagen. Aber die «Erinnerung schwindet, dass das Zuhören – könnte es frei oder jenseits von Herrschaftsverhältnissen gedacht oder praktiziert werden – Bestandteil eines dialogischen Lebens zwischen Menschen sein könnte ...»[6] Wie ich GEISSNER kenne, würde er an dieser Stelle auf LÖWITH verweisen, der feststellte: «Eigentlich hörend ist nur der erwiderungsfrei Zuhörende. [...] Indem sich einer selbst die dem Gespräch immanente Tendenz zur Gegenrede untersagt, ermöglicht er sich die freie Begegnung des andern in dem, was dieser als ein anderer, einem selbst zu sagen hat. Das eigentlich hörende Schweigen ist also eine ausgezeichnete Weise, dem andern zu entsprechen.»[7] Was beschreibt das anderes, als ein dialogisches Leben?

Unversehens hat sich der Begriff der Gedankenfreiheit verändert. Gedanken sind gebunden an den kulturellen Rahmen, in dem sie überhaupt gedacht werden können; Gedanken hängen von der Zeit ab, in der sie gedacht werden; die Identitätsideologie zum Beispiel wird heutzutage in vielen Gesprächen als unbefragte Prämisse mitgeschleppt. Gedanken hängen weiter vom Lebensumfeld ab, von der Gruppe, in der ein Mensch lebt. ARENDT schreibt über Eichmann, dass «die Stimme des Gewissens in ihm genauso sprach wie die Stimme der Gesellschaft, die ihn umgab».[8] Mögen die Menschen in der Zeit des Nationalsozialismus auch einer anderen Ideologie angehangen haben, das Zitat zu Eichmann macht deutlich, wie abhängig das Denken von den gesellschaftlichen Zuständen ist. Gedanken können also nicht wirklich *frei* sein. Was oben als «sogenannte westliche Identität» bezeichnet wurde, umfasst eine ganze Reihe kaum noch hinterfragter Ideologien. Dazu gehören auch die Ideologien der Freiheit, der Identität, des Individualismus, der Autonomie. Wer kann schon von sich behaupten, diese Ideologien zu durchschauen, sich nicht von ihnen einfangen zu lassen?

Nehmen wir das Beispiel Schule und Erziehung von schulpflichtigen Kindern. Seit geraumer Zeit existieren Ansätze zur «Individualisierung des Unterrichts» und zum «autonomen Lernen». Wird oft genug gefragt: Individualisierung mit welchem Ziel? Geht es um «mich» als Individuum oder geht es um «mich in Beziehung zu andern»? Inwieweit sollen am Ende lauter isolierte Individuen erzogen sein – wie sollen sie noch kooperieren, was sollen sie gemeinsam machen? Führen derartige Methoden nicht genau in die «sogenannte westliche Identität»? An diesem Beispiel kann deutlich gemacht werden, dass Ideologien unser Denken bestimmen und es damit unfrei machen. SPRAGUE ist in anderem Zusammenhang ähnlichen Fragen nachgegangen. Sie beschäftigt sich mit der Freiheitsideologie und fragt, um welche Freiheit es geht, «meine» oder «unsere», um die Freiheit zu verändern oder um die Freiheit zu bewahren. Sie stellt dabei fest, wie gedanklich unfrei sie über Jahre hinweg in ihrer Lehre war, indem ihr Hauptziel darin bestand, die persönliche Freiheit ihrer Studierenden zu entwickeln. Eine Methode, die sie dazu anwandte, war «autonomes Lernen», sie ist oder war auch in den USA modisch. «Since I have become sensitized to the pervasiveness of the ways that autonomy has been translated into privatism, careerism, and materialism, I have been overwhelmed by the prevalence of this orientation among my students. [...] As educators we perpetuate this orientation.»[9]

Wie gesagt werden solche Ideologien kaum noch hinterfragt, sie können (oder dürfen) es meist gar nicht. Hinterfragen bedeutete bereits den Beginn ihrer Distanzierung. Wo aber diese nicht stattfinden kann, gelten die Ideologien als Basis für Denken und Handeln. Denken verläuft folglich in den vorgeprägten Bahnen, die die jeweilige Ideologie als Norm, die jeweilige Religion als Dogma, die jeweilige Gruppe als Massstab einfordern.

«Nur in einem begrenzten Sinn schafft das Individuum aus sich selbst die Denk- und Sprechweise, die wir ihm zuschreiben. Es spricht die Sprache seiner Gruppe; es denkt in der Art, in der seine Gruppe denkt. Es findet bestimmte Worte und deren Sinn zu seiner Verfügung vor, und diese bestimmen nicht bloss in weitem Ausmass seinen Zugang zur umgebenden Welt, sondern offenbaren gleichzeitig, von welchem Gesichtspunkt aus und in welchem Handlungszusammenhang Gegenstände bisher für die Gruppe oder das Individuum wahrnehmbar und zugänglich waren.»[10]

Auch hier wird noch einmal klar, dass der einzelne Mensch sogar in seinen Denkmöglichkeiten weitgehend das Produkt seiner Kultur ist, im engeren Sinne seiner Gruppe. Seine Wirklichkeit entspricht dem, was der Gruppe als wirklich gilt. Zu dieser Wirklichkeit gehört auch, in welcher Weise berufliche Orientierungen das Denken prägen, denn mit der Ausbildung «erwirbt man nicht nur einen bestimmten Bestand an berufserforderlichen Kenntnissen, sondern gewöhnt sich auch an eine fachgemässe Denkweise». So gewinnt jede und jeder eine «berufstypische Lebensauffassung und [einen] Gesichtswinkel, unter denen sie die Umwelt betrachten».[11] Gruppen, die ausserhalb dieser Welt leben, seien es andere Sozialschichten, andere Religionsgemeinschaften, andere Berufsgruppen, denken anders. Genau betrachtet sind alle Menschen Andersdenkende. Aber als solche müssen sie miteinander reden, um sich zu verständigen, und sei es nur zum Beispiel aus Berufsgründen. Wie aber soll Verständigung gelingen, wenn in den Menschen je andere Welten leben oder sie in je anderen Welten leben, wenn anderes sinnvoll oder sinnlos erscheint, wenn Unterschiedliches gefällt oder missfällt, anzieht oder abstösst, wenn unterschiedliche Bewertungen, Motivationen und Ziele Menschen antreiben? Im geschlossenen System einer sich absolut positionierenden Gruppe sind die Menschen normativ und dogmatisch «vorverständigt» oder durch die Struktur «Befehl» dem System ungefragt ausgeliefert. Sie reagieren «bedingungslos» und «besinnungslos». In offenen Systemen, genau genommen schon zwischen geschlossenen Systemen, muss, wenn niemand die «Befehlsgewalt» hat, gesprochen werden, damit «verständigt», das heisst in Übereinstimmung gehandelt werden kann. Verständigung kann folglich nur gelingen, wenn die Gedanken mitgeteilt werden. Ohne Verständigung ist zwar konditioniertes Verhalten, nicht aber gemeinsames Handeln möglich. Wenn Gedankenfreiheit, in all ihren Grenzen, überhaupt möglich sein soll, dann ist sie gebunden an Redefreiheit. Redefreiheit ist die Freiheit des Miteinanderredens, nicht der rhetorischen Rede; es geht also um Gesprächsfreiheit. Erst im Äussern ihrer Gedanken können Menschen sie auch verantworten. Sie müssen sie verantworten, wenn sie sich beim Wort nehmen lassen wollen, wenn sie «Rede und Antwort stehen», *lógon didónai*. Zugespitzt: Die ungeäusserte Gedanken-«Freiheit» ist verantwortungslos.

Gedankenfreiheit steht in engem Zusammenhang mit Redefreiheit. Die eine ist ohne die andere nicht denkbar. ARENDT zitiert Kant in diesem Zusammenhang: «Erst Kant sagt, ‹dass diejenige äussere Gewalt, welche die Freiheit, seine Gedanken öffentlich mitzuteilen, den Menschen entreisst, ihnen auch die Freiheit zu denken› nimmt, weil nämlich die einzige Garantie für die ‹Richtigkeit› unseres Denkens darin liegt, dass wir ‹gleichsam in Gemeinschaft mit andern, denen wir unsere und die uns ihre Gedanken mitteilen›, denken.»[12] Dennoch gehört die Idee der Gedankenfreiheit zwar für viele zu den unbefragten Glaubenssätzen, an Redefreiheit wird dabei kaum gedacht. GEISSNER thematisiert in seinem Konzept der rhetorischen Kommunikation den Zusammenhang zwischen Gedankenfreiheit und Redefreiheit immer wieder und regt Gruppen zum Nachdenken darüber an. In Seminaren zur Gesprächsrhetorik geschieht das unter anderem in Gesprächsübungen. Solche Gesprächsübungen werden oft durch Gesprächsimpulse, die als Gesprächsanlass dienen, auf den Weg gebracht. Einige dieser Gesprächsimpulse thematisieren implizit oder explizit Gedankenfreiheit: «Wir sehen ein menschliches Gesicht, das in einer Sardinenbüchse zu stecken scheint, die mit einem Öffner aufgedreht ist. Der Deckel wurde mit dem Öffner von oben nach unten aufgerollt, und damit wird das Gehirn freigelegt. Man sieht also den Menschen in eine Dose eingezwängt, mit blossgelegtem Gehirn, so dass es durch Big Brother inspiziert werden kann, die Gehirnwäsche kann stattfinden.»[13] GEISSNER stellt hier einen Zusammenhang her mit Warhols «Campbell's soup cans»: Das Bild könne verstanden werden als rhetorisches Symbol für eine Gesellschaft, die allseits programmiert ist. Ohne sich dessen bewusst zu sein, sind alle bereits «eingedost».

Dieser Impuls wird also als Gesprächsanlass an Arbeitsgruppen gegeben, mit der Bitte, zu klären, was daran für sie problematisch ist. Es handelt sich dabei jeweils nicht um das erste Gespräch vom Typ «Klären», in welchem es darum geht, die Denk- und Wahrnehmungsvielfalt einer Gruppe zum Gesprächsgegenstand zu machen. Im Aufeinanderhören und im Einanderbefragen kann sich neues, erweitertes Verständnis für die Sache, für die redende Person selbst und für die am Gespräch Beteiligten entwickeln. Darin liegt die Chance zur Verständigung. Auf den Punkt gebracht: Es geht beim Klären darum, «sich in der Sache zu problematisieren», so dass alle am Ende mehr über sich, die Sache und die anderen wissen.[14]

Nachdem die Gruppen ihren Arbeitsauftrag und eine Kopie der Karikatur erhalten haben, tritt im Allgemeinen eine Schweigephase ein – die Karikatur wird betrachtet. Relativ schnell werden «Versatzstücke» laut, die viele von uns als (Halb-)Bildungsgut mit sich herumtragen. Ein Gruppenmitglied sagt: «Die Gedanken sind frei, wer kann sie erraten ...» und ergänzt gleich: «Ist doch so, ich weiss gar nicht, was daran problematisch sein soll.» In UNGERERs grossem Liederbuch wird das Lied ins späte 18. Jahrhundert datiert. Ich erinnere mich, dass meine Grossmutter erzählte, es sei das Lieblingslied ihrer Grossmutter gewesen. Seit Generationen begleitet es viele Menschen in Deutschland, und auch in schweizerischen Gesangbüchern hatte es lange seinen festen Platz. Dass dieses Lied im Gespräch erwähnt worden ist, kann als Indiz dafür gelten, wie tief verwurzelt die Ideologie der Gedankenfreiheit in uns ist. Sie sitzt in unseren Köpfen; das lässt erahnen, wie konservativ unser Denken ist. Es lässt sich auch heraushören, wie früh gelernte Muster in den Menschen fortleben und deren Denken als Erwachsene mitbestimmen. Klären – so wichtig es für die Verständigung auch ist – fällt vielen Gruppen schwer. Am Beispiel des Liedes «Die Gedanken sind frei», das ja aus nichtdemokratischen Zeiten stammt, wurde die Verwurzelung von tradiertem Gedankengut gezeigt. Wenn also die Gedankenwelt von Menschen geprägt ist durch nichtdemokratisches Denken – wie sollen sie dann klären können? Klären ist gerade ein demokratisches Mittel, «sich über Ziele und Wege künftigen Handelns zu verständigen».[15]

In der Anfangsphase der Arbeit der Gruppen zum Impuls «Gedankenfreiheit» werden oft weitere Versatzstücke in Verbindung gebracht. Jemand sagt: «Sire, geben Sie Gedankenfreiheit!»; dies wird meist von einem anderen Gruppenmitglied mit «Schiller, Sturm und Drang» kommentiert, und irgendwer fragt nach: «Aus was ist das gleich?» Manchmal bleibt die Frage unbeantwortet, manchmal wird herumgeraten: «Don Carlos?», «Tell?» Die Sequenz von Assoziationen mag amüsant klingen, in ihr kommt jedoch auch zum Ausdruck, wie Sprechblasenwissen flottiert; diese Sequenz wurde im Gespräch nicht weiter auf seine Bedeutung hin abgetastet und überprüft. Durch fehlende Problematisierung werden Denkmöglichkeiten blockiert – damit ist die Freiheit der Gedanken gerade nicht gegeben. Man mag eine solche Sequenz auch abhaken unter «Was sollen solche realitätsfernen Gespräche», «Darüber muss im Alltag nicht verhandelt werden». Doch, es muss darüber verhandelt werden; Menschen sollen im Alltag zum Denken kommen. Diese und ähnliche Sequenzen zeigen, wie in den Gruppen zunächst oberflächlich gesprochen wird im Bearbeiten dessen, was sie betrifft und im Klären ihres Selbstverständnisses, im Suchen und Erkennen ihrer Handlungsmöglichkeiten. Dort, wo Menschen sich nicht der Herausforderung stellen, Fragen, die sie betreffen, jenseits von Sprechblasen zu klären, wird ihr Handeln auf der Basis von Sprechblasen erfolgen. Genau genommen sind diese «Sprechblasen» «Denkblasen», ideologisch gefärbte Wolken, aber keine Gedanken. Damit lässt sich leicht Konsens erzielen, der sich allzu leicht als Scheinkonsens herausstellt.

Ob es wie oben zitiert heisst, «Sire, geben Sie Gedankenfreiheit!» – «Schiller» – «Sturm und Drang» oder ob es heisst, «Wir sitzen alle in einem Boot» oder «Umfeld verändern»; ob es – ständige Klage von Lehrenden – heisst, «Schüler werden immer schlechter» und als Reaktion darauf kurzerhand geschlossen wird, «Die Arbeitsmoral ist eben ganz anders als früher», «Da waren wir ganz anders», das alles sind Sprechblasen. Was sich in ihnen an Sprachlichem anhäuft, ist austauschbar. Deutlich wird allerdings, dass Sprache eine Denknotwendigkeit ist; ihre Reduktion auf Minimalinhalte vom Typ «bestätigendes Rundgespräch» jedoch zeigt, wie sie zum Denkgefängnis werden kann, in dem Gedankenfreiheit – einmal mehr – illusorisch ist.

Auch die Teilnehmenden an der Gesprächsübung stecken oft über längere Zeit in ihren Denkgefängnissen, wenn sie zwischen «Spekulieren» und «Verschieben» schwanken.[16] Spekulieren heisst, sie beschäftigen sich mit Fragen, die sie nicht schlüssig beantworten können: «Wer hat die Dose aufgerollt?», «Das war er selbst!» – «Wieso er?» – «Das Gesicht sieht brutal aus, deswegen!» – «Nein, er hat sie aufgerollt, damit die Gedanken rausfliegen können». Spekulieren ist auch in vielen anderen Gesprächen zu beobachten. Da sprechen Menschen lange über Dinge, die so nicht beantwortbar sind, die im Allgemeinen weder der Verständigung dienen noch das Gespräch voranbringen, weil über der

Spekulation vergessen wird, danach zu fragen, was wir miteinander klären können.

Ähnlich verhält es sich mit dem Verschieben von Gesprächsinhalten auf Gebiete, bei denen Gruppen vermeiden können, sich in der Sache zu problematisieren: «Ist so eine Karikatur überhaupt noch zeitgemäss?», «Was ist die Absicht des Karikaturisten?», «Was will er uns damit sagen?» Alles Fragen, die die Gruppen mit den ihnen aktuell zur Verfügung stehenden Mitteln nicht klären können. Zudem: Was nutzt es, sich den Kopf des Karikaturisten zerbrechen zu wollen? Ein völlig nutzloses Unterfangen – die Grundstruktur «Verschieben» ist in zahllosen Gesprächen üblich, sie trägt dazu bei, dass Gespräche oft als nutzlos empfunden werden.[17]

Ganz allmählich werden die Gruppen aufmerksamer, nachdenklicher. Das geschieht im Äussern, wenn gesagt wird «Na ja, wenn das da oben aufgerollt ist, dann können die Gedanken rausfliegen, dann sind sie frei», «Dann hast du ja keine mehr», «Das geht doch gar nicht», «Also, was ist nicht frei in unseren Gedanken» und «Wieso denken wir gleich an das Lied und das Zitat?», «Da könnte was Unfreies drin sein». Die Gruppen fangen jetzt an, ihr Gesprächsfeld abzutasten, es von unterschiedlichen Seiten her zu beleuchten – sie beginnen zu klären, was für sie im Gespräch auch wirklich zu fragen möglich und sinnvoll ist.

Auf einmal ist Gedankenfreiheit keine leere Formel mehr, die man einfach akzeptiert, sondern sie bekommt unterschiedliche Facetten. Welche Facetten das sind, lässt sich nicht vorhersagen, das hängt von den Menschen ab, die miteinander im Gespräch sind. Nach Beendigung der Gruppenarbeit treffen die Gruppen wieder im Plenum zusammen. Jede der Gruppen hatte zu Beginn der Arbeit eine Person gewählt, die nun über die Entwicklung des Gesprächsprozesses berichtet: Wie die Gruppe begonnen hat; wie sich einzelne Aspekte herauskristallisiert haben, die die Gruppe klärend weiterverfolgt hat; auf welche Aspekte besonderes Gewicht gelegt wurde. Das kann bei den einen gewesen sein, wie sie als Kinder dazu angehalten wurden, nichts aus der Familie «nach aussen» zu tragen, und welche Auswirkungen das bis heute auf sie hat. Bei den andern rückte ein Aspekt «Medien, sie bestimmen, was wir zu denken haben» ins Zentrum, bei wieder anderen ist vielleicht die Frage aufgetaucht, wo sie sich selbst Denkverbote auferlegen. Beim Zuhören entwickelt sich oft lebhaftes Nachfragen, wie denn die Gruppe auf diesen Aspekt gekommen sei, an den die eigene Gruppe gar nicht gedacht habe. Es gibt keinen krönenden Abschluss der Gruppenarbeit, denn es gibt keine einzige richtige Lösung.

Um es noch einmal zu betonen: Was beim Klären Gegenstand wird, hängt ab von den Menschen, die miteinander sprechen, von ihrer Beziehung zueinander und von der Situation. Vielen Gruppen wird das zum ersten Mal bewusst. Es lässt sich also nicht sagen, es gebe richtige und falsche «Ergebnisse» beim Klären. Klären führt zu einem Ergebnis eigener Art. Das Ergebnis dieser Gruppe ist ihre Verständigung über sich und die Sache. Das kann nur geschehen, wenn die Teilnehmenden ihre Gedanken äussern und sie damit vor sich und anderen verantworten. Am Beispiel «Gedankenfreiheit» erfahren sie etwas von ihrer eigenen Gedankenfreiheit und -unfreiheit. Durch das Sprechen miteinander kommen sie vielleicht zur Distanzierung einer unbefragten Ideologie, zu Kritik und Selbstkritik. Beides geht nicht ohne äussere und innere Konflikte. Kritikfähigkeit und Konfliktfähigkeit sind notwendig, wenn Demokratie mit ihren pluralen Interessen eine Chance haben soll, manchmal sagen die Leute «eine Chance zum Überleben», manchmal auch «eine Chance, sich zu entwickeln».

Anmerkungen

[1] BAURIEDL 1984, 191.
[2] Vgl. BROWN und GILLIGAN 1994.
[3] THÜRMER-ROHR 1994, 120.
[4] Vgl. SLEMBEK 1994.
[5] GEIGER 1953, 98.
[6] THÜRMER-ROHR 1994, 112.
[7] LÖWITH 1928, 116.
[8] ARENDT 1978, 163.
[9] SPRAGUE 1990, 335.
[10] MANNHEIM 1952, 5.
[11] GEIGER 1953, 104.
[12] KANT, zitiert in ARENDT 1972, 52.
[13] GEISSNER 1983, 282; übersetzt aus dem Engl. durch d. Verf.
[14] GEISSNER, z. B. 1957, 35; vgl. auch GEISSNER 1975.
[15] GEISSNER 1982, 25.

[16] Zu Spekulieren und Verschieben als Gruppenphasen vgl. GEISSNER 1986b, 51.
[17] Vgl. SLEMBEK 1995.

Literatur

ARENDT, H.: Wahrheit und Lüge in der Politik, München 1972.
DIES.: Eichmann in Jerusalem, München 1978.
BAURIEDL, T.: Beziehungsanalyse, Frankfurt a. M. 1984.
BROWN, L. / GILLIGAN, C.: Die verlorene Stimme, Frankfurt a. M. 1994.
GEIGER, Th.: Ideologie und Wahrheit, Stuttgart 1953.
GEISSNER, H. K.: Sprechkundliche Grundlegung, in: Sprechkunde und Sprecherziehung, Emstetten 1957, 27–44.
DERS.: Klären und Streiten, in: BADURA, B. (Hrsg.): Reden und reden lassen, Stuttgart 1975, 183–198.
DERS.: Zwischen Geschwätzigkeit und Sprachlosigkeit, in: LOTZMANN, G. (Hrsg.), Mündliche Kommunikation in Studium und Ausbildung, Frankfurt a. M. 1982, 9–31.
DERS.: Rhetoricity and literarity, in: Communication Education, 32/3, 1983, 275–284.
DERS.: Sprecherziehung, Frankfurt a. M. 1986a.
DERS.: Rhetorik und politische Bildung, Frankfurt a. M. 1986b.
DERS.: Sprechwissenschaft, Frankfurt a. M. ²1988.
DERS.: Noch immer zur Freiheit ermuntern? in: DERS. (Hrsg.): Ermunterung zur Freiheit, Frankfurt 1990, 7–19.
KANT, I.: Sämtliche Werke, IV (CASSIRER, E., Hrsg.), Berlin o. J.
LÖWITH, K.: Das Individuum in der Rolle des Mitmenschen, München 1928.
MANNHEIM, K.: Ideologie und Utopie, Frankfurt a. M. 1952.
SLEMBEK, E.: The vision of hearing in a visual age. American Behavioral Scientist, 32/2, 1988, 147–155.
DIES.: Klären – eine Methode in der Pädagogik der interkulturellen Kommunikation, in: DAHMEN, R. / HERBRIG, A. / WESSELA, E. (Hrsg.): Sprechen, Führen, Kooperieren, München 1994, 180–189.

SPRAGUE, J.: Reflections on the goals of communication education: Freedom for whom and for what?, in: GEISSNER, H. K. (Hrsg.): Ermunterung zu Freiheit, Frankfurt a. M. 1990, 329–345.

THÜRMER-ROHR, C.: Achtlose Ohren. Zur Politisierung des Hörens, in: DIES.: Verlorene Narrenfreiheit, Berlin 1994, 111–129.

Dieser – hier überarbeitete – Aufsatz ist zuerst erschienen unter dem Titel ‹Gedankenfreiheit› in: BARTHEL, H. (Hrsg.): Lógon didónai – Gespräch und Verantwortung (Fs. für Hellmut K. Geissner), München / Basel 1994, 134–142.

Urs MEIER

Öffentlichkeitsarbeit für Radio und Fernsehen

Wie man die Kirchen ins Programm bringt

Die Klage reformierter Kreise über die Vernachlässigung ihrer Konfession durch die elektronischen Medien ertönt, seit es Radio und Fernsehen gibt. Es geht im Folgenden nicht um die Frage, wie weit die beklagten Missstände tatsächlich bestehen, auch nicht um die Erörterung der Gründe. Vielmehr sei hier der Versuch gemacht, klärende Einblicke und praktische Tipps zu geben, damit die Reformierten ins Radio und Fernsehen kommen, obschon sie keinen Papst und nur selten spektakuläre Anlässe zu bieten haben.

1 Publizistische Kategorien

Stärker noch als bei Printmedien hängen bei Radio und Fernsehen die Themen von der Form der Sendung ab. Mit den sogenannten Formaten oder Sendegefässen sind nicht nur Programmplätze, Publika und Ziele publizistischer wie wirtschaftlicher Art verbunden, sondern auch spezifische Produktions- und Darstellungsmittel. Je nach Sendung kommen daher verschiedene Arten der Vermittlung von Kirche und Religion in Betracht:

> a) In Nachrichten- und Informationssendungen kann über Kirche und Religion berichtet werden. Wie bei allen anderen Themen geht es um die meist kurz gefasste Darstellung von Fakten und Ereignissen. Darstellungsmittel sind gesprochene Nachrichten, Statements von Exponenten, Interviews, audiovisuelle Stimmungsbilder oder kurze Filmberichte, in seltenen Fällen ergänzt durch einen Kommentar.
>
> b) In Meinungs-, Diskussions- und Personality-Sendungen kommen gelegentlich exponierte Persönlichkeiten der Kirche zum Zug. Darstellungsmittel sind Studiogespräche, teilweise mit (te-

lefonischer) Beteiligung des Publikums, Talkshows oder Personenporträts.
c) In religiösen Sendungen werden meistens Ansprachen, Gottesdienste und Feiern in ihrer kirchlichen Form übertragen oder in mediengemässen Umsetzungen angeboten.

Jede dieser publizistischen Kategorien verlangt auf Seiten der Kirchen einen speziellen Umgang mit den Medien.

2   Nachrichtenmarkt und Auswahlkriterien

Bei Nachrichten- oder Informationssendungen ist die Kirche mit ihren Anlässen, ihren Themen und ihren Repräsentanten stets eine Anbieterin unter vielen. Es sind fast immer sehr viel mehr Informationen und Themen vorhanden, als die Medien verarbeiten können. Je grösser das Einzugsgebiet, desto grösser der Angebotsüberhang. Aber selbst kleine Lokalmedien müssen auswählen.

Potenzielle Medienthemen kann man ganz allgemein als Angebote auf einem Nachrichtenmarkt betrachten, d. h. News haben immer eine bestimmte Wertigkeit, die sich letztlich aus dem Spiel von Angebot und Nachfrage ergibt. Kirchliche und religiöse Neuigkeiten sind diesem Mechanismus in gleicher Art unterworfen wie alle anderen Informationen. Um die eigenen Chancen als Informationsanbieter auf diesem Markt zu vergrössern, lohnt es sich, die wichtigsten Mechanismen zu kennen und zu berücksichtigen.

Der Nachrichtenwert einer Information wird einerseits von generellen Regeln und andererseits von Faktoren, die je nach Medium verschieden sind, beeinflusst.

- Bei *allen* Medien sind News bevorzugt, die
    o aussergewöhnlich sind,
    o knapp darstellbar und ohne weiteres verständlich sind (z. B. dank einer bereits in den Medien verhandelten Vorgeschichte),
    o sich um (prominente) Personen drehen.
- Bei *lokalen* oder *regionalen* Medien sind News bevorzugt, die zusätzlich auch noch
    o einen lokalen oder regionalen Bezug aufweisen,

- o Service-Charakter haben (Hinweise auf Events oder besondere Dienstleistungen).
- Beim *Fernsehen* kommt die Bedingung hinzu, dass News
  - o visuell darstellbar sein müssen,
  - o mit geringem Aufwand und möglichst rasch aufgezeichnet werden können (wenige Schauplätze und Beteiligte, kurze Drehzeit).

Je besser ein News-Angebot diesen Regeln entspricht, desto grösser wird in der Regel das Interesse daran auf Seiten der Medien sein. Bei Themen, die für die Medien Pflichtstoff sind (was bei kirchlichen Angelegenheiten nicht oft der Fall ist), bemühen die Redaktionen sich selbst um eine Umsetzung im Sinn ihrer eigenen Regeln. Kirchliche Themen stehen selten zuoberst auf der Prioritätenliste und können daher jederzeit von aktuellen Top-News aus der Sendung verdrängt werden. Deshalb ist es umso wichtiger, kirchliche Nachrichten bereits in einer für die Medien geeigneten Form anzubieten.

3 Wechsel der Blickrichtung

Wer den Redaktionen News anbietet, versucht mit Vorteil, das eigene Thema aus dem Blickwinkel der Medienleute zu sehen: Was macht es für sie interessant? Welche Aspekte sind aus redaktioneller Sicht wichtig? Die Fähigkeit, die Blickrichtung zu wechseln, wird auch von den Medienschaffenden verlangt. Für sie geht es darum, Interessen und Verständnisvoraussetzungen ihres Publikums vorwegzunehmen. Die Medienschaffenden begegnen den kirchlichen Informationslieferanten denn auch nicht als Privatpersonen, sondern in einer beruflichen Rolle. Diese zu kennen und zu verstehen ist ein Schlüssel für gute Zusammenarbeit mit den Medien.

4 Profilierte Persönlichkeiten und klare Meinungen

Religion und Kirche sind stets auch Meinungsgegenstände und spielen vielfach in politischen, gesellschaftlichen und kulturellen Themen eine Rolle. Radio und Fernsehen greifen solche Diskussionen gerne auf, weil sie in vielen Fällen allgemeine Zeitströmungen schlaglichtartig beleuchten, also exemplarischen Charakter haben. Zudem haben gute Debatten eine unterhaltende Qualität.

Die Formen sind vielfältig:
- einzelnes Meinungs-Statement in einer Informationssendung,
- einzeln aufgezeichnete, gegeneinander gestellte divergierende Meinungs-Statements in einer Informationssendung,
- Interview (konfrontativ, auf ein einziges Thema ausgerichtet),
- Gespräch, Personality-Sendung,
- Diskussionsrunde (eher sachorientiert),
- Talkshow (eher unterhaltungsorientiert).

Für Meinungsbeiträge jeglicher Art sind die Redaktionen interessiert an sich exponierenden Personen, welche
- profilierte persönliche Ansichten vertreten,
- reaktionsschnell und schlagfertig diskutieren,
- sich einfach, einprägsam und anschaulich ausdrücken.

Solche Fähigkeiten bringen die Wenigsten von sich aus als Persönlichkeitsmerkmale mit. Vielmehr braucht es ein grundsätzliches Verstehen der allgemeinen Medienmechanismen, ein generelles Training für Auftritte vor Mikrophon und Kamera und in jedem Fall auch eine gute Vorbereitung auf das jeweilige Statement bzw. Interview oder die aktuell bevorstehende Diskussion.

Es empfiehlt sich deshalb vorab zu bestimmen, wer als sich exponierende Person der Kirche in den Medien auftreten soll. Diese Personen müssen auf ihre Aufgabe mit einem praktischen Training vorbereitet werden.

Vor aktuellen Einsätzen in Radio- und Fernsehsendungen braucht es eine sachbezogene Vorbereitung. Auskunftspersonen oder an der Diskussion Teilnehmende müssen im Thema absolut sattelfest sein.

Ebenso wichtig ist es, sich Kommunikationsziele zu setzen und die eigene Rolle vorweg zu klären. Dazu gehört, dass man sich selbst die folgenden Fragen beantwortet:

- Was soll von meinem Beitrag bei den Zuschauenden oder bei den Zuhörenden als Wichtigstes haften bleiben? Die Beschränkung auf eine einzige Kernaussage ist unumgänglich.

- Als wer trete ich auf? Ist meine Funktion den Medienleuten klar? Meine Aussagen sollen mit meiner offiziellen Position im Einklang stehen. Meine Funktionsbezeichnung in der Sendung muss eindeutig und für das Publikum verständlich sein.
- In welcher Rolle soll mich das Publikum sehen? Ich kann neutral Informationen liefern, kritisch fragen, flammend anklagen, eine neuen Idee promoten, zwischen harten Fronten vermitteln – aber ich kann nicht alles gleichzeitig oder abwechselnd tun.

Bei Einzelstatements und Interviews hat man als befragte Person das Recht, von Medienschaffenden vorher über den Zusammenhang, über Themenaspekte und Fragerichtungen sowie über die vorgesehene Verwendung des aufgezeichneten Materials genau informiert zu werden. Auch wenn es bei aktuellen News eilt oder wenn gar live (z. B. am Telefon) gesendet wird: Eine klare Absprache über das Vorhaben ist immer nötig und auch durchaus möglich. Journalistische Überfälle muss man nicht akzeptieren. Zumindest ein paar Minuten Bedenk- und Vorbereitungszeit kann man sich in jedem Fall ausbedingen.

Je heisser das Thema, je kontroverser die Zusammensetzung einer Diskussionsrunde, desto wichtiger die Vorbereitung! Bei anspruchsvollen oder heiklen Medienauftritten empfiehlt es sich unbedingt, vorher ein professionelles Coaching in Anspruch zu nehmen. Wenn die Zeit drängt, kann dies auch telefonisch geschehen.

5 Religiöse Sendungen

Sendungen, in denen christliche Inhalte im Sinne kirchlicher Kommunikation vermittelt werden, können sich grundsätzlich aller medialen Formen bedienen. Sie werden – zumindest in General-Interest-Programmen – in der Regel nicht oder nicht allein von den Sendern gemacht, sondern von kirchlichen Produzenten bzw. in Zusammenarbeit zwischen Sendern und kirchlichen Produzenten. Dadurch stehen religiöse Sendungen im Schnittpunkt zweier Interessen: Sie müssen den Programmleitlinien und Erfolgserwartungen des Senders einerseits und den Verkündigungsinteressen bzw. den pastoralen Zielen der kirchlichen Produzenten andererseits gerecht werden. Nur wenn beides erfüllt ist, haben religiöse Sendungen im Programm Platz.

Meistens lehnen sich religiöse Sendungen an traditionelle kirchliche Kommunikationsformen an: Ansprache, Gottesdienst, Feier, Meditation. Hierzulande leider weniger gebraucht sind typische Fernsehformen wie Talkshow, Gameshow, Fernsehspiel, Sitcom, Dokudrama, Trickfilm, Reportage, Feature.

Religiöse Sendungen fordern erheblichen Aufwand zur Konzeptentwicklung sowie für Casting, Schulung und Training. All dies lohnt sich nur bei Sendungen mit festen Programmplätzen und Aussicht auf lange Laufzeiten.

Es sind allein Konzept und Ziel, die solche Sendungen von den übrigen im Programm unterscheiden. Das journalistische und technische Handwerk ist das gleiche wie überall in Radio oder Fernsehen, und die Regeln für die Themen und die auftretenden Personen sind keine anderen als die oben genannten.

6 Trauerfeiern und andere besondere Anlässe

Bei grossen Unglücksfällen und ähnlichen Vorkommnissen haben (meist ökumenische) Trauerfeiern oder andere Arten des Teilnehmens ein starkes öffentliches Echo. Fernsehen und Radio sind in jüngster Zeit vermehrt dazu übergegangen, solche «Gottesdienste aus besonderem Anlass» live zu übertragen, oft mit internationaler Beteiligung. Dies kann eine Kirchgemeinde aus heiterem Himmel mit einer riesigen Aufgabe konfrontieren. Bei Ereignissen mit nationalem Echo ist es in der Regel die SRG, die solche Gottesdienste live überträgt (und allenfalls den Privatsendern sowie eventuell ausländischen Stationen zur Übernahme anbietet). Für solche Fälle bietet der Radio- und Fernsehbeauftragte der Reformierten Medien und des Katholischen Mediendienstes Handreichungen und Checklisten an. Er steht den kirchlichen Verantwortlichen und den Sendern zudem als Berater zur Seite.

Es scheint, dass «mediales Trauern» zum Verhaltensrepertoire der öffentlichen Kommunikation hinzugekommen ist – ausgelöst durch den weltweiten Medienaufruhr um den Tod von Lady Di 1997. Auch bewegende Vorkommnisse von nationaler oder regionaler Bedeutung dürften zukünftig vermehrt von den Medien aufgegriffen werden. Trauergottesdienste nach Katastrophen und Unfällen und vielleicht auch anlässlich des Todes prominenter Personen werden Ereignisse sein, welche die Medien – und zwar auch regionale Sender – sich nicht entgehen lassen wollen. Solche Übertragungen sind für alle Beteiligten höchst aufwendig, umso mehr, da sie ja in kürzester Zeit organisiert werden müssen. Eine Beratung durch den genannten Beauftragten ist zu empfehlen.

Checklisten

Allgemeine Vorbereitung

- Die Sprechenden der Kirche gegenüber Radio und Fernsehen sind bestimmt.
- Vorgehen und Zuständigkeiten bei aktuellen Medienanfragen sind generell festgelegt.
- Die Medienbeauftragten der Kirchen haben eine vorbereitende Schulung mit praktischem Training absolviert.

Themen für Radio und Fernsehen

- Bereits bei der Zusammenstellung von Veranstaltungsprogrammen fragen sich die Verantwortlichen, was für Radio und Fernsehen interessant sein kann.
- Bei geeigneten Anlässen werden Radio- und TV-Berichte von Anfang an mit bedacht und die Redaktionen frühzeitig kontaktiert.
- Die Ansprechpersonen auf Seiten der Kirche sind bestimmt und den Redaktionen bekannt.

Fragen zur persönlichen Vorbereitung auf normale Medienauftritte:

- Worum geht es? – Thema eingrenzen!
- Wer ist Zielpublikum?
- Welches Vorwissen hat das Publikum?
- Was interessiert den Journalisten oder die Journalistin?
- Kenne ich die Intention der Sendung?
- Sind die Rahmenbedingungen klar:
  Wer will wann was von mir wozu?
- Wird live gesendet oder aufgezeichnet?
- In welchem Zusammenhang steht mein Beitrag?
- Wer sonst ist noch in der Sendung?
- Steht meine Aussage einer anderen entgegen?

- Kann ich meinen Beitrag prüfen und freigeben?
- Wann genau ist die Ausstrahlung vorgesehen?
- Bekomme ich nachher von der Redaktion eine Audio- oder Videoaufzeichnung?
- Was ist mein Kommunikationsziel?
- Was soll das Publikum als Wichtigstes von meiner Aussage in Erinnerung behalten?
- In welcher (offiziellen) Eigenschaft trete ich auf?
  Ist das auch den Medienschaffenden klar?
- Wie werde ich angekündigt?
- In welcher Rolle will ich mich präsentieren?
- Kenne ich alle Fakten? Bin ich darin wirklich sattelfest?
- Kenne ich die Behauptungen und Argumente der Gegenpartei?
- Fühle ich mich sicher?
- Habe ich Lust auf den Medienauftritt? Wenn nein: Weshalb nicht? Kann ich das, was mich ärgert, durch entsprechende Klärungen oder Änderung von Rahmenbedingungen aus der Welt schaffen?
- Habe ich dafür gesorgt, dass ich mich unmittelbar vor dem Auftritt wenigstens ein paar Augenblicke in Ruhe vorbereiten kann?
- Bei TV-Auftritten: Was werde ich anziehen?
  Wie soll mein Outfit wirken?
- Habe ich mein Erscheinungsbild und meine Kleidung so gewählt, dass ich mich wohl und stark fühle?

Zusätzliche Fragen bei kontroversen und heiklen Medienauftritten

- Worin genau liegt die Kontroverse bzw. der heikle Punkt?
- Was will ich mit dem Medienauftritt erreichen? – Am stärksten bin ich mit einem einzigen, dafür ganz klaren Anliegen!
- Wer ist meine Gegenseite? – Ich darf mir nichts vormachen: Bei Kontroversen habe ich Gegner!
- Wie wird die Gegenseite operieren? Was will sie erreichen?
- Mit wem kann ich meine Strategie und meine Rolle vorher besprechen und wenn möglich sogar durchspielen?
- Kann ich professionelles Coaching in Anspruch nehmen?

Auswertung von Medienberichten

- Es ist sichergestellt, dass nachträglich jeweils eine Zusammenstellung aller Medienberichte vorliegt und dass zumindest die wichtigen Berichte dokumentiert sind.
- Die für Kommunikation verantwortliche Person beobachtet, welche Art der Vorbereitung die besten Ergebnisse bringt.
- Aufschlussreiche Positiv- und Negativbeispiele werden intern wenn möglich zusammen mit Fachleuten ausgewertet.
- Die Medienschaffenden erhalten differenziertes Feedback. Bei Zufriedenheit mit deren Leistungen reagieren die Verantwortlichen der Kirche genau so prompt, wie wenn es etwas zu kritisieren gibt.

Hellmut K. GEISSNER

Identität und Imitation

Was antworten Sie auf die Frage: «Wer bist du?»

Jemand klingelt an einem Hochhaus. Aus der Sprechanlage tönt es: «Wer ist da?» Die Person überlegt blitzschnell: «Soll ich antworten: ‹ein Deutscher› – ‹ein Schwabe› – ‹ein Stuttgarter›? Oder ‹ein Ehemann› – ‹ein Graukopf›– ‹ein Lehrer›?» Alles wichtige Merkmale der Person, alle nicht aus der Stimme zu hören. Aber was soll die fragende Person jetzt damit anfangen? Da ist die Versuchung gross, ganz naiv zu antworten: «Ich!». Doch von drinnen tönt es erneut: «Welches Ich?» Weiss es denn die Person selbst, die «Ich» gesagt hat? Soll sie sich jetzt rausreden mit der tautologischen Formel *«Ich bin Ich»*?

Das kann eine Verlegenheitsantwort sein. Es hat ja keinen Sinn, den Familiennamen zu nennen oder gar den Vornamen. Die fragende Person kennt weder die Familie noch die Freunde. Verwendet die Person dagegen die Formel «Ich bin Ich» absichtlich, behauptet sie dann nicht, zu wissen, wer sie ist? Mit sich selbst identisch zu sein? Nicht nur zufällig hier und jetzt, sondern immer und überall. Das wäre wahrlich ein übermenschlicher Anspruch. In der Tradition der jüdisch-christlichen Erzählungen heisst es ein einziges Mal: *«Ich bin der Ich bin.»* Aber das sagt Gott-Vater (Ex 3,14). Von ihm heisst es ja auch, er sei allmächtig, allgegenwärtig und allwissend («omnipotens, omnipraesens, unus qui omnia videt et audit»).

Unversehens hat sich die Frage «Wer bist du?» verschoben zu «Wer bin ich?». Damit hat sich zunächst nur die grammatische Person verändert. Sprachlogisch sind alle Personen immer Person, auch wenn sie nichts «durchtönen» (*per-sonare*), erste, zweite oder dritte Person in Einzahl: «jemand, der spricht, jemand, zu dem gesprochen, jemand über den gesprochen wird», und das Gleiche in Mehrzahl. Ich kann immer «ich» sagen, ohne zu wissen, wer ich bin: Ich hüpfe, ich trödele, ich gähne. Um die grammatische Person, die «ich» sagt, geht es also nicht, sondern um die dahinterliegende Frage: «Wer bin ich?» Aus ihr folgt die andere: «Was ist (meine) Identität?» Mit dieser Frage beschäftigen sich die Wissenschaften seit Jahrhunderten. Entsprechend vielfältig sind die zum Teil widersprüchlichen Ansichten.

Was aber hat nach dem «Ich» mit Stimme zu tun, mit Menschenstimme? Bin ich näher bei mir, wenn ich spreche? Wenn ich seufze? Wenn ich singe? Wenn ich lache? Wenn ich weine? Oder kommt mein ‹wahres Ich› zum Vorschein, wenn ich locke, wenn ich mich ärgere, wenn ich jemanden ärgere, wenn ich wütend werde? Was ist von mir zu hören, wenn ich ausser mir bin vor Freude oder vor Schmerzen? Ist das alles ein und dieselbe Stimme? Soll von ihr meine Identität abhängen? Gibt es Eigenheiten in dieser Stimme, die sich in allen Situationen wiederfinden? Gilt Ähnliches für die Identität? Denn nur etwas, was mit sich selbst gleich (*idem*) ist, ist identisch. Wann bin ich dann mit mir selbst identisch? Und falls, äussert sich Identität in meiner Stimme?

Zunächst mag es den Anschein haben, als hätte jeder Mensch nur *eine* Stimme, einmal abgesehen davon, dass die Sprechstimme eines Menschen selten identisch ist mit der Singstimme. Auch, dass diese beiden Stimmen sich im Laufe des Lebens verändern. Der Säugling hat eine eigene Stimme, das Kleinkind eine andere als der Jugendliche, als sekundäres Geschlechtsmerkmal lassen Stimmen im Allgemeinen auditiv Frauen und Männer voneinander unterscheiden, im Erwachsenenalter gewinnt eine Stimme vielleicht ihr Optimum, ehe sie sich bei Grauköpfen erneut verändert, Frauenstimmen eher etwas tiefer, Männerstimmen eher höher werden.[1]

Die physiologische Betrachtung der stimmlichen Lebensalter zeigt allenfalls eine Prozess-Identität. Denn wer weiss noch, wie seine Stimme als Säugling geklungen hat? Wer hört «sich», erkennt unverwechselbar sich selbst, zum Beispiel auf alten Tonaufnahmen? Einmal vorausgesetzt, er oder sie hätte ein besonderes Stimmengedächtnis, wann setzt dieses ein? Wie weit ist es naturwüchsig, wie weit das Ergebnis von Imitationen? Ist es das Ergebnis der allmählichen Übereinstimmung mit selbst gewählten Klangidealen oder das der Anpassung an fremde Ideale durch sozialen Druck oder pädagogische Eingriffe?[2] Schon die Stimmen des Säuglings lassen – wenn er jauchzt, schreit, grummelt – seine Stimmung erkennen, ob er zufrieden oder hungrig ist, ob er schmollt oder trotzt.[3] Er verändert die Tonhöhe je nach Gegenüber, oft höher, wenn ihn die Mutter anspricht, tiefer, wenn der Vater; bald kommen zum melodiösen physiologischen Lallen, imitativ die Laute der zu erwerbenden Sprache. Kurzum: Was da stimmlich produziert wird, was da zu hören ist, ist nicht einfach biologisch, schon gar nicht angeboren, es ist in weitem Umfang produziert, um psychische Stimmung mitzuteilen, und imitiert in wichtigen Beziehungen soziale Muster. Folglich ist es unangemessen, diese Vielfalt physiologisch einzudampfen zu *der* Säuglingsstimme. Gilt, was man für die Stimmen des Säuglings sagen kann, nicht auch für die Stimmen in den anderen Lebensabschnitten? Die Frage wurde nicht erst in unserer Zeit zum Problem. Schon 1796 – damals war der Streitpartner des Mediziners allerdings nur der Philosoph – schreibt KANT: «Wer es [...] dem *Mediziner* als Physiologen zu Dank macht, der verdirbt es mit dem *Philosophen* [...]; und umgekehrt, wer es diesem recht macht verstösst wider den Physiologen.»[4]

Wer sich noch einmal Zeugnisse seiner Stimmen entlang seines «ungeplanten Lebenslaufes»[5] anhört, die, wenn überhaupt, sicher viel spärlicher vorhanden sind als Fotos, wird überrascht, vielleicht verwirrt fragen: «Das soll ich sein? Hab ich damals wirklich so geklungen? Hör doch bitte noch mal genau hin.» Ähnlich wird es der Person beim Durchblättern alter Fotoalben ergehen: das Babyface, die Kinderbilder, die Schulzeit – und Fotos aus der jüngsten Vergangenheit. «Das war ich mal! Das soll ich sein? So hab ich damals ausgesehen? Kannst du mich finden?» Dabei verbinden sich doch Stimme und Gesicht (*vox* und *vultus*) beim Sprechen auf signifikante Weise. Die Alten nannten das körperliche Beredsamkeit (*eloquentia corporis*). Zu fragen ist wie eines das andere bestimmt: die Phono-Mimik den Stimmklang, die Stimm-Impedanz die Mimik. Wie beides nicht nur von Schädelform und Muskeltonus abhängt, sondern von Kopfhaltung und den kommunikativen Haltungen, die in der sozialen Welt der Mitmenschen üblich sind.

Im einzelnen Gesicht entwickelt sich allmählich eine Grundfiguration, die ohne Gefühlsregungen relativ konstant bleibt (*Physiognomie*). Sie verändert sich aber bei der hohen Plastizität der Gesichtsmuskulatur unentwegt mit allen Gemütsbewegungen (*Pathognomie*).[6] Von Amts wegen interessiert freilich nur die «eingefrorene», neutrale Physiognomie. Deshalb wird für das Passbild eine bestimmte Kopfhaltung verlangt, kein Gefühlsausdruck, sogar unauffällige Kleidung, vor neutralem Hintergrund. So entsteht das Gesicht für den polizeilichen Identitätsausweis. Was hat diese ‹formale Identität› (demnächst angereichert mit biometrischen Daten als ein Schritt zur ‹erkennungsdienstlichen Behandlung›) mit den anderen Identitäten des lebenden, fühlenden, denkenden Menschen zu tun?

Warum jedoch interessiert sich die Obrigkeit nicht für die Stimme, höchstens bei Verbrechern? Dass es eine vergleichbare Pathognomie gibt, eine Umformung der gesunden, aber neutralen ‹Null›-Stimme je nach Gefühlsregung schon beim Säugling, wurde gerade beschrieben. Während es zum Alltag gehört, Menschen nach ihren Gesichtern einzuschätzen, hat sich eine Sensibilität zur intuitiven Beurteilung von Stimmen kaum entwickelt. Es gibt für die Stimme kein *«Punkt, Punkt, Komma, Strich – Fertig ist das Angesicht!»* Das Gesicht kann ich sehen, das von anderen, mein eigenes zumindest im Spiegel; ich kann andere imitieren, Fratzen schneiden und alles im Bild festhalten. Die Stimme nicht, nur als Echo oder auf Tonträgern. Sonst bin ich auf mein Klanggedächtnis angewiesen. Alle apparativen Untersuchungen und Analysen wandeln Stimme und Stimmausdruck in Sichtbares um. Sie verlangen zur Auswertung Spezialkenntnisse, auch für die kriminologisch verwertbaren «voice-prints».[7] Doch all diese Kenntnisse beantworten nicht die methodische Frage «Was hört mein Ohr – was misst mein Computer?»[8]; denn Messen bedeutet niemals Verstehen.

Zum Verstehen von Menschen aus ihren Gesichtern hat sich im 18. Jahrhundert aus älteren Vorläufern die *Physiognomik* entwickelt. Diese vorwissenschaftliche Praxis ist bis heute nicht zu haltbaren Ergebnissen gekommen.[9] Im ausgehenden 19. Jahrhundert hat sich eine bis heute ähnlich ergebnislose vorwissenschaftliche *Phonognomik* gebildet; nach der Erfindung von Schallplatte und Film, von Radio und Tonband, von Fernsehen und Video sowie von digitalen Datenträgern kann sie sich auf unterschiedliche Quellen stützen. Die Prozesse der mehrkanaligen, der multi-modalen Kommunikation verlangen multimodales Analysieren. Dadurch geraten die Phonogome, die noch immer den Stimmausdruck eher intuitiv beurteilen, erst recht ins Hintertreffen. Es gibt trotz «Körperbau und Charakter»[10] noch immer keine evidenten Kriterien für den Zusammenhang von Ausdruck und Person. Es wäre ungereimt anzunehmen, meint schon KANT in seinen Anmerkungen zur Physiognomik, die er ironisierend «Ausspähungskunst des Inneren» nennt, dass der «unerforschliche Schöpfer der Natur [...] einer guten Seele auch einen schönen Leib werde beigegeben haben [...] oder, auch umgekehrt ...»[11]

Ist es nicht ebenfalls ungereimt – um im Stil zu bleiben – anzunehmen, er habe einer schönen Seele auch eine schöne Stimme beigegeben? Könnte dann im Umkehrschluss aus einer schönen Stimme auf eine schöne Seele geschlossen werden – oder auch umgekehrt aus einer krächzenden, hässlichen Stimme auf eine krächzende, hässliche Seele? Entstehen vielleicht auf diese Weise die stimmlichen Stereotype für Hexen und Teufel, Schurken und Verräter, nicht nur im Märchen, im Hörspiel, sondern im Alltag? Oder noch einmal zurückgedreht: Entstehen so die stimmpädagogischen Idealvorstellungen für Singstimmen, manchmal auch für Sprechstimmen? Gibt es nicht auch ‹Charakterschweine› mit einer schönen Stimme in einem schönen Körper?

Es ist an der Zeit, über den hypothetischen Zusammenhang von Stimme und Seele nachzudenken, die übersummative, integrierende Identität von stimmlicher Identität und psychosozialer Identität. Ausgehend von physiologischen Voraussetzungen im Kehlkopf und den an sie angekoppelten phoniatrischen Therapiezielen wird, so scheint es, an der Katalog-Fiktion festgehalten: eine Stimme pro Person. Dabei sind meistens weder Sprechstimme und Singstimme identisch noch innerhalb beider die pathognomischen Varianten, die die kommunikative Wirkung und die ästhetische Qualität erzeugen. Menschen haben also im Allgemeinen, sofern sie nicht physisch, psychisch, mental oder sozial beschädigt sind, mehrere Stimmen. Das wusste schon NOVALIS, der einen erstaunlichen Zusammenhang zwischen den mehreren Stimmen und den mehreren Individualitäten im Individuum herstellte: «Um die Stimme zu bilden, muss der Mensch mehrere Stimmen sich anbilden – dadurch wird sein Organ substanzieller. Um seine Individualität auszubilden, muss er immer mehrere Individualitäten anzunehmen und sich zu assimilieren wissen – dadurch wird er z[um] substanziellen Individuum.»[12]

Verbirgt sich hinter der Lehre von der *einen* Stimme der Glaube an die *eine* Seele? So, als ob von der Zeugung an eine unsterbliche Seele sich inkarniert, die durch alle Erlebnisse und Fährnisse eines Lebens unverändert bleibt, im Tod den Körper verlässt und in alle Ewigkeit weiterlebt? Selbst wenn diese Auffassung individuell noch geglaubt werden kann, dann nur innerhalb der Traditionen und Heilsversprechungen eines religiösen Glaubens, nicht aber als Grundlage diagnostischer Analysen und pädagogischer Ziele. Möglicherweise liegt hier der Grund der ganzen Echolalie, genauer: der ganzen *Echophonie*.

Anders gesagt, selbst wenn es die ‹eine unwandelbare› Seele gäbe, wie sollte sie sich selbst erkennen? Wie ihrer selbst sicher sein? Auch pädagogischer Optimismus hebt die Einsicht nicht auf, «dass das Ich nicht Herr sei im eigenen Hause».[13] Wäre das Ich sich selbst ‹durchsichtig›, dann könnte es vielleicht vergleichend Kriterien gewinnen, mit denen es die fremden und die eigenen Stimmen verlässlicher beurteilen kann. So aber, ohne diese Kriterien, können auch Gutgläubige bei der Beurteilung von Stimmen der eigenen Neurose aufsitzen, die keineswegs sich als Stimmneurose äussern muss.[14]

Doch selbst das Ich, das glaubt, Herr im eigenen Haus zu sein, ist geprägt von seinen Kindheitsidentifikationen, von all den intersubjektiven Beziehungen, die, wie ERIKSON dargestellt hat, nicht in sicherem Wissen, sondern in einem «Gefühl der *Ich-Identität*» münden. Er beschreibt sie auf folgende Weise: «[D]as angesammelte Vertrauen darauf, dass der Einheitlichkeit und Kontinuität, die man in den Augen anderer hat, eine Fähigkeit entspricht, eine innere Einheitlichkeit und Kontinuität (also das Ich im Sinne der Psychologie) aufrechtzuerhalten.»[15]

Um diese Identität zu erreichen, muss der junge Mensch lernen, «auch dort am meisten er selbst zu sein, wo er auch in den Augen der anderen am meisten bedeutet – jener anderen natürlich, die wieder für ihn die höchste Bedeutung erlangt haben».[16]

Psychische Identität ist also keine isoliert innerpsychische; ist sie eine isoliert ‹personale›? Das Konstrukt ‹Seele› wird oft gekoppelt an das Konstrukt ‹Person›. Dabei kommt den Phonognomen die «berüchtigte Etymologie»[17] zu Hilfe, dass *personare* auch einmal mit *hindurchtönen* übersetzt wurde. Das stammt aus der Praxis des römischen Theaters. Doch da war *persona* gerade nicht die Person, sondern die *Maske*. Sie entindividualisierte, depersonalisierte den Schauspieler; ging es doch nicht um seine Identität, sondern um die der Rolle. Wie es auf dem Theaterzettel noch immer steht: «Personen und ihre Darsteller». Darsteller sind nicht die Personen.

Es ist schon verwunderlich, dass Fachleute seit einiger Zeit diese fragwürdige Etymologie vom ‹Hindurchtönen› für bare Münze und zur Begründung ihres Personbegriffes nehmen. Bei den Griechen hiess Maske *Prosopon*, Gesicht, Antlitz, später auch: Person. Menschen können einander gleichzeitig von ‹Angesicht zu Angesicht› wahrnehmen. Im Unterschied dazu können miteinander kommunizierende Menschen sich nicht gleichzeitig stimmlich äussern, nur nacheinander. Diejenigen, die also das hörerbezogene ‹Hindurchtönen› zum Zentrum der Person machen, vertauschen die sachlogische Beziehung von Wirkung (Hindurchtönen) und Ursache (Stimmquelle). Sie verwechseln die Schallschwingungen mit der Schallquelle. Das Ich aber bleibt ‹Person für andere›, auch wenn es nicht ‹tönt›. Es hat keinen unveränderlichen Stimmkern wie Kernobst. Kirschkern bleibt Kirschkern, ob die Frucht reift, schrumpft, fault, von Amseln gefressen oder zu Kirschwasser wird. Das Ich hat keinen solchen Kern, eher ein wandelbares, flüssiges Zentrum im Netz seiner sozialen Beziehungen.[18]

Wer Person vom Hindurchtönen ableitet, übersieht einiges: Im alten Rom wurden auch die rechtlosen Sklaven *persona* genannt, was im heutigen Französisch *personne* mitklingt und umgangssprachlich *niemand* bedeutet. ‹Juristische Personen› sind stimmlos, und mit der Stimme hat es nichts zu tun, wenn jemand zur ‹persona non grata› wird (ganz zu schweigen von Personenwaage, Personenzug oder Personenkult usw.). Politisch betrachtet ist ‹Charaktermaske› keine Stimmbeschreibung, und selbst die ‹Stimmlosen› haben Stimmen, aber solche, die zum Schweigen gebracht wurden.[19]

Allerdings scheuen sich die «Vertauscher» von Ursache und Wirkung – oder ist es doch nur eine Selbsttäuschung? –, auch die dazugehörende Berufsbezeichnung zu übernehmen: *personarius*, Maskenmacher. Wäre denn Maskenmacher eine so ungehörige Bezeichnung für manche Sprech- und Stimmausbildende? Sie versuchen doch in unermüdlichen Imitationen aus irgendwelchen Traditionen stammende ideale Klangvorstellungen und Ausdrucksformen anzuüben. Sie meinen sogar nicht selten, sie könnten nicht nur Personen bilden, sondern sogar Persönlichkeiten. In Wirklichkeit habitualisieren Lernende nur sprecherische oder sängerische Muster, ehe sie – vielleicht einmal – ihre eigene Stimme finden. Schulstimmen sind eine andere Art Maske, Ausdruck einer Corporate Identity; sie verstellen die Suche nach persönlicher Identität.

Nur noch grotesk wirkt es, wenn aus der ‹beseelten persona› eine alles überhöhende ‹Wesensstimme› abgeleitet wird.[20] Sollte (angesichts eines göttlichen Wesens) an der Vorstellung nicht vom Menschenwesen, sondern von einem Wesen in den einzelnen Menschen festgehalten werden, dann ist dieses nicht hörbar, so wenig wie Überzeugung und Gewissen.[21] Da ist die alte Auffassung realistischer: *individuum est ineffabile,* frei übersetzt: «Was ich an und für mich bin, ist unsagbar.» Schiller sagte es auf andere Weise: «Spricht die Seele, so spricht, ach, die Seele nicht mehr.» Spräche sie, so könnte sie es immer nur in einer Sprache; einer Sprache, die sie nicht selbst erfunden, sondern in langen mühsamen Imitationen gelernt hat und mit ihnen gesellschaftliche Wertungen, fremde Vorstellungen, versteinerte Erlebnisse, abgesunkenes Kulturgut. Doch die sprechende Seele äusserte sich nicht nur in fremden Wörtern, sondern auch in fremden Stimmen, Gesichtern, Stimmungen und Haltungen. Kurz: Sie kann nur mit gesellschaftlich konstruierten und imitativ übernommenen Ausdrucksformen an der «gesellschaftlichen Konstruktion der Wirklichkeit» teilnehmen.[22] Wollte sie das vermeiden, sie müsste vermeiden zu *sprechen*. Das aber gilt nicht nur für eine Seele, sondern für jeden Menschen. Menschen sind gesellschaftliche Produkte. «Vor allem anderen ist die Alltagswelt Leben mit und mittels der Sprache, die ich mit den Mitmenschen gemein habe.»

Die Sprache, die das Alltagsleben bestimmt, ist vorrangig – und für viele ausschliesslich – Miteinander-Sprechen und Hören, für andere auch Schreiben und Lesen, für wieder andere (nicht nur die Gehörlosen) Gebärden und Sehen. Für die meisten sind Sprechstimmen ausschlaggebend. Singen im Alltag ist seltener und noch seltener interaktiv (sich wechselseitig ansingen, wie in Liturgien). Erst in Oper und Schauspiel, Podium und Konzertsaal werden besondere, oft durch langjähriges Training erworbene Stimmen erwartet, besondere stimmliche Qualitäten, wie sie je nach Tradition oder Mode verlangt werden. Doch Identifizierung mit einem Text, mit einer Partitur, nicht einmal die Corporate Identity eines Chores, sagt etwas aus über personale Identität.

Die langjährigen Stimmübungen sind notwendigerweise Imitationen, ob Vokalisen (reine Vokalgesänge ohne gesungenen Text) oder Stücke aus dem Repertoire, auch in En-suite-Aufführungen. Derlei Imitationen sind keine Imitate, kein Ersatz von Originalen (wie Kunstleder oder künstlicher Honig). Ganz abgesehen davon leben viele Kompositionen von Imitationen, vom (nicht durchkomponierten) Strophenlied, mit oder ohne Refrain, über Motetten, Kanons, zu den Parallelbewegungen und den Durchimitationen in kontrapunktischen Permutationsfugen. Auch das imitierende Zitat erinnert an eine verborgene Kohärenz und ist gegenwärtig noch im polyphonen Jazz, selbst im Schlager. Unabhängig vom gewählten Genre sind Stimmbildung und Gesangsunterricht imitativ, und wer unterrichtet, bleibt Imitationsmodell, keineswegs ein Identitätsmodell. Seine eigene Identität kann jeder Mensch nur selber suchen.

Egal, von welcher Seite, das heisst mit welchem Theorieansatz auch immer wir uns der Frage nach der Identität nähern, deutlich wird, dass die einfachen ‹Entweder-oder›-Parolen zu kurz greifen. Weder bildet sich menschliche Identität nur innerpsychisch, noch nur sozial. Vielmehr gilt: «Identität entsteht durch die Dialektik von Individuum und Gesellschaft.»[23] Wahrscheinlich ist es doch nötig, diese präzise Formulierung aufzulösen und genauer zu betrachten, was in ihr steckt, vor allem, weil sie Parteigänger auf der einen wie auf der anderen Seite erschreckt. Auch ist es gut, sich daran zu erinnern, dass ‹Individuum› zunächst ein Zahlwort ist, das ein Einzelding bezeichnet, aber nichts aussagt über ‹Individualität›.

Es gibt Menschen, die auf der Meinung beharren, zunächst gäbe es das Individuum. Es entwickelt sich nach seinen Anlagen, wächst zu der in ihm angelegten Form, reift zur individuellen Person. Erst wenn es selbstident ist, beginnt das auch stimmlich autonome Ich, sich mit der Gesellschaft auseinanderzusetzen. Letztlich beharren die Anhänger dieser Meinung auf der Auffassung vom unveränderbaren Stimmkern. Sie halten die Lehre von der *soziogenetischen Ichbildung* für falsch.

Dieser bio-theologischen Vorstellung widerspricht die Gegenposition, den Menschen (im Singular) gebe es nicht. Es gibt auf der Erde nur Menschen, die mit Menschen in Situationen leben; die miteinander sprechen, die einander nötig haben, wenn sie überleben wollen. Nur in der Gesellschaft können die Einzelnen ihre Identität erreichen. Es gibt keinen in allen sozialen Veränderungen unveränderlichen Ich-Mittelpunkt. Letztlich halten die Anhänger dieser Meinung die Lehre von der individuellen, rein *psychogenetischen Ichbildung* für falsch.

Absolut gesetzt sind beide Auffassungen ideologisch. Das bleiben sie auch bei Menschen, die sich forschend und lehrend um die Stimme kümmern.

Wer sich in den Beziehungen zu seinen Mitmenschen in ganz alltäglichen Sprechgemeinschaften erlebt, kann die verzerrende Einseitigkeit der ideologischen Systeme durchschauen. Das Ich lässt sich nicht ohne Gesellschaft verstehen.[24] Alle menschlichen Beziehungen sind *inter*subjektiv. Das heisst jedoch nicht, dass Ich und Ich kommunizieren, sondern beide wechselseitig nach den gesellschaftlichen Erwartungen. Das sind ihre *sozialen Rollen*, die immer anderes von den Beteiligten fordern. Was als Mutter taugt, passt nicht zur Lehrerin, beides nicht zur Vereinskameradin usw. Das Mutter-Ich ist nicht das Lehrerinnen-Ich, das Vereins-Ich usw., die Mutterstimme, nicht die Stimme der Lehrerin, der Vereinskameradin usw. «Soziale Rollen sind – im kommunikativen

Vollzug – Sprechrollen. Es gibt kein rollenloses Sprechen.»[25] Im Laufe der Sozialisation formen die Rollen allmählich ein Geflecht, in dem sich, wenn's gut geht, eine Mitte bildet. «Das erwachsene Individuum ist der Brennpunkt eines Rollensystems.»[26]

Das Netz des Rollensystems verändert sich; alte Beziehungen werden schwächer, neue Aufgaben kommen hinzu. Folglich ist auch der Brennpunkt nicht unveränderlich und unverrückbar. Deshalb nannte ich ihn ein «flüssiges Zentrum im Netz der sozialen Beziehungen». Je nach Lebenswelt, je nach sozialem Aktionsradius, nach psychischer und mentaler Mobilität werden sich mehrere Identitäten bilden. Selbst das ‹einfache Leben› wird im Medienzeitalter selten nur mit einer einzigen Identität auskommen, wodurch «das Problem der persönlichen Identität für ‹intellektuelle› Individuen zunehmend prekär geworden ist».[27]

Die ‹multiple Persönlichkeit› gehört zur normalen Pathologie des Alltags. Das zunehmende Bewusstsein der intra- und intersubjektiven Pluralität lässt vermuten, dass weder Psychotechnik noch Stimmtechnik etwas gegen die «Auflösung der Ich-Identität»[28] vermag. Doch selbst diese Auflösung hebt nicht auf, was ADORNO sagte: «Das Humane haftet an der Nachahmung: Ein Mensch wird zum Menschen überhaupt erst, indem er andere Menschen imitiert.»[29] In unserer fragmentierten Gesellschaft hat das Verhältnis von Imitation und Identität neue Dimensionen erreicht. Zu fragen bleibt: «Was aber genau ist [...] das postmoderne, ‹plurale›, ‹multiple› Selbst?»[30] Fraglich wird für die menschliche Stimme, wie diese Polyphrenie die vokale Polyphonie beeinflusst, die individuelle Mehrstimmigkeit. Sie ist kein Ausdruck sozialer Pathologie, sondern die Erscheinungsform kommunikativer Pathognomie. Es geht um die multimodale Mehrsprachigkeit, alltäglich wie künstlerisch.

Wer bist du? Wer bin ich? Die Fragen sind nicht neu. Sie wurden und werden nur immer wieder verdrängt. Allerdings ist die fragile Einheit noch fragiler geworden. Schon vor zwei Jahrhunderten dichtete Goethe:

> «Freuet euch des wahren Scheins,
> Euch des ernsten Spieles:
> Kein Lebendiges ist ein Eins,
> Immer ist's ein Vieles.»

Anmerkungen

1. Vgl. SEIDNER / WENDNER 1997, 177ff.
2. Vgl. KESTING 2000.
3. Vgl. HAUG-SCHNABEL 1994.
4. KANT 6, 255.
5. LUHMANN 2002, 96.
6. Vgl. LICHTENBERG 1778, BÜHLER 1968, 15ff.
7. Vgl. BRAUN 1998.
8. HEILMANN 2004.
9. Vgl. CAMPE / SCHNEIDER 1996; SCHMÖLDERS 1997.
10. KRETZSCHMER 1921.
11. KANT 6, 638.
12. NOVALIS 1798/99, GS 2, 524.
13. FREUD, vgl. Vorlesung zur Einführung in die Psychoanalyse (1917), Bd. 11, 295.
14. Vgl. MOSES 1956.
15. ERIKSON 1971, 107.
16. A. a. O. 124.
17. FUHRMANN 1979, 85.
18. Vgl. GEISSNER 2000.
19. Vgl. SLEMBEK 1999.
20. Vgl. LOCKEMANN 1954; vgl. auch GEISSNER 1960, 203.
21. GEISSNER 1998.
22. BERGER / LUCKMANN 1969, 39.
23. A. a. O, 186.
24. Vgl. MEAD 1968, 216.
25. GEISSNER 1960, 202.
26. PARSONS 1968, 78.
27. A. a. O., 87.
28. KAMPER 1980.
29. ADORNO 1951, 204.
30. STRAUB 2000, 187.

Literatur

ADORNO, Th. W.: Minima Moralia. Reflexionen aus dem beschädigten Leben, Frankfurt a. M. 1951.

ASSMANN, A. / FRIESE, H. (Hrsg.): Identität, Frankfurt a. M. 1999.
BERGER, P. / LUCKMANN, Th.: Die gesellschaftliche Konstruktion der Wirklichkeit, (dt.) Frankfurt a. M. 1969.
BRAUN, A.: Die forensische Analyse von Stimme und Sprache, in: GUNDERMANN, H.: Die Ausdruckswelt der Stimme, Heidelberg 1998, 88–101.
BÜHLER, K.: Ausdruckstheorie, Stuttgart, (1933)1968.
CAMPE, R. / SCHNEIDER, M. (Hrsg.): Geschichten der Physiognomik, Freiburg 1996.
ERIKSON, E. H.: Identität und Lebenszyklus (dt.), Frankfurt a. M. 1973.
FIEHLER, R. u. a.: Eigenschaften gesprochener Sprache, Tübingen 2004.
FREUD, S.: Ges. Werke. London (ND. Frankfurt a. M.) 1940ff.
FUHRMANN, M.: Persona, ein römischer Rollenbegriff, in: MARQUARD, O. / STIERLE, K.–H. (Hrsg.): Identität, München 1979, 83–10.
GEISSNER, H. K.: Soziale Rollen als Sprechrollen, in: Kongressbericht Phonetik, Hamburg 1960, 194–202.
DERS.: Sprechwissenschaft. Theorie der mündlichen Kommunikation, Frankfurt a. M. 1988.
DERS.: Über den Brustton der Überzeugung, in: GUNDERMANN, H.: Die Ausdruckswelt der Stimme, Heidelberg 1998, 102–108.
DERS.: Höreindruck–Sprechausdruck. Individuelle Marken oder soziale Muster? in: DERS. (Hrsg.): Stimmen hören, St. Ingbert, 2000, 29–39.
GOETHE, J. W. VON: «Epirrhema», in: Karl Eibl (Hrsg.): Johann Wolfgang Goethe. Sämtliche Werke, Briefe, Tagebücher und Gespräche, Bd. 2. Deutscher Klassiker-Verlag 1987, 498.
GUNDERMANN, H.: Das Phänomen Stimme, München / Basel 1994.
DERS. (Hrsg.): Die Ausdruckswelt der Stimme, Heidelberg, 1998.
HAUG-SCHNABEL, G.: Der kompetente Säugling, in: WESSEL, K. F. / NAUMANN, F. (Hrsg.): Kommunikation und Humanontogenese, Berlin 1994, 275–284.
HEILMANN, Chr.: Was hört mein Ohr – was misst mein Computer? in: GEISSNER, H. K. (Hrsg.): Das Phänomen Stimme in Kunst, Wissenschaft, Wirtschaft, St. Ingbert 2004, 105–109.

KAMPER, D: Die Auflösung der Ich-Identität, in: KITTLER, F. A. (Hrsg.): Austreibung des Geistes aus den Geisteswissenschaften, Paderborn 1980, 79–86.

KANT, I.: Werke in 6 Bde. WEISCHEDEL, W. (Hrsg.), Darmstadt 1964.

KESTING, J.: Wandlungen der Gesangskunst und stimmliche Schönheitsideale, in: GEISSNER, H. K. (Hrsg.): Stimmen hören, St. Ingbert, 2000, 75–86.

KRETSCHMER, E.: Körperbau und Charakter, Stuttgart [24]1967.

LICHTENBERG, G. C.: Schriften und Briefe in 4 Bde. PROMIES, W. (Hrsg.), München 1998.

LOCKEMANN, F.: Sprecherziehung als Menschenbildung, Heidelberg 1954.

LUHMANN, N.: Das Erziehungssystem der Gesellschaft, Darmstadt 2002.

MEAD, G. H.: Geist, Identität und Gesellschaft (dt.), Frankfurt a. M. 1968.

MOSES, P.: Die Stimme der Neurose, Stuttgart, 1956.

NOVALIS: Schriften in 3 Bde. MÄHL, H. J. / SAMUEL, R. (Hrsg.), Darmstadt 1999.

PARSONS, T.: Der Stellenwert des Identitätsbegriffs in der allg. Handlungstheorie (dt.), in: DÖBERT, R. u. a. (Hrsg.): Die Entwicklung des Ichs, Köln 1977, 68–88.

PLESSNER, H.: Zur Anthropologie der Nachahmung, in: Ges. Schr., Frankfurt a. M. 1982, Bd. 7.

SCHMÖLDERS, C.: Das Vorurteil im Leibe. Eine Einführung in die Physiognomik, Berlin 1997.

SEIDNER, W. / WENDLER, J.: Die Sängerstimme, Berlin 1997.

SLEMBEK, E. (Hrsg.): The Voice of the Voiceless, St. Ingbert 1999.

STRAUB, J.: Identitätstheorie, empirische Identitätsforschung und die ‹postmoderne› armchair psychology, in: ZS f. quantitative Bildungs-, Beratungs- und Sozialforschung I (1), 2000, 167–194.

WELZER, H.: Das kommunikative Gedächtnis, München 2002.

Dieser Aufsatz ist unter gleichem Titel zuerst erschienen in: KOPFERMANN, TH. (Hrsg.): Das Phänomen Stimme – Imitation und Identität (H. K. Geissner zum 80. Geburtstag), St. Ingbert 2006, 31–41.

Die verfassenden Personen

Edith SLEMBEK (1940), Maître d'enseignement et de recherche an der Universität Lausanne, Kommunikationspädagogin, Gestaltsoziotherapeutin, Dozentin für Rhetorische Kommunikation, Gender Mainstreaming, Interkulturelle Kommunikation, Kommunikation zwischen Frauen und Männern.

Alfred EHRENSPERGER (1933), Dr. theol., Prof. für evang.-reformierte Liturgiewissenschaft, Mitglied der internationalen Societas Liturgica, wissenschaftlicher Mitarbeiter in der Deutschschweizer Liturgiekommission, Dozent für Liturgik und Hymnologie.

Hellmut K. GEISSNER (1926), Dr. phil., Prof. für Kommunikationsforschung und -pädagogik, lehrte an den Universitäten Frankfurt, Saarbrücken und Koblenz-Landau, Lehraufträge an den theologischen Fakultäten der Universitäten Zürich und Wien.

Ralph KUNZ (1964), Dr. theol., war Pfarrer in Seuzach, Beauftragter für Gemeindeaufbau der evang.-reformierte Landeskirche des Kantons Zürich, seit 2004 ord. Prof. für Praktische Theologie (Schwerpunkte Liturgik, Kybernetik und Seelsorge) an der Universität Zürich.

Urs MEIER (1947), Theologe, Pfarrer, Geschäftsführer der Reformierten Medien, Kommunikationsunternehmen der Reformierten Kirchen der deutschsprachigen Schweiz, Lehrauftrag an der Universität Zürich zu Medienethik.

Christoph MÜLLER (1952), Dr. theol., Prof. für Praktische Theologie und Kommunikation an der Universität Bern.

Martin PEIER-PLÜSS (1961), Theologe, Pfarrer, Sprecherzieher, Kommunikationstrainer, Radio- und Fernsehbeauftragter der Reformierten Medien, zuvor Sekretär des CVJM in St. Gallen.

David PLÜSS (1964), Dr. theol., Assistenzprofessor für Praktische Theologie an der Universität Basel.